U0530631

读懂中国经济

加快构建新发展格局

张晓晶 主编
杨 涛

人民日报出版社
北京

图书在版编目（CIP）数据

读懂中国经济：加快构建新发展格局 / 张晓晶，杨涛主编. -- 北京：人民日报出版社，2021.2
ISBN 978-7-5115-6903-5

Ⅰ.①读… Ⅱ.①张… ②杨… Ⅲ.①中国经济—经济发展—研究 Ⅳ.①F124

中国版本图书馆CIP数据核字（2021）第005865号

书　　　名：	读懂中国经济：加快构建新发展格局
	DUDONG ZHONGGUO JINGJI: JIAKUAI GOUJIAN XINFAZHAN GEJU
主　　　编：	张晓晶　杨涛
出 版 人：	刘华新
责任编辑：	蒋菊平　徐　澜
版式设计：	九章文化
出版发行：	人民日报出版社
社　　　址：	北京金台西路2号
邮政编码：	100733
发行热线：	（010）65369527　65369512　65369509
邮购热线：	（010）65369530　65363527
编辑热线：	（010）65369528
网　　　址：	www.peopledailypress.com
经　　　销：	新华书店
印　　　刷：	北京中科印刷有限公司
开　　　本：	710mm×1000mm　1/16
字　　　数：	237千字
印　　　张：	19.75
版次印次：	2021年2月第1版　2022年3月第2次印刷
书　　　号：	ISBN 978-7-5115-6903-5
定　　　价：	58.00元

前言 Preface

新发展格局确立中国发展新坐标

张晓晶

2020年12月中旬,中央经济工作会议在京举行。会议紧紧围绕构建新发展格局,对2021年的工作作了如下部署:加快构建以国内大循环为主体、国内国际双循环相互促进的新发展格局,要紧紧扭住供给侧结构性改革这条主线,注重需求侧管理,打通堵点,补齐短板,贯通生产、分配、流通、消费各环节,形成需求牵引供给、供给创造需求的更高水平动态平衡,提升国民经济体系整体效能。

构建新发展格局既要在战略上布好局,也要在关键处落好子。为此,会议确定2021年重点抓好八件大事:一是强化国家战略科技力量。二是增强产业链供应链自主可控能力。三是坚持扩大内需这个战略基点。四

作者系中国社会科学院金融研究所所长、研究员,国家金融与发展实验室副主任。

是全面推进改革开放。五是解决好种子和耕地问题。六是强化反垄断和防止资本无序扩张。七是解决好大城市住房突出问题。八是做好碳达峰、碳中和工作。

为了准确把握中央经济工作会议精神以便更好推动相关工作的落实，人民日报出版社紧紧围绕上述八个工作重点，邀请相关领域专家进行深入解读。专家视角往往是自成体系、自圆其说，但专家们之间的观点则往往是"和而不同"、见仁见智。这样开放式解读，或许更有助于多角度、全方位地理解中央精神；毕竟新发展格局提出的时间并不长，还将在理论与实践探索中不断深化和发展。

下面简要谈谈我对构建新发展格局的一点体会。

一、理解新发展格局的核心要义

改革开放以来，特别是加入世贸组织后，我国加入国际大循环，市场和资源"两头在外"，形成"世界工厂"发展模式。近年来，随着外部环境和我国发展所具有的要素禀赋的变化，市场和资源两头在外的国际大循环动能明显减弱；与此同时，我国内需潜力不断释放，国内大循环活力日益增强。正是在这样的大背景下，习近平总书记提出，要推动形成以国内大循环为主体、国内国际双循环相互促进的新发展格局。这是与时俱进提升我国经济发展水平、塑造我国国际经济合作和竞争新优势的战略抉择，更是新时期坚持独立自主与对外开放相统一的战略抉择。

理解双循环发展格局的核心要义，有三点是至关重要的。其一，国内大循环为主体。以国内大循环为主，可理解为"国内优先"。"国内优先"强调稳住中国经济基本盘，更多地利用国内资源，依托国内市场，增强供应链韧性和市场弹性，致力于实现经济的高质量发展。其二，国际国内循环互相促进。中国经济的循环畅通与持续稳定增长，将为世界各国提供广阔的市场机会，中国将成为吸引国际商品和要素资源的巨大引力场，世界各国也将在分享中国经济增长红利的过程中获得新的发展动能，助力全球经济繁荣。其三，开放的循环。理论上，开放系统的存在是绝对的，封闭或孤立系统是相对的；开放系统具有一般性，而封闭系统则被视作开放的特例。即使在清朝闭关锁国时期，也留存了广州可以对外通商，史称"一口通商"。从这个角度，内循环也具有开放的特征，这样对双循环的理解才不会走偏。特别是，要在国内统一大市场基础上形成大循环，不是每一个地方都搞自我小循环，更不是什么省内循环、市内循环、县内循环，更不能以内循环的名义搞地方保护和小而全。一句话，新发展格局绝不是封闭的国内循环，而是开放的国内国际双循环。

二、提出新发展格局的宏大背景

新发展格局是根据我国发展阶段、环境、条件变化提出来的。可以从以下两个角度来理解新发展格局提出的宏大背景。

首先是发展环境的变化。

发展环境变化主要基于两方面的考量。一是"两个大局"的互动。"两个大局"即中华民族伟大复兴的战略全局和世界面临百年未有之大变局。当时提出来的时候很多人不太理解，以为是平行的关系，其实不是，它们在很大程度上是主动与被动的关系。为什么出现百年未有之大变局？是因为中华民族伟大复兴的进程，因为中国的崛起。可以对比一下：清末的时候，李鸿章讲"数千年未有之变局"，指的是外部冲击下国人所呈现的完全被动、不得不承受的局面；而今天"百年未有之大变局"的一个重要内涵即是中华民族伟大复兴，是"东升西降"。由此应该理解，把握好"两个大局"的核心在于把握中华民族伟大复兴的主动性、引领性，外部环境的变化取决于中国自身的作为。二是两种制度的竞争。这是长期的问题。小平同志讲社会主义初级阶段要经历几代、十几代、几十代，千年的时间跨度，我们要和资本主义制度一直共存。前40年的主基调是和谐共存，但40年后的今天，这个主基调发生了变化，恐怕不再是和谐共存，而是竞争共存，需要"进行伟大斗争"。两个大局互动以及两种制度竞争，使得我们在战略谋划与政策考量中，既要讲发展又要顾安全，要统筹好二者的关系。

其次是全球化逻辑的转变。

从1500年前后到现在的500多年间，世界大体经历了三波全球化。全球化的驱动力可以有贸易、技术及制度等多方面因素，但根本动力是市场化。不过，通过考察三波全球化我们发现，市场化驱动力以及与之相匹配的效率（效益）原则其实也经历了一定的曲折和波动，这是我们强调全球化逻辑转变的重要依据。

全球化1.0阶段（1500—1800年）。基本上从1500年左右的地理大发现（哥伦布发现新大陆是在1492年）一直到工业革命开始前后，一般把这一时期称为重商主义时代。重商主义时代的特点：一是顺差为王。在新大陆财富涌入的感召之下，金银是财富最好的衡量标准，通过实现贸易顺差一国可以积累金银。如果那时候只有内循环，重商主义者认为没有实质意义，因为左口袋进、右口袋出是不挣钱的，不能创造和积累财富；只有加入了国际循环，有了顺差才能真正积累财富。二是政府干预。因为谋求顺差，所以需要贸易保护政策，需要政府干预，这是亚当·斯密在《国富论》中总结的。三是市场原则相对弱化。这个时期的国际贸易还处在非常初级的阶段,产品生产还没有形成现在所谓的产业链;以"互通有无"为基本格局,主要是全球贸易分工而缺少全球生产分工,还谈不上效率至上原则;又因为重商主义强调政府干预,市场原则被弱化。

全球化2.0阶段(1800—2000年)。这个时期的全球化主要是由跨国公司驱动(尽管公司的"跨国性"实际上也是在一步步往前推进的)。跨国公司是真正的"世界公民",它们的兴盛对全球化发展的革命意义在于,超越了国家或民族的疆域界限,使分工的结构和范围跨越了产品的僵硬外壳,进入到产品内部各生产程序。跨国公司推动的产品内分工的生产体系使得各经济体分布在产品内分工的不同区段,在全球生产链和价值链的大框架下进行合作和利益分配。产品内分工模式的形成是一系列科技进步和制度变革的综合结晶:生产技术的进步使得价值链可以被分割成细小的、可转移的零部件;通讯和运输技术的创新使得各国间的时空距离更加缩短,并使得速度、效率明显提高,协调成本大为降低;各国采取的贸易自由化政策大大降低了贸易和投资壁垒等。全球价值链的拓展使得全球化迈入新阶段,全球贸易获得了快速发展;但与此同时,也使得各国在全球产业链、供应链上都只占有一席之地(尽管有些经济体会占据主导),从而埋下了所谓供应链安全的隐患。跨国公司主导的全球化2.0时代的基本逻辑是:在效率导向和市场原则下推进国际分工体系进一步深化、细化,全球化、市场化高歌猛进,形成"你中有我我中有你"的相互依赖和嵌套的格局。这一时期国内循环与国际循环相互促进、相得益彰。

全球化3.0阶段(2000—)。这一时期是从新世纪开始的,重要的时间节点在于2008年的全球金融危机,2018年以来的中美贸易争端,以及近期暴发的新冠疫情。这一阶段的全球化进程不仅受到跨国公司的影响，也受到来自民众以及政府层面的影响。跨国公司作为全球化的主要驱动力不会改变，但由于全球价值链扩张受阻以及各国保护主义抬头，其作用力有所减弱。民众影响力的增强是因为全球化利益分配出了问题，因而出现民粹主义与逆全球化浪潮。而政府影响力的增强则与国家（制度）竞争有关。国家色彩在全球化2.0阶段其实没那么严重，比如中国跟美国、欧洲、日本做生意，都是企业跟企业谈，国家色彩并不明显。进入二十一世纪的全球化3.0阶段，由于国家或制度之间的竞争，使得全球化逻辑除了分配原则外，还要再加上安全原则，即对国家安全和国家战略利益的考量。这也导致一些主要经济体强调国内循环，国际循环服务于国内循环。概括起来，全球化3.0时代的逻辑是市场与效率原则有所弱化，而分配与安全原则有所加强。

三、国际大循环与供应链安全

近年来国际大循环动能减弱。从贸易角度看，国际循环的弱化不过是外需下滑从而对增长的驱动力减弱而已，这一问题可以通过扩大国内需求来解决。但从供应链角度，问题就不这么简单了。国际大循环还意味着中国已充分融入全球产业分工体系，它的弱化会带来供应链安全问题（同时，对供应链安全的考量、"目光向内"也成为国际大循环动能减弱的重要原因）。华为断供让中国深切感受到关键技术卡脖子所带来的供应链安全问题。这显然也是我们提出以国内大循环为主的一个重要考量。不过，需要强调的是，最先感觉到供应链安全问题并引发高度重视的并不是中国，而是发达经济体。

供应链是指以客户需求为导向，以提高质量和效率为目标，以整合资源为手段，实现产品设计、采购、生产、销售、服务等环节的全过程高效协同的组织形态。随着社会分工细化、信息技术进步，特别是现代通信技术的应用，供应链的概念已从强调企业内部协同和企业间的协同，拓展到产业乃至整个国民经济组织形态的优化和效率提升。当前，供应链的整合能力和效率已成为企业、产业乃至一国经济核心竞争力的重要体现。显然，全球供应链扩展遵循的基本逻辑是效率；但进入新世纪以来，安全问题成为新的重要考量。

2005年欧盟制定了《欧盟海关安全计划》，为能按照欧盟要求保证其供应链安全的全球可靠供应商提供认证及海关程序便利，以保证全球供应链安全。自2005年起，美国多次将全球供应链写入国家战略中，2012年提出《全球供应链安全国家战略》，2019年4月美国国防后勤局（DLA）修订《国防后勤局战略规划2018—2026》，2019年7月发布《供应链安全战略》，以指导DLA的供应链安全实践。英国2014年发布名为《加强英国供应链》的报告，2016年公布《供应链计划指南》。德国率先提出"工业4.0"战略，构建智能制造供应链网络。2014年，联合国经济和社会理事会发布《物流与供应链风险管理》专题报告。同年，OECD和国际运输组织发布名为《提高供应链的弹性：对挑战和战略的回顾》的报告。

主要发达经济体的政策实践充分反映了供应链扩展中效率逻辑与安全考量之间权衡取舍的新态势，也进一步印证了前面提到的全球化3.0时代的逻辑变化。

四、统筹发展与安全是构建新发展格局的基本遵循

新发展格局确立中国发展新坐标,这个"新"主要体现在增加了安全维度:从供应链安全到经济安全再到国家安全。统筹好发展与安全成为构建新发展格局的基本遵循。

首先,政治经济学视角下的发展与安全。对风险与安全的关注可能会导致资源配置偏离最优的市场均衡,形成扭曲并导致无谓损失(deadweight loss)或净福利损失。不过,这样的分析是基于新古典经济学的框架和参照基准。如果基于政治经济学的框架,换一个参照系来衡量,原来的市场扭曲可能并不是真的"扭曲",而只是为实现其他(如国家安全、地缘政治、意识形态、制度竞争等)非经济目标或战略利益的优化选择;这样一来,原先所谓最优的市场均衡也可能并不是"最优"的了。回顾历史,当年在很困难的情况下搞"两弹一星",推进重工业化,以及"三线建设",等等,这些符合比较优势理论吗?符合效率原则吗?再比如,当前面对技术封锁和脱钩的风险,我们势必搞备胎战略、进口替代,推进产业链的多元化、本土化、区域化,以及强链补链,这些举措从国际分工及全球资源配置角度,并不一定符合效率与市场原则,但它符合我国的战略利益,有利于维护国家经济安全。显然,统筹发展与安全,需要超越一般经济学的视角,采用政治经济学的视角,即超越纯经济分析,而加入其他非经济(如安全)方面的利益考量。

其次,发展才是最大的安全。从长期看,效率与安全是辩证统一的,"发展是最大的安全"。因此,一方面,要重视发展,重视经济增长。第一,"东升西降"要求中国必须比发达经济体增长得更快。只有这样才能够赶

超其他经济体,才会有中华民族的伟大复兴。第二,较快增长是中国形成国际合作和竞争新优势的重要支撑。尽管对于国际合作和竞争新优势,我们可以列出一个长长的清单,比如超大规模的市场、良好的基础设施、较完整的产业体系,不断改善的营商环境,"性价比"高的人力资源,等等,但有一条最重要,即中国仍然有较高的潜在增长率,能够让世界分享中国增长的红利;如果没有这一条,其他的一切恐怕都很难成为真正的新优势。第三,较快增长是我们赢得中美之间"持久战"的底气所在。说中美较量,时间在中国这边,一个重要的依据在于中国增长更快。如果没有这样一个更快的增长,我们就没有办法保持定力。从这个角度,"十四五"时期仍有可能给经济增长赋予较高的权重。另一方面,也要防止因过分强调风险和安全维度导致市场扭曲过度。效率原则是市场在资源配置中发挥决定性作用的重要体现,增加安全维度,就要超越效率原则,从而市场的决定性作用会打折扣,而非市场因素会有所凸显,这在相当程度上会对我国长期经济增长潜力造成损害。这显然并不符合构建新发展格局、实现中华民族伟大复兴的初衷。

目录 Contents

前言　新发展格局确立中国发展新坐标 / 001

第一章　构建新发展格局的着力点 / 001

第二章　强化国家战略科技力量 / 017
　　双循环新发展格局下的中国科技创新战略 / 018
　　坚持创新在现代化建设全局中的核心地位 / 038

第三章　增强产业链供应链自主可控能力 / 047
　　全方位构建后疫情时期我国供应链安全保障体系 / 048
　　提升产业链供应链现代化水平　推动经济体系优化升级 / 064

第四章　坚持扩大内需这个战略基点 / 073
　　我国扩大内需的政策演进、战略价值与改革突破口 / 074
　　以强大国内市场促进国内大循环的思路与举措 / 097

第五章　全面推进改革开放 / 117

要素配置市场化与双循环新发展格局：打破区域壁垒与行业壁垒的体制创新 / 118

实行高水平对外开放，开拓合作共赢新局面 / 134

第六章　解决好种子和耕地问题 / 165

供给侧变化对中国粮食安全的影响及政策建议 / 166

当前耕地保护面临的问题分析及对策研究 / 202

第七章　强化反垄断和防止资本无序扩张 / 209

数字经济反垄断规制变革：理论、实践与反思 / 210
　　——经济与法律向度的分析 / 210

数字经济与数字税 / 232

第八章　解决好大城市住房突出问题 / 239

国际大都市租赁住房发展的模式与启示 / 240
　　——基于15个国际大都市的分析 / 240

中国住房租赁市场发展困境与政策突破 / 258

第九章　做好碳达峰、碳中和工作 / 277

国际碳中和的进展、趋势及启示 / 278

我国碳达峰、碳中和目标的实现路径 / 286

文章索引 / 300

CHAPTER

I

第一章

构建新发展格局的着力点

构建新发展格局的着力点

刘培林

构建以国内大循环为主体、国内国际双循环相互促进的新发展格局，是"十四五"乃至更长时期内我国发展的新部署，是做好2021年经济工作的一个基本遵循。如何理解新发展格局，怎样构建新发展格局，成为各界广为关注的问题。本章将围绕这些问题展开分析。

一、构建新发展格局是顺应规律的安排

20世纪80年代以来，我国实施改革开放，积极利用两个市场、两种资源，形成了"大进大出、两头在外"的格局。特别是在2001年加入WTO之后，我国经济外向度迅速提高，外贸依存度（即进出口总额）与GDP之比一路攀升到2006年的64.5%，外需在我国总需求三驾马车中的地位日益提高，净出口占GDP的比重一路攀升到2007年的接近10%。同时我国也在对外开放的过程中，吸收国外的资金，学习国外的先进技术、管理经验、商业模式等，推动了国内技术和产业升级，提升了我国在国际

作者系国务院发展研究中心发展战略和区域经济研究部一级巡视员。

上的竞争力和在全球分工网络中的地位，改善了人民生活水平。

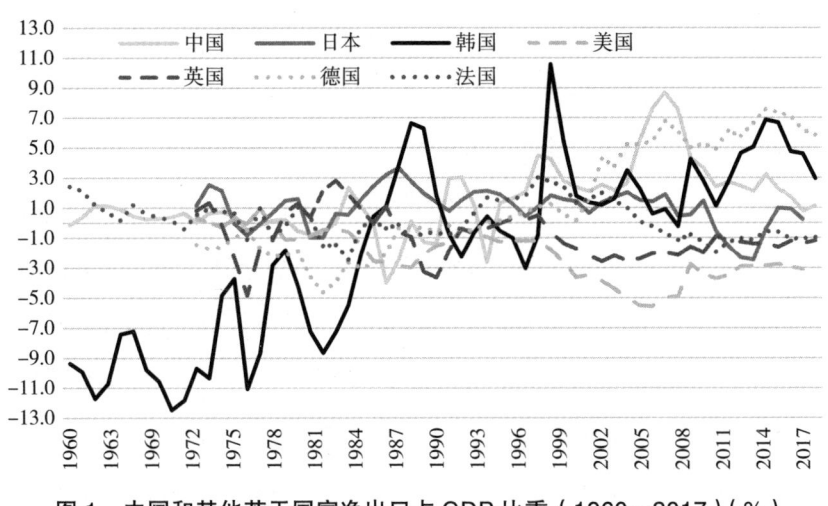

图1　中国和其他若干国家净出口占GDP比重（1960—2017）（%）

资料来源：世界发展指数

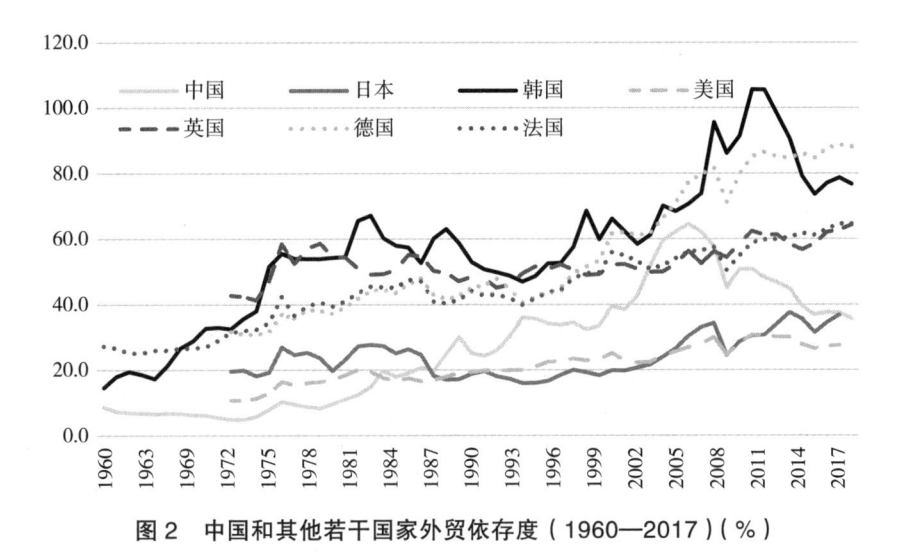

图2　中国和其他若干国家外贸依存度（1960—2017）（%）

资料来源：世界发展指数

2008年金融危机爆发之后，情况发生了转折性变化。我国经济外贸依存度逐步降低到2019年的35.7%，比2006年的水平降低了将近30个百分点。我国的净出口占GDP的比重也降低到2019年的1%，比2007年的水平降低了9个百分点左右。

可以说，我国经济从2008年全球金融危机之后就已经逐步转向以内循环为主，这既有外部环境变化的影响，也是发展进程中的基本规律。观察世界经济运行可以发现，大国经济主要以内循环为主，而小国对国际循环的依赖程度要高得多。从上面的图1和图2可以看出，中国和美国、日本这样的大经济体，与英国、法国、德国、韩国这样规模相对较小的经济体相比，一个明显区别就是，前者的外贸依存度和外需占GDP比重，都低于后者。因此，我国做出构建以国内循环为主体，国内国际循环相互促进的新发展格局，是顺应发展规律的安排。

二、构建内循环主体地位的着力点

为了准确把握内循环主体地位的着力点，需要首先明确内循环涉及的环节和要达到的目标。

（一）内循环的三个目标与三个环节

构建以内循环为主体地位的新发展格局，需要实现"供需匹配转起来、供需同步涨上去、供需协调好起来"三个目标。

供需匹配转起来，是指供需大致平衡，没有需求大于供给导致的通胀，也没有需求小于供给导致的通缩和失业，降低宏观经济周期波动性。

供需同步涨上去，是指供给和需求的规模大体协调地扩张，共同推动生产率水平提升和经济持续增长，提升综合国力。

供需协调好起来，是指供需规模扩张过程中实现质量提升和结构优化，供给体系生产出来的产品和服务的质量更好、更高，人民群众也在消费这些更好、更高级的产品和服务的过程中，过上更加美好的生活。

围绕这三个目标，需要从生产和供给、收入分配、消费和需求三个环节入手。

首先要明确，简单沿用扩内需的历史经验来构建国内循环为主体的发展格局，难以应对目前的挑战。学术界普遍认为，要形成以国内循环为主体的发展格局，主要任务是扩大内需。面对不利外部环境冲击时，用扩大内需特别是基础设施投资的办法加以应对，是我国发展的一条重要经验。1998年东南亚金融危机爆发后，我国通过加大基础设施投资，较好地对冲了外部需求萎缩对经济的影响。2008年全球金融危机之后我国同样采用扩大国内需求特别是基础设施投资的办法加以应对，达到了短期内稳住经济的效果。目前外部经贸环境恶化，美国挑起的贸易争端引发摩擦，我国外需增长乏力。面对这样的形势，我们可以沿用以往扩内需的经验加以应对。但是，和以往不同的是，这一条经验能够发挥的作用，将难以和过去相比。

不可比之处体现在如下几点。一是1998年东南亚金融危机我们以扩大基础设施投资加以应对之后，我国于三年后的2001年加入WTO，大进大出两头在外的循环全面启动，快速扩大的外需接过了短期内需刺激政策的接力棒，开启了十年左右的高速增长。而2008年爆发国际金融危机之后，我国实施短期刺激内需政策，外需没有像1998年那样接棒迅跑，这是因为全球经济没有从根本上恢复原来的增长势头，全球总需求没有恢复，且中国占有的全球市场份额已经不低，难以在全球总需求萎缩的前提下挤占更大的份额。最近的外部需求萎缩起源于美国挑起的贸易摩擦，而全球总需求增长的前景更是遥遥无期，甚至不能指望拥有2008年金融危机之后那样的外需增长。

二是我国国内基础设施、房地产饱和度已经不低，虽仍有扩张空间，但远不及1998年和2008年时的情形，难以指望这类内需刺激快速地、大幅度地拉动经济。

三是目前遇到的挑战，从性质上讲是不同以往的，甚至根本不同。1998年和2008年遇到的外部冲击，主要是需求冲击，虽然彼时也有针对我国的高技术出口限制措施，但这些措施没有突然变得严格。而眼下的挑战，在外需不足基础上叠加了突然加剧甚至可能还会长期恶化下去的供给冲击，我国产业链的完整性受到了严重影响。比如，中兴、华为在关键技术和零部件上遇到挑战，众多机构在技术交流和合作方面受到限制，美国等国家动员在华投资的企业撤出。这意味着我国产业链完整程度会受到冲击，我国供给能力将面临萎缩的危险。单单靠沿用以往扩内需的历史经验，无法有效应对眼下的挑战。

所以，构建以国内大循环为主体、国内国际双循环相互促进的新发展格局，除了要扩内需之外，还必须着力提高供给体系的质量，提高产业链的韧性，改善供应链对人民群众消费需求和产业持续升级的保障能力。

除了需求和供给这两个环节之外，形成以内循环为主体的新发展格局，还需要解决好收入分配问题，缩小收入差距。因为，扩内需特别是扩大消费需求，必须提高人民群众的支付能力。这涉及伴随着供给能力扩张过程中居民平均收入水平的提高，也涉及这个过程中居民收入分配状况的改善和收入差距的缩小。如果收入差距过大，则会因为高收入人群消费倾向降低而拉低所有人群的平均消费倾向，进而抑制居民消费，使得同样的供给扩张不能带来相应的需求扩张。

（二）内循环的主要着力点

围绕上述内循环的三个目标，分析三个环节中的突出短板，笔者认为形成以内循环为主体的新发展格局，主要着力点有三个，即促进技术进步，挖掘设备投资潜力，壮大中等收入群体。

技术进步的重要性不言而喻。前面曾经分析过，我国目前遇到的挑战，最鲜明的特点是叠加了供给冲击和供应链、产业链断链的风险。要从根本上改善这种被动局面，必须在技术能力上取得突破，赢得主动。这就要求深化科技和教育体制改革，激发全社会创新活力，形成活跃的创新局面。

有了活跃的创新局面和大量的创新成果之后，就必然需要相应的设备投资。设备投资，既是未来投资这一架内需马车的主要内涵，也是未来提升供给能力、将技术创新成果加以物化、并转化为现实生产力的必经途径。前面对我国内需的分析表明，投资这架马车主要由房地产、基础设施、设备三大类构成。过去一段时间，伴随着工业化、城市化进程，基础设施和房地产投资短期内爆发式增长。但是，从目前情况看，这两方面的投资饱和度已经较高，未来虽然仍然有一定空间，但空间已经比较小了。而农业、制造业和服务业的技术升级方面的设备投资空间还很可观。要攀上产业链、价值链高端，推动技术升级，必须通过持续的设备投资跟进，因为技术进步很大程度上会物化在设备上。根据国务院发展研究中心和世界银行合作的研究报告，我国目前人均基础设施（包括房产、道路等）资本存量水平，与经合组织成员国相比已经不低；但如果比较中国和经合组织成员国每个劳动力所拥有的设备资本存量水平，则我国还有可观的增长空间。通过设备投资提高人均设备资本保有水平，还将持续提高我国农业、制造业和服务业技术水平和生产率，缩小与发达国家的差距，提升我国的供给保障能力和水平。

需要注意的是，推动设备投资，需要顺应市场规律，而不能通过刺激性政策拔苗助长，以免引发低水平产能扩张带来的产能过剩和浪费。今后我国的设备投资，应该是建立在技术升级基础上的，是基于生产率提升基础上的投资，而不能是总需求刺激政策推动的投资。

壮大中等收入群体，是形成内循环为主体的另一个重要着力点。在改善收入分配格局和生产率提升过程中，我国的中等收入阶层将逐步扩大。不少研究都建议，2035年前后我国的中等收入群体要在现在基础上实现倍增。一般认为目前中国有约4亿中等收入群体，到2035年要有8亿人。需要强调的是，这8亿人不是说"挤在中等收入群体的最低门槛"处，而是人数翻倍以后整体的收入水平还要进一步往上移。不仅要实现中等收入群体数量的扩大，还要实现中等收入群体人均收入水平的普遍提高。

壮大中等收入群体，需要加大对人的投资，提高教育、医疗水平，提高社会流动性，为人民群众提供公平的参与和发展机会。从供给侧看，持续增加人力资本投资，并为人民群众提供公平的参与和发展机会，也是促进技术升级，培育生产率持续提升的强大发动机，提高产业链韧性的长效机制。这也是消费需求的支付能力的持久来源。

壮大中等收入群体，除了加大人力资本投资和为人民群众提供充分参与机会外，还要改善收入分配，缩小收入差距。收入分配的最终格局是由初次分配和再分配共同决定的。但其中初次分配起着基础性和决定性的作用。初次分配中劳动者占比过低，则再分配中需要用更大的税收和转移支付力度加以矫正，才能保证收入差距保持在合理水平上。如果初次分配中劳动者占比处于合理水平，则再分配就不需要过大的税收和转移支付力度，就可以使得最终的收入差距能够保持在合理水平上。所以，改善收入分配，缩小收入差距，主要的入手点是提高初次分配中劳动者报酬占比。从表1可见，我国初次分配中的劳动者报酬占比，在过去一些年明显低于其他国家的水平。近年来虽然有所提升，但和其他国家相比，仍处于较低水平。由此可见，未来改善收入分配，就必须提高初次分配中劳动者报酬占比。在此基础上，辅以必要的再分配，合理调节收入差距，同时发展社保体系，提供公共服务，减轻人民群众增加消费的后顾之忧。

表1 中国和有关国家初次分配中劳动者报酬占比（%）

	2004	2010	2017
中国	49.9	47.8	51.3
美国	61.7	59.2	58.6
日本	54.6	55.6	54.2
德国	61.8	60.4	60.3
英国	59.9	61.2	58.0
法国	59.9	63.2	61.0
韩国	54.9	52.6	53.8
世界	53.7	52.2	51.4

资料来源：国际劳工组织数据 https://www.ilo.org/shinyapps/bulkexplorer45/?lang=en&segment=indicator&id=SDG_1041_NOC_RT_A

壮大中等收入群体，还需要切实保障产权。根据目前绝大部分就业来自民营部门的客观现实，未来中等收入群体和更加富裕群体的增量，很大一部分甚至主要来自民营部门。为此，需要围绕稳定人民群众的预期、保护合法财产，深化改革，健全法治。这样做，既是全面依法治国、到2035年基本建成法治国家、法治政府、法治社会的内在需要，也是在国别间吸引投资的竞争中不丧失自身优势的内在需要。

根据非亚银行发布的《全球财富转移报告》，2018年我国已经跻身世界第二大私人财富市场，2008年至2018年我国私人总财富增长了130%，增幅居全球之首。但仅2018年一年，我国高净值人士净流出数量占比为2%，虽然从占比上看不是全球最高的，但涉及的人数约为1.5万人，从流出的绝对数量看位居全球之首。高净值人士的流向，主要取决于财产安全性，以及税负尤其是遗产税和赠与税的高低。新加坡2004年就颁布了《商业信托法》（Business Trust Act）。目前，有20家商业信托机构依据该法而成立。这些信托机构为新加坡吸引了大量的外来财富，包括来自我国的财富。其他的高净值人士净入国，无不具有周详而严格的财产保护法律制度。

因此，要扩大中等收入群体，我国还要提高高净值人士的财产安全性，从法律上比其他国家更好地保护人民群众的合法财产，加大对财富的吸引力。以此把在我们国土上产生的财富的大部分留下来，成为我们进一步发展的动力。

这里需要澄清一个关系，即壮大中等收入群体是否会拉大收入差距。我们认为，中等收入群体扩大，最终是有利于缩小收入差距的。中等收入群体人数倍增，中等收入群体的收入水平普遍提升，当中会产生一大批高净值人士，这样的格局与目前相比，收入差距有很大可能性会缩小而不是扩大。

在这个过程当中，如果说这些群体能够带来大量财富、但会拉大一些收入差距的话，这也应该是我们发展中不可避免的一种代价。我们强调的共同富裕也不是平均富裕。此外，还要看到，我们还可以通过再分配手段加以调节。

最后，除了上述技术进步、设备投资和改善收入分配等三个着力点外，政府还需要发挥应有的监管作用，比如要通过监管手段切实提升消费品质量，打击假冒伪劣产品。离开了这些措施，即使人民群众有支付能力，需求也不能充分释放。要扩大居民消费需求，必须改善产品质量监管，让人民群众放心消费。

三、畅通内外循环的新出路

前面指出，用扩大内需特别是基础设施投资的办法应对不利外部环境冲击，是我国的一条重要经验。应对眼下外部经贸环境恶化的挑战，一定程度上可以沿用这一条经验。但是目前遇到的挑战，从性质上讲和以往的根本性区别在于，其叠加了突然加剧甚至可能还会长期恶化下去的供给冲击。所以，构建新发展格局，除了通过在国内大循环中自力更生、加大自主研发力度，着力提高产业链韧性之外，还需要力保内外产业链相互衔接，才能有效应对目前挑战。

力保内外产业链相互衔接，需思考一个重大问题：我国需要秉持什么样的技术安全观，才有利于赢得全球技术网络中尽可能多的伙伴的信任和顺畅的合作。

我们认为，我国应秉持基于大国间技术能力均势的技术安全观，并做出相应的可信的承诺。直观地说，对于我国而言，并非只有在360行中行行皆状元，才是技术上安全的，而是只要在120行中真正占据绝对领先地位，就可以和其他主要技术伙伴形成技术上的均势。这种基于均势的技术安全观对于其他主要大国而言，构成了我国不会从技术上卡他们脖子的"可信的承诺"，他们才愿意顺畅地和我国开展技术和贸易投资往来，大家都没有频繁挑起技术和贸易摩擦的积极性。

之所以要秉持这样的技术安全观，最直接的原因是单个国家，即使最发达的国家，也做不到360行，行行皆状元。除此之外，更深层次的道理，可用博弈论中的逆向归纳法加以说明，即从21世纪中叶我国有可能成为社会主义现代化强国的情景出发，逆向归纳。

从潜力上讲，到21世纪中叶我国经济规模有潜力成为世界第一，且远超世界第二位经济体的水平，虽然届时我国人均收入水平仍然不能跻身世界前列。倘若能把上述潜力变为现实，那么届时仅仅按照和其他国家一样的比例投入研发经费，我国可动员的研发总投入就远超世界第二位经济体，就可以在比其他国家宽得多的领域内开展研发活动。

此外，倘若能把上述潜力变为现实，我国将享有超常规资源配置能力优势，比如我国经济总规模占世界的30%后，全球"500大"榜单中落户我国的企业数量和我国集聚的顶级研发人才总量占全球的比例都将超过30%，从而在全球资源配置体系中的影响力要远超30%。

这些因素综合起来，如果21世纪中叶我国能释放自身发展潜力、实现现代化，我国也许不止120行里是状元，而很可能是150行甚至180行里是状元。届时真正担心技术上被卡脖子的，是其他国家，虽然我国从人类命运共同体理念出发不会这样做。

按照博弈论中逆向归纳的原理，其他国家眼下如不能获得我国做出的保障他们未来技术安全的可信承诺，出于未来被我国卡脖子的担心，他们眼下的最优战略就是联手从技术上卡我国脖子，遏制我国技术发展，阻止我国经济规模成为世界第一，进而避免未来他们的技术被卡脖子。

这种战略考虑已经付诸行动。如果今后对我国技术封锁的力度进一步加大、持续时间过长，那么产业断链问题会日趋严重，我国技术进步速度也会受到很大影响。虽然完全靠自力更生也能逐步实现技术进步，但在逆水行舟般的国际技术竞争中，我国技术进步步伐会大大慢于其他国家的联合体，进而导致我国甚至连120行都难以成为状元。

要破解这样的困境，衔接内外产业链，我国眼下就需要确立和阐明基于技术能力均势的技术安全观，即表明自己不会凭借新型举国体制追求在所有技术谱系上占据全球前沿，并以此推动形成大国之间基于技术能力均势的技术和产业的安全格局。当然，这并不意味着我国要彻底放弃这些领域的技术，而是可储备和积累低于前沿技术的能力。

于我国而言，形成这样的技术和产业安全格局，才有可能使眼下已经遭遇到的技术封锁力度不会进一步加大，并争取在未来逐步缓解，产业断链的风险才能逐步消除。

秉持上述技术安全观，做出不谋求在全技术谱系上追求前沿的承诺和安排，会不会自废武功，能不能真正使我国发展获得全球产业链和技术网络的保障？这还取决于我国在自己所要发展的120行内能否真正成为状元，能否在别国从其他领域卡我国脖子时，对等地甚至更大力度地实施反制。只要我国在自己所要发展的120行内能通过技术能力累积效应而形成正反馈，巩固并保持自身优势，那么，就可以期待顺畅地和其他国家开展技术和贸易投资往来，博弈各方都没有积极性频繁挑起摩擦。有了这样的技术安全格局，内外产业链才能有效衔接。

为形成这样的技术安全格局，就需要转圜我国对外尤其是对美经贸投资关系。特朗普曾提出"对等"（Reciprocal）和"三零"。从字面上看，与"三高"（高关税、高非关税壁垒、高补贴）甚至"三中"和"三低"比起来，与目前实际发挥作用的国际经贸交往规则比起来，"三零"是更加开放、更加自由、更高水平的国际经贸交往规则。

有人认为,"三零"和"对等"从来就是美国开全球化倒车的借口,因为这根本不可能实现,注定了只能是一个口号。这种看法有事实根据。美国不断挑起贸易摩擦,退出了原来签署的一些区域性贸易投资协定,甚至威胁退出WTO。

但也要看到,美国在主要针对我国挑起贸易摩擦的同时,也的确秉持"三零"精神,和欧洲、日本进行了多次三边谈判,达成了一些初步共识,并有意识地在初步达成的意向中限制参与谈判各方与"非市场经济国家"开展经贸往来。这似乎又表明美国提出"三零"是当真的,最终目的是推动形成对等的、更加开放、自由、高水平的国际经贸往来规则。

我国在和美国艰难谈判的同时,采取了一系列主动开放的措施。但到目前为止的中美谈判中,我国并未赢得充分的主动。应该说,"三零"很大程度上与我国一直倡导的推动全球化深入发展的主张并不矛盾。无论在中美双边往来还是在涉美的多边经贸规则如WTO改革中,我国对"三零"置之不理虽无不可,但姿态上比较被动,道义上处于下风。而且,美国确实秉持其精神和欧、日进行了多次谈判,达成了初步共识,并有意识限制各方与"非市场经济国家"开展经贸往来,旨在将我国排斥在外。如这些共识成为主流,我国外部经济环境将进一步恶化。

可见,我国长期对"三零"高挂免战牌,并不符合自身利益。那么,我国接招"三零"的困难在哪里呢?我国接招"三零"中的"零关税""零非关税壁垒"虽有一定难度,但难度并不太大。难度最大的是"零补贴"。美国固然也有大量针对企业的五花八门的补贴,但一般认为与欧美国家相比,我国对企业的补贴力度更大。我国补贴力度大主要有两方面原因,一是对国有企业的亏损补贴,二是为了促进研发和创新。

我国出于促进技术研发目的而补贴企业;而美国在一定程度上则以

我国补贴为借口对我国实施高技术出口限制。我国不接招"三零"和美国实施高技术出口限制互为因果，形成一个"死扣"。这个"死扣"将为美国提供借口，美国会把其贸易赤字归咎于我国没有实现"三零"，而不从其自身高技术出口限制上找原因，使我国更加被动。

为了争取主动，我国应在主动扩大开放的同时，择机设置合适的国际经贸议题。具体而言，一种方案是接招"三零"，并把高技术出口限制也作为一种贸易壁垒，纳入"三零"中的"零非关税壁垒"议题下，展开谈判。另一种更加主动、特色更鲜明的方案是设置"零关税、零壁垒、零补贴、零出口限制"的"四零"和"对等"的国际经贸议题。这有几方面考虑。

第一，在包括中美经贸谈判的国际谈判以攻为守，化被动为主动，更好维护我国核心利益。设置"四零"议题，我国占据了道义上的制高点。我国虽然接了"三零"的招，但"零出口限制"也对美国进行了强力反制，美国如拒绝"零出口限制"，就会失去道德上的合理性，推动和我国经济脱钩也就失去了口实。美国如果愿意在该议题下和我国展开谈判，将有利于我国获得长期发展所需的技术，更好保障产业链和供应链安全，我国对企业进行补贴的必要性相应降低，也将推动美国缩小贸易逆差，因而符合中美双方利益。

第二，设置该议题未必会损害我国核心利益。这是因为，全球实际经贸运行规则从来都是谈出来的，而最终谈出来的格局，和谈判起点是"四零"还是"四高"（高关税、高非关税壁垒、高补贴、高出口限制）抑或是"四中"，关系并不是非常直接、非常紧密。以"四零"为起点的谈判，一定是在关税、非关税、补贴和出口限制方面"掺沙子"，往"非四零"方向做一定幅度"后退"。以"四高"或"四中"为起点的谈判，则一定是在关税、非关税、补贴和出口限制方面加以削减，往"四零"方向做一定幅度"前进"。

如果我国推动形成基于均势的技术安全观，则出于技术升级考虑而补贴企业的动机就会弱一些，从而就更容易接招"零补贴"，进而可以更主动地设置"四零"议题。但现实当中，这些并不容易做到。比如，按照只做 120 行状元的思路，该把哪些技术领域列为 120 行之外呢？所有的部门都想为国争光，都认为国际上的技术封锁正是自身行业大发展的契机，只要国家给足够补贴、给全方位政策支持，一定可以自主实现技术突破，打破国际上的技术封锁。各行各业都希望借助国家补贴实现突破，动机是好的，但国家资源有限，而且全面技术赶超的姿态和战略安排也不利于赢得国际上的信任、实现内外产业链衔接。为此，通过深化改革和政策上统筹平衡好这些关系，节制住全方位技术赶超的冲动姿态，把有限资源用到我国真正具有优势的地方，才能形成符合我国核心利益的发展环境。

（本文是个人学术观点，与任何机构无关）

CHAPTER II

第二章

强化国家战略科技力量

双循环新发展格局下的中国科技创新战略

陈 劲 阳 镇 尹西明

一、引言

当前我国正处于"十三五"时期迈入创新型国家的收官之年，也是面向"十四五"时期建设社会主义现代化强国、步入创新型国家前列的开局关键机遇期，厘清迈向创新型国家前列面临的突出问题有助于在"十四五"时期系统性地予以解决，推动我国整体产业与微观企业走上真正意义上的创新驱动发展与高质量发展之路。自我国确立创新战略三步走以来，科技创新体系不断优化，并取得了一系列重大原创性科技创新成果，在世界科技强国中的影响力日益凸显，尤其是在部分关键技术上取得了突破，涌现出一大批颠覆性的技术创新成果。党的十八大以来，创新驱动发展成为我国迈向高质量发展的重要战略实现导向，我国持续加强科技创新投入，从2016年的15500亿元上升到2019年的21737亿元，其中基础研究经费为1209亿元，年均增长率保持在10%以上。

陈劲，清华大学经济管理学院教授，清华大学技术创新研究中心主任，博士生导师；阳镇，清华大学经济管理学院暨清华大学技术创新研究中心博士研究生；尹西明，北京理工大学管理与经济学院助理教授、特别副研究员，清华大学技术创新研究中心兼职副研究员，管理学博士。

在高强度的科技创新投入体系下，我国在整体层面的创新能力不断攀升，根据世界知识产权组织发布的2019年全球创新指数报告，中国创新水平位居世界第14位，较10年前提高了29位次，位居中等收入经济体以及新兴经济体中的第1位。从创新产出的视角来看，不管是专利授权规模还是国际论文发表量都处于世界前列。自2013年以来，我国专利申请量连续保持世界第一，根据世界知识产权组织（World Intellectual Property Organization，WIPO）的数据，2019年全球通过PCT途径提交的国际专利申请量达26.58万件，年增长率为5.2%，其中，中国提交了58990件专利申请，超过美国提交的57840件，成为提交国际专利申请量最多的国家。尤其是在5G专利上，根据专利剖析组织IPlytics的数据，我国的5G专利申请数量居全球市场首位，其后是韩国、美国等。在国际论文发表量与被引量方面，2009—2019年中国国际论文发表总量和被引次数均排名世界第2位。

但是，近年来，随着中美在全球科技竞争新战略格局的地位急剧变化，美国以遏制中国全面转型升级为目标，对中国重要战略性新兴产业发展过程中的产业链、供应链乃至创新链进行了全面封锁与遏制，在部分核心关键技术上列出负面清单，导致我国近年来关键核心技术的"卡脖子"问题凸显，反映出我国创新质量大而不强，部分关键产业发展的核心关键技术依然受制于人的现状。如在2019年央视财经论坛上，工业和信息化部原部长指出我国关键零部件、元器件和关键材料自给率仅为1/3，而在2015年这一指标仅为20%，说明近年来我国企业的核心技术创新呈现出对外依赖度加深的趋势，不利于我国企业在全球价值链中向中高端迈进。从科技创新整体发展来看，我国原创性、重大基础性研究投入力度仍然不足，远低于发达国家的15%以上，且基础研究与应用研究的整体协同度不足，关键产业、大型企业关键核心技术的技术创新能力亟待进一步提升，关键核心技术的对外依存度依然偏高，整体上存在大而不强的"虚胖"问题。面对新的国际科技竞争形势以及国内创新驱动发展环境的新问题，中央政治局常务委员会会议上首次提出：要深化供给侧结构性改革，充分发挥我国超大规模市场优势和内需潜力，构建国内国际双循环相互促进的新发展格局。习近平总书记在2020年8月24日的听取经济社会领域专家意见座谈会上指出，"要推动形成以国内大循环为主体、国内国际双循环相互促进的新发展格局。这个新发展格局是根据我国发展阶段、环境、条件变化提出来的，是重塑我国国际合作和竞争新优势的战略抉择"①。基于此，在双循环的全新发展战略与新发展格局下，如何优化当前科技创新的体制机制，构建双循环新发展格局下的产业链、价值链、供应链与创新链，培育微观层面的创新型企业与世界一流企业，成为实现我国高质量发展目标的重大任务，也成为实现2035年左右进入创新型国家前列的必然选择。本文拟从科技创新战略层面系统分析双循环新发展格局的演化过程，明晰全新发展格局下科技战略的重点导向，从微观企业、中观产业与宏观制度三大层次剖析双循环新发展格局的深刻内涵，以及双循环新发展格局下我国科技创新体系在政策、区域创新系统以及企业创新模式等方面的突出问题，提出未来创新体系建构和创新战略转变的方向。

---

① 习近平：在经济社会领域专家座谈会上的讲话［EB/OL］.［2020-10-05］. http://www.xinhuanet.com/2020-08/24/c_1126407772.htm.

二、从科技创新战略层面理解双循环新发展格局的深刻要义

从科技创新战略层面来看,深刻理解"双循环"的重要意义必须首先了解我国在各个不同历史时期所采取的科技创新战略以及演变的内外部条件。新中国成立初期,面对国内外的严峻形势,为迅速恢复帝国主义长期侵略下受到严重破坏的工农业生产体系与改变技术全面落后的不利局面,在借鉴苏联工业化经验的基础上,党中央提出了"在技术上起一个革命"的战略思想,即通过科学技术的发展在工业和农业上实现大规模生产,以提高社会生产力,满足人民的基本生活需要,为迅速实现工业化确立了以重工业为主导的技术创新发展战略体系。我国科研系统按照"集中力量,形成拳头,进行突破"的原则形成了中国科学院、高等院校、国家产业部门科研机构、地方研究机构、国防科研机构五路大军,确立了"为国家建设服务,为人民服务"的科技发展战略总方针,力求实现学术研究与实际需要紧密配合,使科学研究真正服务于新中国的农业、工业、国防建设和人民生活。在当时内外交困的环境下,虽然在第一个五年计划中受到苏联大量的工程项目援助,但总体上依然处于西方发达国家全面技术封锁的紧张局势之中,我国按照"自力更生,奋发图强"的主线,面向内循环,积极吸收、引进海外的先进设备和技术,逐步建立起了相对完备的工业技术支撑体系。在国家经济建设与国防建设的重点领域产出了一系列突破性成果,尤其是"两弹一星"、人工合成胰岛素等重大攻关成果,为我国科技事业发展奠定了基础。

改革开放后,我国政府持续重视科技创新体系建设,在20世纪90年代提出科教兴国战略,确立了科技在国家发展中的关键地位。中美建

交后，我国所处的国际关系逐步从被全面封锁孤立转变为与多国家、多区域的经济合作，科技创新环境也逐步从技术引进吸收与集体攻关转向了社会主义市场经济体制之下的"外资引进与技术模仿吸收"。这一时期中国科技创新的总体思路是通过积极引进发达国家的先进企业、先进技术，对先进管理经验、先进技术进行学习、吸收、模仿与消化，大力推进改革开放吸引外资，实现"以市场换技术与经验"的创新策略，提高本土企业的研发创新能力。自1992年来，我国实际利用外商直接投资成倍增长，从1992年的110.1亿美元增长到2001年的468.8亿美元，外资投资领域也从传统的轻工业逐步放宽到第二、第三产业。我国本土企业以加工贸易的方式嵌入全球价值链，融入了全球生产网络，但是长期的"代工厂"模式不利于我国培育自主品牌与发挥技术优势，产业所处的全球价值链位置相对低端，甚至陷入"低端锁定"的困境。在2001年加入WTO后，我国对外开放的深度与广度继续加大，外贸依存度从2001年的38.05%增加到2006年的63.97%，进一步巩固了"外循环"主导下企业的开放式创新模式，即企业通过深度与外部创新主体合作，通过授权许可、开源合作、技术外部转让等方式实现企业创新R&D项目的外部化。但是，这种模式难以有效提升企业的核心创新能力，尤其是对于一些具有"超长周期"性质的R&D研发项目，企业难以做出具有高度风险性质的巨额研发投入决策，只能通过外部获取的方式实现短期的技术使用权或者共享相应的关键核心技术许可权，这导致企业忽视自身的研发创新体系内生能力建设，在部分关键产业与关键核心技术领域缺乏积累，在嵌入全球价值链的过程中陷入"低端锁定"的困境。

自2008年金融危机以来，世界主要经济体开启了缓慢的经济复苏进程，伴随着逆全球化与单边主义的暗流涌动，全球贸易增长速度持续走低，且低于全球的 GDP 增速，地缘政治风险不断提高，中国在全球化进程中的国内国际关系也更加复杂。我国自党的十八大以来成为世界第二大经济体，不断攀升的国际经济地位对欧美发达国家的"差距安全"构成了挑战，部分欧美发达国家利用其在全球竞争中的标准话语权单边排斥中国参与全球市场竞争，甚至主动挑起对中国国际贸易产品的审查，对我国的国际经济市场地位造成严重挑战。从国际背景来看，尤其是 2018 年以来美国对华为与中兴实行技术封锁与制裁，反映出长期以来中国以出口导向与加工贸易为主的经济发展模式的弊端已经显现，国内企业核心技术过分依赖于进口与国际市场的合作伙伴，丧失了内生的研发创新动力，导致在国际市场低迷与战略性打压的背景下，我国产业发展与微观企业的科技创新面临前所未有的系统性风险，严重威胁到我国整体的产业链、供应链与价值链乃至创新链的安全性与稳定畅通性问题。因此，构建国内大循环为主体、国内国际双循环相互促进的新发展格局是应对当前新的国际科技竞争新形势的重大战略性部署与战略调整，基于总体安全观的理念充分挖掘当前我国国内的巨大内需潜力与市场规模，利用国内丰富的资源优势建设统一的国内大市场，培育具有集中性与分散性相结合的产业链、供应链、价值链与创新链，构建以内循环引领外循环的全新开放发展新格局。

构建国内大循环为主体、国内国际双循环相互促进的新发展格局是基于我国改革开放 40 多年来所积累的显著资源优势与技术基础，主要反映在以下几个方面：第一，从经济总量与经济增长速度来看，1979—2019 年我国经济实现年均 9.4% 的增速，GDP 占全球份额逐步扩大，其中 2018 年中国经济总量占全球经济总量的 15.8%，同期作为世界第一大经济体的美国占全球经济总量的 23.9%，中国经济总量在世界经济中的影响力与日俱增。尤其是在传统储蓄观念的影响下，我国国民总体储蓄率高达45.3%，远远高于世界平均水平。第二，从我国的产业发展体系来看，经过改革开放40多年来的高速发展，我国已经整体上步入了工业化后期，制造业与服务业的融合趋势进一步增强，且我国的制造业规模居全球首位，200多种工业产品产量位居世界第一，并建立了世界上最完整的现代工业体系，拥有39个工业大类，191个中类，525个小类，成为全世界唯一拥有联合国产业分类中全部工业门类的国家。中国制造业产业链的全覆盖与深厚的配套能力能够保证即使在外循环受阻的前提下，中国制造业依然拥有足够的回旋余地与生产韧性。更为关键的是，随着新一轮工业革命席卷全球，移动互联网、大数据、区块链、人工智能等数字技术驱动的新技术革命，其本质上是生产方式与劳动方式的根本性转换，尤其是人工智能与大数据技术为大规模个性化定制提供了可能，重塑了传统制造行业的生产效率。技术驱动下的数字技术具有高度扩散性与渗透性，使得传统产业内的劳动生产率与资本有机构成不断提高。不同于前两次工业革命的高度"赋能效应"，传统的产品生产过程（从原材料到中间产品到最终产品）将被数字化下的协同生产网络与数字化产业组织所颠覆，尤其使机械制造领域的数字化研发、生产与销售的网络一体化成为可能。同时，数字信息产业也加速发展，平台经济与共享经济成为数字化时代引领新经济形态不断向前演化的重要力量，埃森哲与国家工业信息安全发展研究中心合作发布的《2019中国企业数字转型指数》研究报告显示，2018年中国数字经济规模达31.3万亿元，已占我国GDP的1/3。一大批的数字化企业如腾讯、阿里巴巴、京东正引领着中国企业向世界一流创新型企业大步迈进。第三，从技术基础来看，在长期高投入的政府主导型的科技创新研发体系下，我国研发投入比例不断攀升，研发投入结构不断优化，2019年我国研发支出占GDP比重高达2.19%，是全球第二大研发经费投入国家。在科技产出中实现了部分关键核心技术的突破，包括量子科学、铁基超导等基础研究以及具有重大工程导向的高铁技术、北斗导航卫星系统、第三代核电以及特高压输电等原始性、集成性技术创新。

总之，从科技创新的"双循环"发展模式的历史阶段来看，自新中国成立以来逐步从内循环主导向外循环主导，最终转向基于国内大循环为主体、国内国际双循环相互促进的新发展格局。在科技创新战略层面的意义在于：第一，在微观企业层面，充分注重国内企业的全面自主创新能力建设，以企业高质量发展为战略导向，注重企业自身的研发体系与创新管理体系建设，牢固树立关键核心技术是"要不来"与"卖不长久"的战略理念，逐步摆脱过度依赖外循环主导发展模式下的外向型开放式创新模式，基于全面自主创新战略逐步掌握关键核心技术。第二，在产业层面，进一步提升产业链、供应链以及价值链的安全性，尤其是在后疫情时代，全球产业链将呈现出进一步缩短的趋势，加大我国传统外循环主导发展模式下的产业链与供应链断裂的风险，未来我国面临发达国家上游企业向本国回流、中下游企业向新兴经济体国家分流的双重压力。在双循环发展格局下要进一步将提升产业链的韧性摆在突出位置，强化产业发展的共性技术研发体系与研发能力建设，依托创新链建设突破产业链发展的技术瓶颈，在关键产业尤其是战略性新兴产业逐步实现国产化替代，提升产业链与供应链的安全性与稳定性。第三，在宏观政府制度层面，进一步厘清双循环发展格局下政府与市场对科技创新体系建设的作用边界，明确在未来较长一段时期内，政府各项制度改革需紧紧围绕培育和提升企业全面自主创新能力这一目标布局，尤其是需要进一步强化政府在基础研究领域的资源配置过程中的主导权,以政府"看得见的手"明确基础研究在整个R&D经费支出中的门槛值,强化政府在基础研究、共性技术应用研究与涉及国家产业链安全的颠覆性技术等方面的主导地位,进一步强化市场在面向企业创新竞争过程中的决定性作用,构建面向国有企业与民营企业"竞争中性"为原则的创新政策体系。

三、双循环新发展格局下我国科技创新体系面临的突出问题

(一)创新政策体系:集成度和联动性不足

目前我国尚未形成面向关键核心技术突破与完善科技创新链的整体性、系统性、协同性与联动性的制度设计和政策供给,在逆全球化背景下关键核心技术长期依赖进口的弱势被放大,导致我国高新技术产业、战略性新兴产业与未来产业发展面临较大的困境。"双循环"下的创新政策需要统筹国内国际两个市场,畅通以国内循环为主导的创新政策供给集成与联动性。目前在国内大循环主导战略下面向关键核心技术突破的制度政策供给存在三大层面的问题:第一,当前新一轮工业革命方兴未艾,"卡脖子"技术的政策供给的集成度与联动性不足。我国尚未有针对不同产业类型的"卡脖子"问题的甄别与分类设计的思路。实际上,新一轮技术革命下的数字产业与传统产业的技术创新路径存在颠覆性的差别,需要基于新旧产业的创新路径与潜在创新价值的异质性分类设计推动传统产业与新兴产业的"卡脖子"技术突破的制度与政策。第二,相关的制度与政策供给的集成度与联动性不足。陈劲等将协同创新政策分

为四个方面：供给面政策、需求面政策、环境面政策和连接面政策。目前面向核心关键技术突破与"卡脖子"技术突破的集体攻关与协同创新需要涉及创新政策的供给面与需求面，尤其是由于关键核心技术的技术路径复杂度更高，不确定性更大，创新的风险与周期较一般性的技术创新活动更加具有难度，单纯依靠供给侧或需求侧的创新政策是不可能实现有效激励和突破现存的"卡脖子"问题。第三，在我国特殊的央地分权治理关系下，中央与地方的制度政策供给的联动性与集成度不足。从政策主体的视角来看，政策设计主要包括顶层制度设计、宏观配套性与支撑型制度设计，其中顶层制度设计主体是党中央与国务院以及各国家部委，而宏观配套性与支撑型的制度设计尤其是执行层面的政策主体是地方各级政府，因此如何发挥中央顶层设计能力的优势，同时促进地方发挥比较优势，有效识别本地产业发展与企业创新过程中面临的"卡脖子"技术问题，成为央地分权关系下需要解决的突出问题。

（二）区域创新体系：整合程度低，区域创新发展不平衡凸显

党的十八大以来，党中央提出了京津冀协同发展、长江经济带发展、共建"一带一路"、粤港澳大湾区建设、长三角一体化发展以及黄河流域高质量发展等新的区域创新驱动发展战略，在全新的区域创新战略引领下"十三五"时期我国区域创新体系建设取得了突破性进展，包括京津冀、长三角、珠三角等重点城市群的区域协同创新体系进一步优化，主导城市与其他城市之间的创新协同效应逐步提升，构建起以关键城市网络节点为引擎的多层级、网络化创新体系，形成区域之间的创新要素互补、资源协同与创新人才集聚效应。尤其是近年来粤港澳大湾区的持续推进，进一步增强了区域之间的创新协同与合作效应，形成新的区域经

济增长极的创新引擎。但是，目前我国的区域创新体系依然存在三大层面的问题：第一，区域创新质量不平衡问题凸显，南北区域创新能力呈现出分化趋势。东部地区的创新能力依然领跑全国，但是中西部地区的创新能力依然有待增强，尤其是东北地区的区域创新体系建设进展迟缓，长期以来制约东北地区产业转型升级与创新驱动发展的人才要素没有得到根本性的解决，研发人员数量在"十三五"时期的降幅超过10%，创新思维僵化与创新体系固化成为制约东北地区创新能力提升的关键障碍。从南北创新专利产出来看，根据相关统计，南北发明专利占总专利申请的比重以及研发人员比重的差距进一步扩大，由2015年的0.66∶0.34持续增至2018年的0.72∶0.28，研发人员数量之比由2015年的0.64∶0.36持续增至2018年的0.7∶0.3。第二，区域城市群内不同城市之间的创新质量不平衡问题凸显，城市群内不同城市之间的创新协同效应有待进一步增强。在京津冀、长三角与珠三角城市群中，发展动能的分化趋势加剧，主要表现为创新要素向区域特大城市的集聚趋势不断增强。以长三角城市群为例，根据包海波等对长三角各地级市2007—2017年专利申请量的区位基尼系数和集中度指数测算，发现长三角城市群的创新能力在空间上呈不断扩散的趋势，且专利产出在空间上集聚在少数几个城市，已经开始出现极化效应。第三，区域创新要素的整合程度低，区域创新平台效应有待增强。目前尽管形成以城市群为核心的区域协同发展战略，但是受制于各地方政府对于创新的认知程度差异与不同的利益考量，区域内以"项目制"的方式实现创新能力提升与创新体系高质量发展依然面临条块分割的巨大障碍。主要表现为各个地区依然基于不同标准与不同的政策环境制定产业政策与创新政策，在政策执行过程中呈现出各自为政甚至出现创新要素争夺的现象。如各大城市人才争夺战的背景下,根据2018年清华大学、上海科技政策所、领英联合发布的《长三角地区数字经济与人才发展研究报告》,长三角地区中人才吸引力最强的城市是上海,人才流入/流出比达到1.41,其次为杭州,其他7个城市都在向外流失人才。

(三)企业创新模式:核心关键技术"卡脖子"问题严重

开放式创新是企业以提升技术创新能力为目标,通过有效管理,整合组织内外部的知识要素与创新资源,实现企业研发到商业化的一系列过程,最终实现模式创新。开放式创新理论吸收、整合与发展了用户创新、合作创新、吸收能力、创新网络等理论与方法,是开放经济与动态竞争环境下的一种全新的创新范式。但是在外循环主导发展格局下,我国企业在开放式创新过程中逐步转向了外向型的开放式创新模式而非内向型的开放式创新模式。内向型开放式创新是企业以明确的创新目标,通过持续识别、系统筛选与构建自身的外部创新网络以及创新生态系统,实现基于特定目标的知识识别、知识引进以及知识利用的一系列活动。外向型开放式创新主要通过授权许可、开源合作、技术外部转让等方式,将公司未能完成或中途终止的R&D项目进行外部化,利用外部的创新主体实现商业技术信息的捕获与创新,最终为内向型开放式创新指明方向。相较而言,内向型开放式创新范式下企业创新过程更加侧重内部既定创新目标下的外部创新合作,而外向型创新模式下创新资源与主动权容易陷入受制于人等陷阱。因此,在当前中美贸易战的背景下,企业以开放式创新为主导的创新能力陷阱被彻底放大,企业长期忽视自身的内生创新能力建设,缺乏面向关键核心技术的企业自主创新能力成为制约我国迈向科技创新强国的巨大障碍。工业和信息化部发布的制造业发展报告显示，我国在11个先进制造业领域中，共有287项核心零部件、268项关键基础原材料、81项先进基础工艺、46项行业技术基础领域有待技术突破①。2018年，由于核心芯片的研发创新能力不足，高端芯片与操作系统缺乏必要的产业创新生态，导致华为与中兴在嵌入全球价值链、扩展商业版图的过程中创新链与价值链不匹配，关键核心技术严重受制于人，成为参与国际市场竞争中的"卡脖子"技术，甚至威胁国家经济安全的"命门"。

四、双循环新发展格局下创新引领战略导向与实现路径

（一）基于"底线开放思维＋全面自主创新"的创新引领战略新转向

在长期以来"外循环"主导发展战略模式下，在我国不管是国有企业还是民营企业都不同程度地存在核心技术对外依存度过高，对外部创新主体的供给制度环境的依赖性强，一旦外部环境恶化，就会出现大量产品、核心零部件、关键技术的进出口短期内无法实现，成为制约产业链升级以及价值链迈向中高端的"卡脖子"技术，严重影响一国的产业链与供应链的安全性。在当前逆全球化以及地区极端主义等不确定环境下，依赖外向型经济发展与开放式创新模式对我国企业与产业创新发展

---

① 2016年4月12日，工业和信息化部、发展和改革委员会等部委联合发布《工业强基工程实施指南（2016—2020年）》，在此基础上，2016年11月18日国家制造强国建设战略咨询委员会特组织专家审定编制了核心基础零部件、关键基础材料、先进基础工业、产业技术基础的发展目录，目录列出了11个先进制造领域需要攻关突破的核心关键技术，于2016年11月18日正式发布《工业"四基"发展目录（2016年版）》。

的潜在系统性风险进一步加大，对我国企业维持全球价值链地位以及攀登全球价值链高位呈现出双端挤压的趋势。因此，在当前世界经济形势与新的国际关系背景下，加快实现从单一外循环主导向双循环新发展格局转变的战略紧迫性更为突出，这成为我国提升微观企业的自主创新能力，提升产业的整体安全性与稳定性（韧性），迈向世界科技创新强国、建设创新型国家的必然战略选择。

在双循环新发展格局下，"外循环"依然是重要的组成部分，但是传统的外循环不再成为主导，而是成为促进内循环的重要补充。在当前逆全球化的背景下，依然需要坚持对外开放的基本国策，全面提高新时代与新时期的对外开放水平，建设更高水平的开放型经济体系。在这一经济体系之下，外循环发展格局强调的全面对外开放需要转变为基于底线开放思维的对外开放战略。实质上，底线思维意味着"防微虑远，趋利避害，一定要牢牢把握发展的主动权"的科学认知，也是一种"从最坏处着眼，做最充分的准备，朝好的方向努力，争取最好的结果"的思想方法和工作方法。底线开放思维主要是体现在对外开放的安全底线方面，面向双循环发展格局的科技战略导向便是基于"安全畅通"的全新战略理念，健全内循环体系下的科研攻关等方面技术评估、重大科技专项的联合攻关指挥与保障体系，提高产业链、供应链在全球竞争中化解系统性风险的能力，实现产业链、供应链与价值链乃至产品链的安全性与畅通性。在新一轮数字革命下，实现科技攻关指挥与保障体系的数字化赋能，不断提升应对科技安全风险的预测、识别、响应与处理能力，确保我国各类市场主体参与国际市场竞争的科技安全底线。

更为关键的是，在外循环主导的开放战略下，中国本土企业长期依靠"开放式"技术创新联盟，这造成内循环体系下的内在自主创新能力缺失，制约了我国在战略性新兴产业与面向科技强国建设的未来产业的自主创新能力的发展。因此，在双循环新发展格局下，要将全面自主创新战略摆在各类创新战略全局中的核心位置。一方面，政府需支持关键核心技术与"卡脖子"技术的基础研究知识与共性技术供给，构建有效激励和促进各类所有制企业实施全面自主创新的外部制度环境。另一方面，微观市场主体需要摆脱过去长期技术能力外生培养与建构式的创新战略，以提升内生自主创新能力为内核，在参与市场竞争尤其是国际市场竞争的过程中，实现关键核心技术自主可控（自主性）与全球价值链嵌入参与程度（开放性）的动态平衡。

（二）"双循环"新发展格局下创新引领新战略转向的实现路径

1. 体制引领：新型举国体制引领重大原创性科技成果攻关

从制度经济学的视角来看，制度是引领大国之间科技创新体系差异性的决定性因素，大国之间的科技创新竞争，本质上依然是制度体系的竞争。新中国成立70余年，我国社会主义市场经济体制区别于西方发达国家的市场经济体制，显示出社会主义集中力量办大事的巨大优势。从国家利益的视角来看，举国体制是充分以国家最高利益或者主导性利益为目标，基于全国资源的集中配置实现统一管理的国家体制，其核心便是充分发挥制度优势，以国家能力与国家目标充分调动、配置、优化与治理各领域的经济性与社会性资源，最终实现既定的国家战略目标的管理结构与治理体制。早在新中国成立初期，面对西方发达国家的全面经济与技术封锁以及国内百废待兴、"一穷二白"的现实发展基础，在中国共产党的统一领导下，以五年规划充分调动全国各类生产要素与创新要素的集聚与协同，在当时极为贫困的状况下通过发动工人、党政干部、农民与知识分子共同投入工业化进程的伟大实践，组建了一系列面向重工业重大工程技术创新的"国家队"，在人造卫星、原子弹、氢弹以及人工合成胰岛素等方面取得了重大成就，成功地打破了西方发达国家的核讹诈与核威胁。改革开放后，社会主义市场经济体制下的举国体制依然在驱动重大工程领域的科技创新中发挥着关键作用，如在航天领域，中国自20世纪90年代启动载人航天工程以来，历经10年左右完成了关键性技术突破，成功实现了神舟五号的空间载人技术的突破性进展，在2003年首次载人飞行的神舟五号飞船返回地面。

党的十八大以来，各项改革已经步入深水区与攻坚区，传统的举国体制在新的时代背景与新的国际经济形势下被赋予了全新的内涵。新中国成立70余年来，我国在关键产业与关键技术领域中的被动局面并没有彻底改变，尤其是在中美科技战与贸易战高度白热化的现实背景下，依然需要发挥举国体制的制度力量在短时间内集中突破长期被发达国家制约的"卡脖子"技术。党的十九届四中全会首次明确提出"构建社会主义市场经济条件下关键核心技术攻关新型举国体制"。即在坚持在社会主义市场经济条件下，通过发挥有为政府与有效市场双重力量，面向核心关键技术领域的重大科技攻关过程中坚持全国一盘棋，科学统筹、集中力量、优化机制、协同攻关的制度安排。因此，在双循环新发展格局下，构建科技创新体系的核心问题便是处理好"有为政府"与"有效市场"的关系，避免在涉及国家战略性产业、国防军工产业以及未来产业等关键领域的核心技术过度依靠市场的力量。在开展重大科技项目、核心关键技术以及"卡脖子"技术的联合攻关的过程中，既要发挥市场在资源配置中的决定性作用，切实尊重与激发市场创新主体的技术创新活力与潜能，又要优化市场环境与营商环境，尤其是加强知识产权保护的制度建设，实现政策资源与市场主体创新能力的系统性整合。针对产业共性技术体系，以新型研发机构与国家实验室为支撑，建立梯次接续的"国家队"，实现原创性重大科技成果的联合攻关系统布局。

2.产业牵引：未来产业构建产业发展新生态

当前，新一轮工业革命下的数字信息技术正加速突破，数字智能技术正对经济社会各个领域产生显著的渗透效应。尤其是面对新冠疫情冲击，传统产业的供应链受到了前所未有的冲击，但也进一步触发了数字智能技术驱动的未来产业的发展。在双循环新发展格局下，我国依然处于新旧动能转换的全面转型期。在这一时期，传统产业的转型升级压力进一步加大，而新兴产业发展与科技革命之间的联系日益紧密，产业之间的融合程度进一步增强。以内循环主导，外循环与内循环相互促进的新发展格局下产业的转型升级必须紧紧依靠培育和发展面向未来的战略性新兴产业，提升产业链的现代化水平。从创新的视角来看，未来产业必须具备几大特征：第一，从创新投入的视角来看，其关键核心技术研发周期长，投入强度高，具备知识密集型与成长潜力大的高新技术产业特征。第二，从创新的价值链视角来看，其产业链深刻嵌套于复杂的创新链之中，产业的演化发展依靠高端人才的集聚、高度协同的产学研创新平台以及高效的科技成果转换，具备高附加值、高技术性与先进性，处于全球价值链的中高端位置。第三，从技术创新类型来看，主要表现为颠覆性技术主导，对传统产业具备极强的颠覆性与替代性，其技术路线图具备复杂性以及实现过程的不确定性等特征，且技术创新过程呈现出多类技术簇的群涌性与集群性。因此，从市场需求来看，未来产业在市场版图扩张方面具有先动优势，后发者、追随者和模仿者难以在短期内超越，具有获取高额利润的市场领导地位。在当前新工业革命不断向前演化的背景下,"十四五"期间,国家将聚焦多个重大颠覆性创新领域,即生命科学和精准医疗、分布式能源与储能技术、新一代互联网、云计算与区块链等数字智能技术、智能装备制造与增材制造等先进制造技术、人工智能与类脑科技等脑神经技术、航天航空技术、深海探测技术、虚拟现实技术等多类技术。

在双循环新发展格局下,需要紧紧依靠以未来产业引领的全新产业生态,培育内循环主导的产业主动先发优势,营造全新的创新生态系统。这一过程中,重点是把握好选择性与功能性产业政策的平衡性。选择性产业政策强调经过产业发展前景的甄选与技术预见,以政府直接性的财政补贴与扶持实现某一产业的培育与发展,通过政府干预实现产业发展的短期突破,形成政府主导的产业创新生态系统。而功能性产业政策强调塑造一个竞争中性的产业发展环境,致力于通过强化共性技术供给,完善市场的知识产权保护等法律法规制度建设,创造一个公平竞争与普惠的市场环境。针对未来产业发展的特征,政府需要制定配套性政策支撑未来产业的培育与发展。具体而言,对于市场资源配置无效的产业,如航天航空领域,政府需要以选择性产业政策为主导,辅之以功能性产业政策来引导和扶持;而对于那些高度竞争性产业,如智能装备制造、新材料、数字信息技术等领域,需要充分发挥市场在资源配置中的决定性作用,以功能性产业政策主导,辅之以选择性产业政策实现竞争效应。未来产业的培育与发展离不开底层研发组织的支撑,需要以产业共性技术为核心,加快培育产业共性技术创新中心、产业创新中心、工程(技术)研究中心和重点实验室等一批重大产业创新平台,提升面向共性技术供给的研发基础设施水平,同时针对高度竞争性与市场需求较为确定的未来产业,着力培育企业技术创新中心、新型研发机构以及企业主导的重点实验室，作为未来产业的底层研发基础设施。

3. 企业转型：迈向整合式创新战略下的世界一流企业

从微观层面来看，驱动双循环新发展格局下的科技创新体系建设最终的落脚点依然是微观企业的创新能力，即切实发挥企业作为市场创新与技术创新的主体地位。不管是建设世界科技强国还是建设现代化经济体系，都离不开企业的价值创造能力的有效支撑。改革开放40多年来，在外循环主导的对外开放体系中，我国大量的企业通过国际化实现市场扩张，深度嵌入全球产业链与价值链之中，涌现出了一大批具备全球影响力的企业，如阿里巴巴、华为、腾讯等民营企业和国家电网、中国石油、中国石化等国有企业。但是，在以外循环主导的外向型经济不断演化的浪潮中，这些大企业是否真正具备完备的知识产权体系以及全面的自主创新能力，是否具备世界一流企业的可持续创新能力与可持续发展特征，尚存在巨大疑问。党的十九大报告提出"培育具有全球竞争力的世界一流企业"，这成为推动企业全面转型升级、实现企业高质量发展的重要战略导向。从世界一流企业的成长特征来看，其必定具备市场影响力与行业领导地位，具备制定标准的话语权，具备经济、社会与环境的综合价值创造能力。更为关键的是，世界一流企业在长期导向上具备可持续竞争和全面的自主创新能力，可通过运营管理与技术创新的不断变革保持长期的可持续创新能力。

在国内大循环为主导，国际国内双循环相互促进的新发展格局下，加快培育微观企业的自主创新能力，培育世界一流企业成为企业创新驱动转型发展的重要实现路径。区别于外循环主导的单一外向型开放式创新主导范式，中国企业迈向世界一流企业的重要战略基点在于融合东方智慧与西方开放思维的整合式创新战略。整合式创新是战略创新、协同创新、全面创新和开放式创新的综合体，在开放式创新的环境下通过统筹自主创新能力与外部知识引进吸收的双元平衡的整合式战略新视野，实现企业各个部门主体与利益相关者的协同与开放式创新的有效整合。具体而言，整合式创新范式强调在国际国内市场统筹发展的战略视野下，在微观创新主体层面实现各类所有制企业以及各类规模企业之间创新要素的融通整合，强调通过自主创新模式实现企业内部的全要素、全时空以及全员创新，以内向开放式创新与外向开放式系统整合的思路，推动企业内的创新要素与外部创新主体（如科研机构、高校）之间的创新资源整合协同，基于安全观、开放观与协同整合观系统提升企业的全面自主创新能力。

基金项目：全国哲学社会科学基金重大项目"建设世界科技创新强国的战略比较与实现路径研究"（17ZDA082）；国家自然科学基金应急管理项目"我国解决关键核心技术'卡脖子'问题的体制机制、组织模式与政策研究"（71941026）。

坚持创新在现代化建设全局中的核心地位

冯鹏志

"坚持创新在我国现代化建设全局中的核心地位，把科技自立自强作为国家发展的战略支撑"，是党的十九届五中全会提出的重大命题。它从新时代的高度看发展，揭示了创新是中国发展最突出的时代指向；从创新的高度看中国，阐明了自立自强是中国现代化建设最深沉的民族禀赋，极大地深化了我们党对中国特色社会主义建设规律的把握，必将为我们在新发展阶段全面建设现代化国家提供重要的创新引领与支撑。

一、引领发展的第一动力：充分认识创新对我国现代化建设的特殊重大意义

在全面建成小康社会的基础上，乘势而上全面建设社会主义现代化强国，是新时代中国特色社会主义的战略安排，也是实现中华民族伟大复兴的必由之路。当今世界正经历百年未有之大变局，我国发展仍然处于建设现代化强国的重要战略机遇期，但机遇和挑战都有新的发展变化。

作者系中央党校（国家行政学院）哲学教研部主任、教授。

能否抓住机遇、化解挑战，顺利实现既定的奋斗目标，要求我们必须深刻把握新时代推进现代化国家建设的特殊战略要求与关键抓手。这实际上就深刻提出了如何看待创新在我国现代化建设全局中的地位这一重大时代课题。而从新时代我国现代化建设的时空处境、实践要求和战略愿景来看，创新的特殊重大意义主要体现在以下几个方面。

第一，当今世界科技进步和产业革命正在实现重大突破的时代趋势，凸显了创新在国家现代化建设中的首要性引领作用。进入21世纪以来，随着以新一代信息技术为代表的科学技术发展的突飞猛进及其快速迭代，新一轮科技革命和产业变革正在孕育兴起，推动了全球科技创新呈现出即将实现重大突破的新发展态势和显著特征。这主要表现为：移动互联网、智能终端、大数据、云计算、高端芯片等新一代信息技术发展正带动众多产业变革和创新；围绕新能源、气候变化、空间、海洋开发的技术创新更加密集；绿色经济、低碳技术等新兴产业蓬勃兴起；生命科学、生物技术正带动形成庞大的健康、现代农业、生物能源、生物制造、环保等产业。面向未来，可以说，上述新科技革命和产业变革正在成为任何一个国家现代化建设都必须面对但又难以应对、最难掌控但又必须掌控的不确定性因素之一，抓住了就是机遇，抓不住就是挑战。正因为如此，增强机遇意识和忧患意识，敏锐洞察世界科技创新发展趋势，紧紧抓住和用好新一轮科技革命和产业变革的机遇，以强烈的创新自觉和务实的创新行动，推动我国现代化国家建设能够在更高水平的科技创新界面和路径上展开，已经成为新时代我国现代化建设的必然选择。

第二，我国经济发展的阶段性变化和实现高质量发展的实践要求，凸显了创新在现代化国家建设中的战略性支撑作用。不论是经济发展还是现代化建设，既是螺旋式上升过程，也是分阶段的。不同阶段对应不同的需求结构、产业结构、技术体系和关联方式,要求发展动能的及时转换和发展方式的与时俱进。改革开放以来相当长的时间内,我国人均收入水平较低,我们发挥劳动力等要素低成本优势,抓住经济全球化的重要机遇,充分利用国际分工机会,形成市场和资源"两头在外"发展模式,参与国际经济大循环,推动了经济高速增长,人民生活从温饱不足到全面小康。经过长期努力,我国人均国内生产总值已经超过1万美元,需求结构和生产函数发生重大变化,但"卡脖子"问题开始突出,发展动能、发展结构和发展方式转换的复杂性上升。在这种情况下,再像过去那样以要素投入为主来发展,既没有当初那样的条件,也是资源环境难以承受的,更是与满足人民对美好生活的向往难以协调。解决这一矛盾,要求我们必须加快从要素驱动发展为主向创新驱动发展转变,发挥创新尤其是科技创新对于经济发展的战略性支撑作用,推动实现有质量、有效益、可持续的发展。

第三,发展环境的深刻复杂变化和综合国力竞争的显著深化,凸显了创新在现代化国家建设中的根本性保障作用。进入21世纪以来,尤其是2008年国际金融危机发生以后,全球市场收缩,世界经济陷入持续低迷,国际经济大循环动能弱化。与此同时,西方主要国家民粹主义盛行、贸易保护主义抬头,经济全球化遭遇逆流,加之新冠肺炎疫情不期而至且影响广泛深远,导致国际环境日趋复杂,不稳定性不确定性明显增加,国际经济政治格局复杂多变,世界进入动荡变革期,单边主义、保护主义、霸权主义对世界和平和现代化发展构成威胁。从我国自身的情况来看,我国正转向高质量发展阶段,制度优势显著,治理效能提升,经济长期向好,物质基础雄厚,人力资源丰富,市场空间广阔,发展韧劲强劲,社会大局稳定,继续发展具有多方面优势和条件,但同时发展不平衡不充分问题仍然突出，重点领域关键环节改革任务仍然艰巨，特别是创新能力不适应高质量发展要求，关键核心技术受制于人的局面没有得到根本性改变，多个领域如高端芯片、基础元器件等存在"卡脖子"问题，相关领域和产业尤其面临被极限施压困境。辩证认识和把握国内外大势，善于在危机中育先机、于变局中开新局，其在战略谋划上的着眼点和着力点，都在于必须深刻把握并强化自主创新在国家现代化建设中的根本性保障作用。

二、撬动世界历史的强大杠杆：深刻把握当代科技创新的突出特征与重大影响

作为引领发展的第一动力，创新自古以来就是推动人类历史的一种不可逆转、不可抗拒的力量。创新是多方面的，包括理论创新、体制创新、制度创新、人才创新，但科技创新的地位和作用十分显要。自16世纪以来，人类社会发生的每一次科技革命和重大创新突破，都既有力地改变了世界力量格局，也深刻地影响了各国各民族的前途命运。这就表明，能否高度重视科技创新的历史性变革作用，能否以敏锐的历史思维和前瞻意识深刻把握当代科技创新的突出特征及其重大影响，构成了能否把创新与国家现代化建设内在地关联起来，进而在创新的高度和界面上有力有效地推进现代化国家建设的基本前提。

进入21世纪以来，随着新一轮科技革命和产业变革的孕育兴起，全球科技创新正呈现出新的发展态势和特征，并以强有力的乘数效应指示着科技创新演进的战略方向。具体来看，当代科技创新的突出特征主要表现为：

一是学科交叉融合加速，新兴学科不断涌现，前沿领域不断延伸，物质结构、宇宙演化、生命起源、意识本质等基础学科正在或有望取得重大突破性进展；二是信息技术、生物技术、新材料技术、新能源技术等广泛渗透，带动几乎所有技术领域正在发生以绿色、智能、在为特征的群体性技术革命；三是传统意义上的基础研究、应用研究、技术开发和产业化的边界日趋模糊，"巴斯德象限"特征日趋明显，科技创新链条更加灵巧，技术更新和成果转化更加快捷，产业更新换代不断加快；四是科技创新活动不断突破地域、组织、技术的界限，演化为创新体系和创新生态的竞争，创新战略竞争在综合国力竞争中的地位日益重要而突出；五是面对科技创新发展新趋势，不仅发达国家都在加快寻找科技创新的突破口，力求抢占未来科技经济发展的先机，而且一些发展中国家也在加大科技投入，加速发展具有比较优势的技术和产业，谋求实现跨越发展。

针对这一状况，人们从总体上提出了诸如"第三次工业革命"以及"大数据时代""智能革命"等概念，认为当代科技创新的核心特征或者是制造业的数字化，或者是数字制造与个人制造的融合，目的就在于力图更加完整清晰地把握当代科技创新的总体特征及其历史性变革后果。但无论人们的认识有何分歧，可以肯定的是，如果当代科技创新实现了通过互联网平台汇集社会资源、集合社会力量、推动合作创新，形成人机共融的制造模式，必将使全球技术要素和市场要素的配置方式发生深刻变革，必将给产业形态、产业结构、产业组织方式带来深刻影响，同时也必将对不同国家的现代化建设格局与前景带来深远影响。

而从创新与现代国家发展的关系来看，在经济和科技全球化高速推进的背景下，科技创新不仅越来越成为提高社会生产力和综合国力的战略支撑，而且在很大程度上成为了决定一个国家、一个民族未来前途命运的根本变量。从我国自己的情况来看，新中国成立以来特别是改革开放以来，我们之所以能够取得"两弹一星"、载人航天、探月工程、载人深潜、北斗导航、超级计算等一系列重大科技突破，之所以能够在超级杂交稻、高速铁路、新能源汽车、半导体照明等产业的技术水平上取得世界领先地位，之所以能够在人工智能、5G、物联网、量子通信等新兴技术领域占据发展先机，一句话，我国科技实力之所以能够不断跃上新的台阶并实现跨越发展，从而极大振奋了民族精神，极大提升了我国经济实力、科技实力、综合国力和国际地位，最重要的经验之一，就在于我们深刻地唤起了中华民族的创新禀赋，并牢牢地把握了坚持自主创新这一重要法宝。相比之下，近代中国之所以屡屡被经济总量不如自己的国家打败，并不是输在经济规模上，而是输在科技落后尤其是自主创新能力的严重缺失上。

正因为如此，习近平总书记深刻指出，"一个国家只是经济体量大，还不能代表强。我们是一个大国，在科技创新上要有自己的东西。一定要坚定不移走中国特色自主创新道路"；"只有把核心技术掌握在自己手中，才能真正掌握竞争和发展的主动权，才能从根本上保障国家经济安全、国防安全和其他安全。……我们没有别的选择，非走自主创新道路不可"。这同时也表明，坚持走中国特色自主创新道路，切实增强自主创新意识，努力提升自主创新能力，已经成为我们党在深刻把握当代科技创新特征及其重大世界历史影响基础上达到的深邃洞见和坚定抉择。

三、牵住现代化建设的"牛鼻子":切实推进我国自主创新能力的全面提升

创新是一个民族进步的灵魂,是一个国家兴旺发达的不竭动力,也是中华民族最深沉的民族禀赋。党的十八大以来,以习近平同志为核心的党中央立足于我国改革开放 30 多年来积累的坚实物质基础和持续创新形成的系列成果,着眼于加快转变我国经济发展方式、提高我国综合国力和国际竞争力的战略要求,抓住并用好我国发展的重要战略机遇期,深入实施创新驱动发展战略,坚持在推进科技自主创新上超前谋划、系统布局、精准发力,善下先手棋,敢打主动仗,成功开创了我国科技创新和现代化建设新局面,为我国从经济大国走向经济强国提供了坚实的创新支撑。

同时也需看到,面对世界科技创新发展新趋势,世界主要国家都在寻找科技创新的突破口,抢占未来经济科技发展的先机。在这场全球科技创新的大赛中,一方面,我们不能在竞赛中落伍,而必须迎头赶上、奋起直追、力争超越,赢得主动、赢得优势、赢得未来;另一方面,我国发展到现在这个阶段,不仅从别人那里拿到关键核心技术不可能,就是想拿到一般的高技术也越来越困难。而要从整体上统筹解决上述两个方面的问题,其核心和关键,都在于必须牢牢牵住自主创新这个"牛鼻子",坚持走中国特色自主创新道路。

由此来看,深入落实"坚持创新在我国现代化建设全局中的核心地位,把科技自立自强作为国家发展的战略支撑"这一重大命题,其在实践上的落脚点和路径选择,就在于必须在深入总结我国开展自主创新行动和实施创新驱动发展战略的经验和优势的基础上,以更具世界性、前瞻性的眼光和更具针对性、时代性的实践,在更高起点上全面提升自主

创新能力。

第一，坚定创新自信，夯实自主创新的根本支撑点。经过长期努力，我国在一些领域已接近或达到世界先进水平，某些领域正由"跟跑者"向"并行者""领跑者"转变，完全有能力在新的起点上实现更大跨越。这表明，在新发展阶段建设现代化国家的新征程上，我们既要引进和学习世界先进科技成果，更要以高度的创新自信走前人没有走过的路，努力在自主创新上大有作为。正如习近平总书记所指出的那样，"要有强烈的创新自信"，"我们在世界尖端水平上一定要有自信，这也源于我们道路、理论、制度和文化的自信"，"总的要看到，我们走的是一条中国特色自主创新道路，……实践证明是可以大有作为的，是现代化建设最可依靠的支撑点"。

第二，坚持"四个面向"，把准自主创新的战略关切点。面向世界科技前沿、面向经济主战场、面向国家重大需求、面向人民生命健康，是十九届五中全会为我国科技创新确立的战略方向，也构成了推进自主创新必须切实遵循的实践指向。相比于西方发达国家现代化发展的"串联式"过程，我国的现代化建设必然是一个"并联式"过程，并需要化解特殊的"时空压缩"难题。因此，坚持"四个面向"，就是要坚持主动跟进、精心选择、有所为有所不为的方针，深入实施科教兴国、人才强国和创新驱动发展战略，在统筹好高度重视基础研究、服务国家经济发展、响应国家战略需求和保障人民生命健康的关系中，牢牢把握住我国科技创新具有战略性、根基性、支撑性和前沿性的主攻方向和突破口。

第三，强化国家战略科技力量，厚筑自主创新的关键发力点。推进自主创新，人才是关键。没有强大的人才队伍作后盾，自主创新就是无源之水、无本之木。而从我国人才队伍现状来看，世界级科技大师缺乏、领军人才和尖子人才不足的问题尤为突出，这就必然要提出加快造就国家科技战略力量的问题。所谓国家战略科技力量，是指在重大创新领域由国家布局支持，具有基础性、战略性、前沿性使命的科技创新"国家队"。强化国家战略科技力量，是新时代实现我国科技自立自强、支撑全面建设社会主义现代化国家的必然选择，也必然要构成自主创新得以有效持续生成和展开的关键基石。在新发展阶段上，必须围绕充分激发人才创新活力，全方位培养、引进、用好人才，造就更多国际一流的科技领军人才和创新团队，培养具有国际竞争力的青年科技人才后备军，持续厚筑自主创新的第一资源和最关键力量。

第四，深化体制机制改革，激发和完善自主创新的"点火系"。习近平总书记指出，"如果把科技创新比作我国发展的新引擎，那么改革就是点燃这个新引擎必不可少的点火系。我们要采取更加有效的措施完善点火系，把创新驱动的新引擎全速发动起来"。这就要求我们，要围绕着全面提升自主创新能力的主题主线，破除一切制约自主创新的思想障碍和制度樊篱，处理好政府与市场的关系，推动自主创新与国家现代化建设深度融合，打通从科技强到产业强、经济强、国家强的通道，以改革释放自主创新活力，加快建立国家创新体系，让一切创新源泉在现代化建设进程中充分涌流。

CHAPTER III

第三章

增强产业链供应链自主可控能力

全方位构建后疫情时期我国供应链安全保障体系

顾学明 林 梦

新冠肺炎疫情全球蔓延，破坏了各国正常的生产生活秩序，给全球供应链安全带来重大冲击。我国不仅是制造大国、物流大国、消费大国，更是全球供应链枢纽，海外疫情持续恶化对我国供应链的影响不容小觑。与此同时，因疫情全球扩散而形成的三大因素将推动全球供应链加速向多元化、区域化、本地化方向发展，并在后疫情时期使我国供应链体系面临加速转移、供给中断、环节割裂、链路失控四大安全风险。我国应该提高警惕，及早谋划，从供应链竞争力、创新力、控制力、黏着力和保障力的角度打造我国供应链安全保障体系。

一、后疫情时期影响全球供应链的三大因素

在新冠肺炎疫情对全球经济造成严重冲击的情况下，高度全球化的产业链和供应链显得脆弱不堪。疫情结束后，各种因素交织、各种力量叠加，将进一步加速全球供应链区域化、本地化、多元化的发展趋势。

顾学明，全国政协委员，国家高端智库首席专家，商务部国际贸易经济合作研究院党委书记、院长、研究员；林梦，商务部国际贸易经济合作研究院现代供应链研究所所长、副研究员。

（一）全球供应链收缩趋势加剧

全球供应链既是经济全球化发展的自然结果，也是经济全球化的表现形式。近 30 年来，经济高度全球化的一个显著特点就是跨国公司把产业链中一些产成品和半成品、零部件、原材料的加工环节外包给全球加工质量好、效率高、成本低的企业，世界各国经济和产业密切关联，形成"你中有我、我中有你"相互依存的格局。

突发的新冠肺炎疫情暴露了经济全球化的局限性和脆弱性，人们开始重新审视经济全球化，并且反思 20 世纪 80 年代以来逐渐形成的全球制造业分工体系的可靠性和脆弱性。疫情结束后，在新地缘政治、不同国家民众意识形态多元化，以及数字化浪潮推动新经济形态不断涌现等因素的影响下，经济全球化可能会加速调整，形成新的模式和新的特征。

1. 从以美国为核心的单极全球化向以区域多国合作的多极全球化转变

在过去几十年经济全球化推进过程中，美国始终是主要领导者，它不仅在各个国际组织中都拥有主导权，还依靠美元主导全球经济秩序。在这一过程中，美国享受了全球化带来的便利，世界各国也受益于美国的领导力。但近一段时间以来，美国阻挠世界贸易组织上诉机构的新法官遴选导致其停摆，暂停资助世界卫生组织，拒绝承担推动全球共同抗疫行动领导者角色等行为，都充分表明了以美国为核心的单极全球化可能正在改变。如果美国不再承担经济全球化领导者的角色，将会增加去全球化的风险，未来的经济全球化结构可能向由不同区域主要国家主导的局部全球化或者区域化调整，以北美、欧洲、亚洲三大区域制造业中心和消费市场为主体的供应链区域布局会进一步强化。

2. 从开放合作的全球化向相对封闭自主的全球化转变

新冠肺炎疫情对以美国、欧洲和中国为中心的三大供应链生产网络造成了严重冲击，使各国充分认识到全球供应链分工体系的脆弱性。此外，再加上政治局势和民粹主义的推波助澜，预计疫情结束后，许多国家都会从供应链安全角度对产业链进行调整，考虑自己产业链、供应链的"备份"问题，转向寻求自给自足的模式，这必然加剧去全球化趋势。在这种形势下，诸如"美国优先""本国优先"的做法可能被广泛采用，在发生利益冲突时国家间爆发"贸易战"的可能性将增加，进而大幅减缓经济全球化的速度，全球化供应链短链条、本地化、近岸采购的趋势将进一步加剧。

3. 从生产连接的全球化向资本、技术联结的全球化转变

疫情暴发前，机器人、人工智能、云计算、大数据等技术的应用已使全球供应链呈现出分散化、本地化的发展趋势。疫情的爆发加速了大数据、机器人、人工智能等技术的应用进程，先进经济体更加重视采用低成本的机器人维持生产，而不是期待便宜、充足的劳动力复工。疫情结束后，在新一轮科技革命的推动下，企业将更加注重在自动化、信息化、智能化等方面的投入，未来全球供应链可能变得越来越本地化。由于发达国家和新兴经济体在新一轮科技革命中占据领先优势，它们在世界范围内重新布局产能时，这些国家的跨国企业可能依靠资本和技术对产能进行实质控制。因此，未来本地化的全球供应链背后可能是资本和技术链接的全球化、网络化。

（二）全球供应链更趋向本地化发展

在疫情冲击下，美国和欧洲各国强烈意识到产业配套对国家经济安

全，甚至是国家安全的重要性。目前，国家间的战略互信正在不断受到削弱，疫情结束后，各国间的不信任度将继续增加，很多国家的政策会进一步转向内向发展、自主发展和安全发展，并且有可能着手构建更加独立、自主、完整、安全的产业链和供应链体系。未来，主要发达国家可能通过加强立法、调整产业政策、鼓励购买国货等形式推动本国企业回迁，逐步建立自主安全的产业链体系，加速"再工业化"进程。

1. 主要发达国家通过立法形式推动本国企业回迁

疫情防控使各国政府的权力显著扩大。疫情结束后，政府不愿意轻易放弃应急防疫过程中扩大的权力，发达国家原本"小政府、大社会"的格局将会改变，政府将长期拥有更大权力。一些国家可能通过立法形式引导、鼓励甚至强迫对国家安全至关重要的产品生产返回本国，或者迁移到可以信任或者能够控制的地区或国家。例如，疫情期间，美国总统特朗普动用《国防生产法》授权，要求通用汽车公司等美国制造企业生产呼吸机、口罩等产品。在美国已经启动《国防生产法》的状态下，不排除疫情后，美国以国家安全为由，利用这部法律，施压部分跨国公司改变供应链布局，将涉及国家安全的关键材料或产品的生产设施迁回美国。

2. 主要发达国家通过产业政策推动本国企业回迁

出于实施"再工业化"战略，降低对其他国家依赖，以及规避供应链风险的需要，主要发达国家将利用贸易、投资和产业政策促使本国企业回迁。疫情期间，一些国家已出现利用补贴政策吸引本国企业回迁的迹象。2020年3月5日，在以新冠疫情对经济之影响为主题的"未来投资会议"上，日本首相安倍晋三呼吁，"对一国生产依存度高的高附加值产品生产基地"要回归国内，而附加值不高的则应向东盟国家及其他地区进行多元化转移。4月7号,日本内阁会议通过了历史上最大规模的总额高达108万亿日元的经济刺激计划。其中的2200亿日元(约合143亿元人民币)用于资助日本企业将生产线从中国转移回日本本土,235亿日元(约合15亿元人民币)用于资助日本公司将生产设施从中国转移到其他国家以实现生产基地多元化。美国也正在考虑提供政府支持的专项贷款,帮助企业将供应链迁回美国,并以减免税收的方式奖励回迁企业。4月9日,美国白宫国家经济委员会主任库德洛表示,一种可能吸引美国企业从中国回流的政策是,直接将回流支出100%直接费用化。同时,欧盟委员会于3月10日发布的新的产业政策文件指出,希望通过破除内部市场分割,发展具有全球竞争力的企业,强化欧洲对关键产业的自控力,这也可能推动欧洲企业将生产设施转移回本国或更靠近本土的地方。

3. 通过鼓励购买国货推动本国企业回迁

近年来,民粹主义与保护主义势力抬头,推动消费需求向本地化和个性化产品转移。例如,益普索公司(Ipsos)在2017年7月公布的一份民调结果显示,70%的美国人认为购买国产产品很重要或者非常重要。美国政府正在考虑颁布一项行政命令,实行"购买美国货"的规定,强制联邦机构只能购买美国制造的药品和医疗设备,以激励制药企业和医疗供应链迁回美国。在这种趋势下,如果一些国家采取鼓励本国消费者购买国货政策,可能促使企业围绕消费需求对供应链布局进行相应调整。

4. 以国家安全为由进行技术封锁

通过技术封锁抑制发展中国家崛起是西方发达国家的一贯做法。近年来,美国在经济和科技领域长期保持的领先地位遭遇来自中国的挑战,导致美国通过采取关税、出口管制和打击知识产权侵权等手段对中国全面施压。其中，美国以"国家安全"和"供应链安全"为由，对我国全面实施技术封锁。一方面，美国国会通过《出口管制改革法案》，力图严格管制涉及供应链安全和高技术范畴的出口行为，并发布14类前沿技术封锁清单，拟对人工智能、芯片、机器人等新技术领域实施出口管制。另一方面，美国通过"长臂管辖"，不断将特定的中国高科技企业或科研机构列入"实体管制清单"，从而限制技术出口，切断对华技术供应链。此次疫情凸显了中国供应链的优势，使美国更加下定决心全面抑制中国崛起。2020年2月6日，美国新安全中心发布研究报告《大国持久战：初步评估》显示，美国应就中国崛起展开"持久战"式的长期规划。这使得美国在疫情期间进一步采取措施，对我国实施全面技术封锁。例如，美国商务部正在部署修改长臂管辖原则，将管控范围从美国技术占比的25%降到10%；美国司法部和其他机构要求美国联邦通讯管理委员会（FCC）收回中国电信美国分公司为进出美国的国际通讯提供电信服务的许可。疫情结束后，通过对我国实施技术封锁，促进本国供应链回迁将成为美国乃至更多发达国家抑制我国崛起的手段。

（三）全球供应链呈现多元化发展

近年来，由于贸易保护主义势力抬头，全球供应链体系面临的风险不断增加，跨国企业不再以成本为基础来规划和获取供应链，而是更多考虑安全因素布局供应链。特别是中美贸易摩擦和新冠肺炎疫情加速了跨国企业供应链调整步伐。多个国际机构调查显示，受中美贸易摩擦和新冠肺炎疫情影响，跨国企业正在积极推动供应链多元化战略，以减少对某一国家或某一供应商的依赖。疫情结束后，可能导致纺织服装、电子和制药等企业重新考虑其供应链，以确保它们实现全球多元化，减少对单一地点的依赖。跨国公司现有业务或许不会改变，但新投资可能会加速朝多元化、分散化方向流动。

此外，2008年国际金融危机爆发后，受全球贸易保护主义兴起、新兴消费市场不断壮大、新一轮科技革命推动生产方式变革等因素影响，越来越多的公司开始推行本地化策略，将管理、运营、供应链、生产、产品或营销活动转移或下放到各国当地市场。突出表现为全球贸易强度的下降。从未来发展趋势看，贸易保护、产业政策、消费需求和技术变革等因素相互叠加，将进一步推动跨国公司供应链的本地化发展趋势。如果跨国企业出于政治压力或生产稳定的考虑，提高供应链的本地化程度，同时减少生产外包，那么全球供应链的收缩程度会进一步扩大。

二、威胁我国供应链安全的四大风险

就疫情对中国供应链的影响而言，短期内，由于全球供应链网络高度复杂，世界各国供应链高度依赖，以及美国、日本以及欧洲国家难以在疫情结束后的较短时间内形成独立完整的产业链和供应链，因此全球供应链与中国脱钩的可能性较小。但从长期来看，在逆全球化加剧，主要发达国家调整贸易、投资和产业政策，以及跨国公司调整供应链布局的情况下，全球供应链在某种程度上与中国的连结可能弱化，换言之，世界主要国家对中国供应链的依赖程度会降低，可能使中国一些产业供应链的安全面临巨大风险。

（一）加速转移：转移规模或将超过7万亿元

近年来，随着劳动力、资源环境等要素成本上升，我国一些劳动密集型制造业已呈现出向低成本的东南亚、南亚等地区转移的趋势。疫情结束后，受主要发达国家推动本国企业回迁供应链，以及跨国公司布局多元化、本地化趋势的影响，原先主要集中在中国大陆的供应链，可能被加速分散到越南、印度、墨西哥，以及美国、日本及欧洲国家，并在这些地区形成新的制造业集群。尽管大部分跨国公司不太可能将生产线全部转移出中国，但留在国内的生产线可能主要供给国内市场和亚太地区市场，而外迁至越南、印度、墨西哥等国或回迁美国、日本等国的生产线，将主要供给包括美国在内的国际市场。在这种情形下，我国作为世界工厂的地位可能演变为亚太地区的"区域工厂"，甚至是仅仅为中国市场生产的"本地化工厂"。

从转移行业情况看，根据我国重点产业显示性比较优势指数、相对劳动力成本、供应链长度和供应链参与度等统计指标，纺织服装、家居建材、电子制造、机械设备等行业将是未来加速向外转移的高倾向行业。从转移规模看，考虑到全球制造业产能高度集中在我国，疫情结束后，全球供应链多元化、本地化发展趋势将对我国制造业供应链转移产生一定的推动和叠加效应，使得转移速度更快、程度更深、领域更广。结合发达国家产业转移程度方面的经验，初步估测未来 10 年，中国具有高转移倾向的劳动密集型产业对外转移规模将接近 3 万亿元人民币。若叠加中高端产业中劳动密集型环节对外转移，以及部分中高端产业向发达国家"回流"的因素，未来 10 年，中国制造业对外转移规模将接近 7.2 万亿元人民币。

（二）供给中断：关键技术和产品面临断供风险

疫情的全球蔓延凸显了发达国家在部分领域对我国的依赖，在一定程度上会提醒和加剧以美国为代表的西方经济体对我国的战略防御，它们或将围绕5G技术、人工智能、量子计算、半导体等关键技术领域与我国展开角逐，并实施遏制政策。此前，美国新安全中心就在其研究报告《大国持久战：初步评估》中表示，美国应就中国崛起展开"持久战"式的长期规划。同时，美国商务部也正在部署修改长臂管辖原则，将管控范围从美国技术占比25%降到10%。若实施这一政策，将意味着大量日韩零部件无法为华为供货。2019年，作为对美国元器件的替代，华为采购日韩部件的总量超过200亿美元，增长50%以上。

随着后疫情时期全球经济形势的恶化，国际竞争将日趋激烈，美国等西方经济体为压制我国崛起，对我国技术供应链的遏制措施可能将继续扩大并逐步升级。首先，可能继续扩大对我国高科技企业和科研机构的制裁范围，并对列入"实体管制清单"的企业进行严格管控。其次，可能进一步扩大限制出口产品和技术的范围，将生物技术、人工智能和机器学习等核心前沿技术列为针对中国供应链中禁止本国主体出口的项目。最后，可能对向中国技术转让或尖端产品出口设立更严格的审查和限制，并联合其盟友国对我国实施一系列的遏制和打击，造成我国高技术产业与全球供应链隔离的情况。这些遏制措施必将对我国关键技术和产品供给带来中断风险，不仅将严重制约我国高科技企业发展，而且将对我国移动通信、大飞机、人工智能、生物医药、新材料等高科技产业和全球供应链分工造成持续而深远的负面影响。例如，如果美国利用疫情期间启动的《国防生产法》，禁止谷歌公司和高通公司向我国手机生产企业出售安卓系统和处理器芯片，可能导致我国手机产业技术供应链中断，致使手机产业发展水平停滞甚至倒退三五年，进而失去全球市场份额。

(三)环节割裂:部分产业供应链面临环节割裂风险

当前,疫情持续时间仍然存在较大不确定性,如果疫情迟迟得不到控制,被中断的供应链在疫情结束后将难以快速恢复,我国某些产业供应链被打散的环节可能面临割裂风险。

一方面,此次疫情可能引发全球经济危机,疫情结束后全球经济或将出现大萧条,总需求会大幅减少。根据国际货币基金组织(IMF)最新的预计,2020年,全球经济将萎缩3%,是20世纪30年代大萧条以来最严重的经济衰退。我国是全球供应链需求的主要供给国,疫情的进一步扩散对我国供应链需求端形成巨大冲击。另一方面,疫情结束后全球供应链区域化、本地化发展趋势加剧,会导致中间品需求大幅缩减。根据世界银行与联合国贸发组织共同发布的"世界综合贸易解决方案"数据库(WITS),全球近200个经济体从中国进口商品,其中,中间品在全部进口中所占比重平均达到21.7%。在我国中间品贸易占比较高的情况下,中间品需求缩减必将对我国相关中间品制造企业造成巨大冲击。

此外,不排除部分海外客户在供应商选择中可能会加强对公共安全事件因素的考量,避免将采购过于集中在我国一国境内,而在其他地区建立"备份"或寻找替代者,这同样会造成外需下降。在这种形势下,我国很多参与全球供应链的中小企业,由于海外中间品和消费品需求萎缩,面临倒闭的风险。供应链中一些关键环节的企业一旦倒闭,整个链条将出现断裂,再重建这些环节需要一个较长的过程。

(四)链路失控:国际货运物流体系尚难自控

受疫情影响,国际客运需求大幅减少,国际客运航班陆续停航。据不完全统计，2020年2-3月，全球国际客运航空市场萎缩60%。由于客机腹仓为航空货运的重要运力供应方，大量国际客运航班取消，导致全球货运航空运力骤然紧张，空运物流运价暴涨两三倍。由此也暴露出我国在国际航空货运方面存在短板。

实际上，我国作为全球贸易大国，大量外贸航空货运高度依赖海外货运公司，美国联合包裹速递公司（UPS）、美国联邦快递（FedEx）、德国敦豪（DHL）这三大国际快递企业占我国航空货运市场份额超过7成。当前，我国尚未形成与贸易大国相匹配的国际物流体系。麦肯锡的研究结果显示，美国和德国是全球连接能力最强的两个国家，中国的全球连接力只有发达国家的一半。另据世界银行发布的《国际物流绩效指数报告（2018）》显示，我国物流绩效指数（LPI）居全球第26位，远低于德国、日本、荷兰、英国、美国、韩国等发达经济体。此外，从石油等能源战略物资的国际运输情况看，相较于我国巨大的石油消费规模和进口数量，国内承运能力尚难以满足石油远洋运输需求。目前，我国国油国运比仅为50%左右，离80%的安全目标还有较大差距。如果后疫情时期国际局势发生重大变化，石油等战略资源进口运输或将面临被中断的风险。

三、培养"五力"

针对未来全球供应链区域化、本地化、多元化发展趋势对我国供应链安全带来的挑战，我们应坚持底线思维，居安思危，及早谋划，着力培养"五力"，巩固提升我国在全球供应链体系中的优势地位。

（一）厚植产业集群发展根基以增强供应链竞争力

1. 继续深化开放

进一步放宽制造业和服务业准入限制，完善贸易投资便利化、知识产权保护等政策措施，促进内外资企业公平竞争，培育更具开放性和包容度的供应链体系。顺应生产本地化趋势，完善外资企业在华产业链体系，形成产业链、供应链和价值链系统完整布局，促进在华外资企业本地化发展。

2. 实施"备链""固链""强链"计划

从国家层面制定产业供应链"备链""固链""强链"计划，实现产业链上下游企业的纵向合作和相关产业链企业之间的横向互动，释放产业集聚效应，提高产业集群竞争力。积极培育供应链关键企业，培育我国企业成为专业领域"隐形冠军"，形成独一无二的产品供给能力，增强全产业链、关键环节、标准和核心技术的控制力。

3. 打造适度分散、区域良性竞争的国内闭环供应链体系

探索发展基于国内的闭环供应链体系，推动区域间建立利益共享和补偿机制。力争率先在粤港澳大湾区、长三角、京津冀、成渝双城经济圈等区域，推动建成具有全球竞争力的区域性供应链中心，形成"产业备份"，提高产业抗风险能力。

（二）发挥数字经济竞争优势以培育供应链创新力

1. 推动传统产业智能化改造

加快数字技术与纺织服装、家具制造、电子信息等传统劳动密集型产业的融合发展，通过"优势产业＋智能技术"，推动传统产业向智能制

造转型，提升柔性生产能力，打造数字经济发展新高地。

2. 突破关键技术

针对部分国家可能对关键零部件、原材料等加快实施技术封锁的风险，按照优先级加大政策支持力度，加强对高端芯片、基础零部件、关键材料、工业软件、操作系统等关键核心技术的国产化攻关，构建更加自主可控的供应链技术体系。

3. 培育数字经济新产业链

发挥我国在5G技术、人工智能、区块链等前沿技术领域的全球领先优势，引导鼓励中外数字巨头合作，进一步加速人工智能、5G等新一代信息技术商业应用，培育数字经济新产业、新模式、新集群，形成产业竞争新优势。

4. 推动产业供应链平台发展

以平台型企业为核心的跨行业、跨区域、跨国界的供应链协同平台，正在成为新兴的全球供应链主导力量。应积极推进产业供应链平台发展，聚集各类生产要素，促进资源高效匹配，推进供应链全流程数字化、网络化、智能化发展，增强产业供应链弹性和控制力。

（三）加强与亚洲其他经济体合作以巩固供应链控制力

针对疫情结束后全球供应链区域化、本地化发展趋势，充分发挥已有优势，进一步增强亚洲经济体与中国的产业联系，深化中国与亚洲经济体的经济融合，推动亚洲经济一体化发展，稳固我国在亚洲地区生产网络中的核心位置，提升供应链控制力。

1. 主导亚洲区域生产网络

未来，东亚和东南亚将是世界产业链和供应链最核心的区域，也是未来全球增长潜力最大的消费市场。应该依托《区域全面经济伙伴协定》（RCEP），加强中国与区域内其他国家在供应链方面的合作，促进亚洲其他国家深度嵌入中国供应链，提升与我国供应链的融合程度。同时，加快推进中日韩自贸区谈判，加强东亚供应链合作与互联互通，充分释放中日韩供应链协作潜力。

2. 提升对亚洲供应链网络的控制力

加强中国与亚洲其他经济体在教育、科技、文化、体育、旅游等领域的交流，大力发展数据处理、呼叫中心和供应链管理服务等业务流程外包，鼓励物流、金融、跨境电商等服务企业到亚洲其他国家布局，升级中国与亚洲其他国家的供应链合作关系，提升我国在亚洲区域供应链网络中的地位。

3. 构建中国主导的需求驱动型亚洲供应链分工体系

发挥中国市场优势，促进消费结构升级，扩大需求规模，增强周边国家对中国市场需求的依赖，打破过去亚洲生产网络高度依赖美国市场的格局，提升中国对亚洲其他经济体的控制力和影响力。

4. 建立区域供应链安全风险防控机制

加强与亚洲其他经济体的合作，建立防范供应链安全风险的信息沟通与协调机制，推动信息互通共享，对供应链安全运行情况定期进行联合评估，及时发布供应链中断风险预警，形成常态化的区域供应链安全防控机制。

（四）推动全球供应链合作以提升供应链粘着力

作为全球产业链的重要枢纽，我国应积极参与全球供应链国际合作，在巩固提升我国在全球供应链体系中的地位的同时，与各国共同推动全球供应链稳定和可持续发展。

1. 积极实行跟进型"走出去"

继续夯实已经形成的产业配套优势,鼓励企业跟随跨国公司到重点区域和国家布局,在细分领域做精做细,形成与跨国公司紧密稳定的供应链关系。

2. 稳妥实行主动型"走出去"

紧紧抓住推进"一带一路"建设的有利机遇,鼓励企业充分利用两个市场和两种资源,增强国内产业和海外产业之间的供应链联系,提升中国企业在供应链中的地位,保障供应链安全。

3. 协调推进"走回来"

加强政策创新,建立更符合供应链全球布局发展的"走出去"制度框架,创造便利条件,着力打通"走回来"的堵点、难点,促进资金、资源、技术等加速回流,实现内外联动发展。释放供应链全球布局"红利",推动国内产业结构升级和经济高质量发展。

4. 加强供应链安全领域国际合作

应借鉴美国与欧盟签署的《供应链安全联合声明》和美国与日本共同发布的《美日全球供应链联合声明》等经验做法,推动我国与主要贸易伙伴在供应链安全领域的双、多边国际合作,建立多渠道、多层次供应链安全体系,协作处理潜在供应链中断风险。发挥我国供应链优势地位,进一步强化国家间自由贸易合作关系,促进全球范围内人流、商流、物流、资金流、信息流的高效流动,构筑具有更高开放水平的区域和全球供应链,推动构建人类命运共同体。

(五)建立供应链安全防控体系以提升供应链安全保障力

立足我国供应链和全球供应链发展实际情况,将国家层面维护供应链安全工作与企业层面供应链安全风险防范相结合，发挥大型企业在供应链安全中的作用，推动国家高端智库、行业组织等机构积极参与构建国家供应链安全防控体系。

1. 建立供应链安全评估体系

组织专业研究机构开展供应链安全研究，制定供应链安全评价指标体系，科学评估我国供应链安全情况。针对供应链可能向外转移的趋势，加强对外商投资并购、外资企业撤资、中资企业"走出去"等环节的全程监管，对可能出现的供应链安全风险进行评估。

2. 建立供应链安全预警体系

建立供应链安全预警和安全应急处理机制，提高对各类风险动态监测和实时预警能力。针对已经发生的风险及潜在风险，及时启动风险预警，提升供应链风险防控能力。

3. 加强自主可控的全球物流体系建设

从服务国家战略安全的角度，加强我国全球物流体系建设，着力提升物流网络的自主性、可控性和全球性，形成与我国经济社会发展相适应的高效物流网络和供应链体系。加强国内外重要枢纽机场、港口、通道等战略性资源节点的布局和资源投入，加快构筑全球可达的全球物流网络。打造全球一流的国际物流服务商，为我国企业、产品"走出去"提供安全可靠的跨境物流服务。

提升产业链供应链现代化水平推动经济体系优化升级

黄群慧

《中共中央关于制定国民经济和社会发展第十四个五年规划和二〇三五年远景目标的建议》中,将加快发展现代产业体系、推动经济体系优化升级作为"十四五"时期经济社会发展和改革开放的第二项重点任务,其核心要求是坚持把发展经济着力点放在实体经济上,坚定不移地建设制造强国、治理强国、网络强国、数字强国,推进产业基础高级化、产业链现代化,提高经济质量效益和核心竞争力,其具体任务又包括提升产业链供应链现代化水平、发展战略性新兴产业、加快发展现代服务业、统筹推进基础设施建设和加快数字化发展五个方面。这里我围绕提升产业链供应链现代化水平这个发展现代产业体系、推进经济体系优化升级的首要任务谈一点自己的学习体会和研究认识。

一、提升产业链供应链现代化水平的重要意义

最近几年,面对中美贸易摩擦以及新冠疫情冲击,产业链供应链水

作者系中国社会科学院经济研究所所长、研究员。

平及其安全问题日益得到中央的高度重视，关于产业链供应链这个术语在中央文件不断被提及。2018 年中央经济工作会议上提出了深化供给侧结构性改革的"巩固、增强、提升、畅通"八字方针，要求巩固"三去一降一补"成果、增强微观主体活力、提升产业链水平、畅通国民经济循环，中央经济工作会议首次要求提升产业链水平。2019 年 7 月 30 日中央政治局会议上再次强调，要深化供给侧结构性改革，提升产业基础能力和产业链水平。2019 年 12 月 10 日召开的中央经济工作会议，进一步明确要求提升产业基础能力和产业链现代化水平。

如何理解产业链供应链水平呢？从经济学角度看，价值是核心，理解产业链供应链要从价值链出发，价值链决定了产业链和供应链。价值链描述侧重于针对生产价值增值角度来描述不同价值环节之间的链条式关联关系和分布形态；产业链则表示为按照价值链分布的各企业或者实体之间的链条式关联关系和时空分布形态；供应链则是与价值链对应的从物流供应角度描述的企业或者实体之间的链条式关联关系和时空分布形态。由此可见，产业链供应链是基于价值链理论的不同角度的延伸。可以说产业链涵盖产品生产或服务提供的全过程，是产业组织、生产过程和价值实现的统一，供应链是产业链物流的动态实现，而价值链则是产业链、供应链的价值实现。基于上述认识，提升国家产业链供应链现代化水平是指一个国家推进其产业链供应链向高附加值延伸、强化其产业在全球价值链各环节的增值能力、实现在全球价值链的地位升级的过程。

"十四五"时期提升我国产业链供应链现代化水平具有重大意义，这个问题不能仅仅理解为一般所认为的中观产业层面甚至微观层面的问题，更是一个具有宏观意义的全局问题。一是提升产业链供应链现代化水平对我国建设现代化经济体系、促进高质量发展至关重要，直接影响到能否建成富强的社会主义现代化国家。因为社会主义现代化强国需要有现代化经济体系支撑，而现代化经济体系中最为关键的是由一系列高附加值的产业链供应链组成的现代产业体系。因此，通过增强创新能力、推进产业链供应链向高附加值延伸、促进产业链供应链现代化水平提升，从而加快建设具有创新引领，以及实体经济、科技创新、现代金融、人力资源协同发展的现代产业体系，就成为我国经济高质量发展、实现百年目标的关键问题。二是提升产业链供应链现代化水平也是我国应对百年未有之大变局确保我国经济安全的重要举措。国际金融危机以来，尤其是受中美贸易摩擦和新冠疫情冲击影响，我国产业链供应链面临着巨大挑战，产业链中断、产业链外移等风险不断加大，产业安全问题日益突出。在全球价值链分工时代，一个国家或者地区产业链供应链现代化水平，主要体现为该国或地区的企业整体上参与全球价值链产业分工中所处地位以及对构建全球价值链所拥有的治理权力或者控制能力。虽然我国产业整体规模巨大，已经是世界第一制造业大国，但我国产业链供应链现代化水平比较低，在全球价值链分工中位于中低端，对全球价值链治理能力还较低。全球化逆流、单边主义、保护主义趋势不断强化的背景下，一系列"卡脖子"的问题就日益凸显，这成为制约我国产业安全的关键原因。习近平总书记提出要统筹安全与发展的关系，安全是发展的前提，发展是安全的保障。也就是说，没有产业链供应链现代化水平的提升方面的发展，也就无法真正保障产业的安全，进而无法保障国家总体安全。三是提升产业链供应链现代化水平也是构建完整内需体系，形成国内循环为主体、国内国际双循环相互促进的必然要求。从经济循环的生产、流通、分配、消费等主要环节看，目前中国经济循环不畅的主要表现之一在于科技创新和产业创新能力还有待提升、产业链供应链现代化水平不高，造成产业供给质量不高、不能有效满足消费者对消费品转型升级的要求，使得生产和消费之间、供给和需求之间不能很好地实现动态匹配。因此，要畅通国内大循环、形成国内国际双循环相互促进的发展格局，一定要提升产业基础能力和产业链现代化水平，从而提高供给质量、打通国民经济循环的堵点。

二、制约产业链供应链现代化水平的关键问题

从整体上评估我国产业链供应链，其优势十分突出，劣势也是非常明显。突出的优势是我国产业总量超大规模、配套体系完整。自2010年以来中国制造业增加值一直是全球第一，2016年中国制造业增加值已经是居第二和第三位的美国和日本之和。而且我国产业配套能力十分完整，在联合国工业大类目录中，中国是唯一拥有所有工业门类制造能力的国家。但是，中国的产业链供应链问题也十分明显，那就是产业基础薄弱、产业基础能力低以及由此而导致的低端产业过剩、高端产业不足的产业结构失衡问题比较严重。产业基础能力薄弱问题已经是制约我国产业链供应链现代化水平提升的最为关键的问题。

一般而言，可以将产业基础能力表述为一个国家和地区所具有的产业形成和发展的基础性支撑的保障条件和综合实力，尤其是在基础零部件（元器件）、基础工艺、基础材料、基础技术、基础动力和基础软件等方面的研发生产条件和力量，从更为广义的内涵看还包括国家质量基础设施（NQI）（计量、标准、认证和检验检测）、配套能力、制度环境和硬件基础设施等方面内容。在全球价值链视角下，这种产业基础能力，是指一国所具有的支撑产业参与和构建全球价值链分工的基础性条件和

力量。所谓产业基础能力高级化则是一个提升产业基础能力水平从低到高、增强产业价值链攀升的基础性条件和力量的过程。改革开放以来,在以赶超为目标的低成本出口导向快速工业化战略指导下,虽然我国快速地推进了工业化进程,成为全球价值链分工的重要参与者、全球价值链的网络中心国之一、全球中间品的最大供应国,在全球价值链中扮演着关键的"枢纽"角色。但是产业基础还比较薄弱,产业基础能力与工业化国家有很大差距。以"工业四基"为例,在信息技术、数据机床和机器人、航天航空装备、海洋工程装备及高技术船舶、先进轨道交通、节能与新能源汽车、电力装备、农业装备、新材料、生物医药及高性能医疗器械等先进制造业领域我国期望在2016年到2020年有所突破的产业基础就有287项核心基础零部件(元器件)、268项关键基础原材料、81项先进基础工艺、46项行业技术基础,合计高达682项。

  实际上,我国的产业基础能力是与高速增长的发展方式相适应的,高速增长的模式更多的是依靠庞大的市场规模、后发模仿创新的技术源泉、要素低成本供给等比较优势,我国经济快速发展得益于这种发展模式,但也必然导致产业基础薄弱的问题。由于这种后发赶超路径具有自增强的"锁定效应",要提升产业基础能力、适应经济从高速增长转向高质量发展,必然要打破原有经济发展路径,这就要求"再造"产业基础能力,要从重视应用研究转向更加重视基础研究,从强调模仿创新转向更加强调原始创新,从鼓励迭代性技术创新转向更加鼓励颠覆性技术创新。也就是说,高质量发展阶段建设的现代化经济体系需要有新的产业基础支撑,所以需要进行产业基础再造。因此,2019年以来中央不仅将促进产业基础高级化和产业链现代化并列为建设现代产业体系的重要任务,还提出大力实施产业基础再造工程,这次"十四五"规划又进一步强调促进产业基础高级化、产业链现代化和实施产业基础再造工程。

三、提升产业链供应链现代化水平的政策着力点

提升产业基础高级化、产业链供应链现代化水平无疑是一项复杂长期的艰巨任务。"十四五"规划的建议坚持目标导向和问题导向相结合，针对现实中面临的具体问题，总体上提出形成具有更强创新力、更高附加值、更安全可靠的产业链供应链的目标，包括以下几方面具体要求。一是遏制"去制造业化"的"脱实向虚"趋势，要求保持制造业比重基本稳定，以巩固壮大实体经济根基；二是针对新冠疫情对我国产业链供应链冲击及产业安全问题突出，要求坚持自主可控、安全高效，分行业做好供应链战略设计和精准施策，推动全产业链优化升级，推动产业链供应链多元化，同时还要加强国际产业安全合作；三是指出我国产业链供应链现代化的方向，就是立足我国产业规模优势、配套优势和部分领域先发优势，打造新兴产业链，推动传统产业高端化、智能化、绿色化，发展服务型制造业；四是针对产业基础能力薄弱问题等产业链供应链短板，强调实施产业基础再造工程、完善国家质量基础设施、优化产业链供应链发展环境，加大重要产品和关键核心技术攻关力度，发展先进适用技术，强化要素支撑，加强标准、计量、专利等体系和能力建设，深入开展质量提升行动；五是针对我国经济区域协调问题，从区域布局角度提出促进产业在国内有序转移，优化区域产业链布局，支持老工业基地转型发展。

实现上述任务要求无疑是一个复杂的系统工程，从政策上至少要在以下四方面着力。

第一，构建有利于提升产业链供应链现代化水平的创新生态。一要高度重视基础研究、共性技术、前瞻技术和战略性技术的研究；二要努力完善试验验证、计量、标准、检验检测、认证、信息服务等基础服务体系；三要构建产业创新网络，提高创新生态系统的开放协同性，构建全社会范围协同攻关的体制机制；四要通过完善环境不断改善中小企业创新的"生态位"，有效发挥中小企业在提升工业基础能力和产业链水平的作用。五要在不断完善我国新型举国体制基础上充分发挥我国新型举国体制优势，对投入巨大、技术难度高，市场主体单独难以攻克的重大的、战略性、基础性技术问题进行攻关，举国体制不仅仅在"资源投入"方面实现了"举国投入"，更重要的是在"组织管理"（即跨部门协调、跨地区协调）方面真正实现"举国协同发力"。

第二，充分发挥竞争政策在提升产业链供应链水平的基础性作用。中国总体上处于从工业化后期向后工业化过渡、开始高质量工业化深化时期，产业结构的日益完备、产业技术水平逐步向全球技术前沿靠近，长期以来与我国工业化初中期阶段相适应的选择性产业政策主导的政策体系越来越不适用，产业政策资源应更多地导向科技服务体系建设，而竞争政策将越来越发挥基础性作用。另外，还要通过确立竞争政策的基础地位来培育和激发颠覆性技术创新。

第三，深入实施产业基础再造工程。"十四五"期间应该围绕提升产业基础能力进行一系列有效政策安排。一是深入实施产业基础再造工程，做好顶层设计，明确工程重点，分类组织实施，为建设工业基础体系提供政策指引；二是建立产业基础能力评估制度，准确把握和评估我国产业链、供应链和关键技术的现状，分析创新链、供应链、产业链和价值链分布；三是借鉴日本"母工厂"制度建设工业基础能力再造的核心工厂，在生产制造层面围绕"工业四基"集成要素、优化流程、培育人才，以在专业集成、久久为功下提高中国的工业基础能力；四是加强对共性技术基础研发体系的建设，可以考虑根据不同共性技术的特点，采取差异化的组织形式，包括采用国家计划专项、设立国家工业基础研究院和国家工业技术研究院等公共科研院所、政府引导政产学研各方面组建联合研究体或产业技术联盟共同开发等。

第四，逐步探索适合不同企业地向高附加值环节拓展的产业链水平提升路径。从企业成长战略视角上区分提升产业链供应链现代化水平的不同路径，有针对性地提高中国企业的全球价值链分工地位和全球价值链控制能力。基于对产业的全球价值链治理主导权的企业类型，可以区分为生产者驱动路径、购买者驱动路径、"隐形冠军"驱动路径三类来提升中国产业链供应链现代化水平。生产者驱动路径主要针对大型制造业通过加大研发投入、培育核心技术而提高在全球价值链的地位，购买者驱动主要要求企业通过发挥中国超大规模的市场优势、塑造自己的品牌来提升产业链供应链的附加值，"隐形冠军"驱动路径是针对优秀中小企业通过产品趋于集中化、专业化高度瞄准单一的产品/服务市场而提升附加值。

CHAPTER IV

第四章

坚持扩大内需这个战略基点

我国扩大内需的政策演进、战略价值与改革突破口

张 杰 金 岳

当前,准确理解和落实中央提出的"形成以国内大循环为主体、国内国际双循环相互促进的新发展格局"具有重要意义。我们认为,不要狭隘地将中央提出的这个重大战略,简单定位为应对当前美国针对我国发起的技术封锁的短期策略,而应深刻认识到该战略所蕴含的对我国经济发展阶段重大转变的科学判断和精准把握,以及该战略在今后相当长的一段时期内对我国经济增长方式根本性转变的重大指导价值。即便美国不在此阶段针对我国发起技术封锁,我国也不可能再依靠全球的低端外需来实现后续的经济高质量发展和成功跨越"中等收入陷阱",而必须由一味依赖外需全面转向开发内需,实行内需主导型发展模式。因此,必须科学辨析其中的核心要义,这就是在正确认识和科学把握我国经济正在进入内需驱动型、主导型发展模式的特定阶段,通过全面激发激活我国内需的持续扩张能力和消费结构优化升级动力,强化内需对我国经

张杰,中国人民大学中国经济改革与发展研究院教授、博士生导师;金岳,中国人民大学经济学院博士研究生。

济的核心支撑作用。

一、我国扩大内需政策演进轨迹及其与经济发展阶段的匹配性分析

我们需要科学辨析的基本问题是，在我国经济的不同动态发展阶段中内需和外需对经济增长动力的支撑作用，及其呈现的特定动态变化特征和典型性演化规律。很显然，这是正确认识和判断当前我国经济发展所处阶段的重要手段。

（一）"内需不足、开发外需"阶段，实行"偏向于开发外需"的政策

一个国家在经济起飞的初级阶段，面临的最为突出的问题是大概率会陷入"国民收入普遍较低→国民储蓄不足 + 有效内需不足→投资能力不足→经济增长内生动力不足"的发展困局。国民储蓄不足导致的投资能力不足，以及有效内需不足导致的供给侧部门投资动力不足，是经济起飞阶段的主要矛盾。而有效内需不足，既是国民收入水平普遍较低的直接结果，又是供给侧企业生产部门所创造的就业岗位不足特别是中高收入就业岗位不足的必然后果。而且，在此阶段还容易发生"节俭悖论"式的发展陷阱，会进一步加剧类似中国这样的发展中国家陷入有效需求不足和投资资金能力不足之间的相互制约式的发展困局。因此，只有实施对外开放战略，一方面将国外的国民储蓄资金和外资企业引进来，破解国内投资资金不足和投资能力不足的困局，另一方面将国内企业扩张生产能力创造出的产品，通过出口渠道满足国外消费者的需求，从而解

决国内居民有效需求不足的难题，进而诱使和推动一国经济由经济起飞阶段，逐步转入外需拉动主导的出口导向发展阶段。在"内需不足、开发外需"阶段，我国的内外需政策，主要是实施偏向于鼓励吸引对外直接投资以及鼓励企业出口扩张的外向型发展政策。

（二）"外需扩张、带动内需"阶段，实行"推动外需扩张"的政策

我国推行的改革开放，与西方发达国家为了在全球范围内追逐资本和金融利益的最大化而逐步构建和推动形成的全球价值链分工和贸易体系，恰好形成了对接关系。我国利用相对低成本的劳动力禀赋优势以及比较齐全的工业部门基础，嵌入全球价值链体系中的劳动密集型、低技术含量、低附加值的生产制造组装环节。在较长的一段时间里，我国快速发展和扩张成为全球最大的"世界工厂"，以及以低端制造业产品出口和高技术生产设备、零配件进口循环体系为主的全球最大贸易国之一。我国深度融入的全球价值链分工和贸易体系，既是充分利用了低成本劳动力禀赋优势的直接结果，也是地方政府为实现地区经济发展而实施良性竞争激励机制的必然结果，更是持续推进的改革开放充分释放和激发了普通民众创新创业活力和市场竞争机制作用的重要效果。不容否认的是，全球发达国家对我国生产的劳动密集型产品的需求，是拉动和促使我国经济由初等收入国家发展成为中等收入国家的重要动力之一。与此同时，全球劳动密集型生产制造组装环节在我国东部沿海地区的集聚，为我国创造了大量的相对低工资水平的就业岗位和居民增收机会，对我国的内需快速扩张和提升形成了促进作用。我国经济由此进入了"外需促进内需、内需带动外资进入"的内外良性循环体系发展阶段。随着出口部门提供的相对低技能劳动力群体

的就业岗位快速扩张以及中低收入群体的收入逐步增加,我国的内需市场规模也必然处于逐步持续扩张的阶段,但是,相对外需对我国经济的主要支撑作用,内需对经济的支撑作用仍然相对有限。因此,在"外需扩张、带动内需"阶段,我国仍维持或强化了偏向于鼓励和吸引对外直接投资以及鼓励企业出口的外向型发展政策。

(三)"外需引致国内收入不平等扩大"阶段,实行"维持外需"的政策

发达国家控制与维持的全球价值链分工和贸易体系背后所隐含的全球贸易利益分配格局,既给我国带来了大量的相对低工资水平就业岗位,又对我国的国民收入初次分配和再次分配格局带来了较大的负面影响。一方面,从国民收入初次分配角度来看,我国企业嵌入的是全球价值链分工和贸易体系中的低端生产制造组装环节,这就造成了我国本土出口企业始终遭受发达国家按照自己利益最大化逻辑控制和布局的全球贸易利益治理体系中的"纵向压榨"和"低端锁定",导致我国本土企业难以实现从创造相对低收入就业岗位的全球价值链体系中的低端生产制造组装环节,向能够创造相对高收入就业岗位的全球价值链体系中的高端创新研发、品牌设计和全球营销渠道构建等环节的转移和攀升。这就导致了我国经济陷入劳动工资上涨能力和幅度被大大制约的困局,甚至出现了一旦劳动力工资水平较大幅度上涨就会导致这些低端制造业环节向成本更低的发展中国家转移的局面。另一方面,从国民收入再次分配角度来看,偏向东部沿海地区集聚的出口基地,以及偏向资本利益和金融利益的出口导向发展体制,必然会扩大我国国民整体层面以及不同区域间、城乡间的收入不平等问题。而且,改革开放带来了我国以银行机构主导的金融体系的快速扩张

以及各种金融投机泡沫行为的盛行，激发了那些通过出口获取财富积累的部分企业家和资本家脱离以制造业为主的实体经济部门而试图通过各种投资投机渠道"以钱生钱"的欲望和行为，由此出现了"劳动难以创造财富""生产难以创造利润"，而"投机快速创造财富""金融创造利润"的怪象。不可忽略的是，当前以西方发达国家的跨国公司和国际大买家背后代表的资本家利益和金融资本利益最大化为驱动力的全球价值链分工和贸易体系，既加大了发达国家国内的收入不平等和中等收入群体萎缩问题，又造成了中国这样的发展中国家特定领域的收入不平等扩大问题。改革开放以来我国就坚持实施的出口导向发展战略，既造成了具有出口区位优势的东部地区与中西部地区、东北地区之间的经济发展不平衡，又造成了资本所有者群体和劳动者群体之间的收入差距持续扩大。在这一阶段，即使我国在整体上已经处于"外需引致国内收入不平等扩大"阶段，但鉴于外需对我国经济持续发展的重要支撑作用，我国经济在一定程度上形成了外需依赖症，各级政府依然将维持外需政策作为主要发展政策。

（四）"外需减速、供给侧支撑内需侧能力不足"阶段，实行"内外需并举"的政策

自我国经济进入"新常态"阶段以来，以中间品贸易为主的国际贸易增速不断下滑，联结发达国家和发展中国家之间利益的全球价值链主导的全球一体化格局，面临逆全球化压力和挑战。这就必然会造成我国经济增长所依靠的外需市场动力机制，受到更多的外部环境制约。更为重要的是，在外需逐步弱化的情形下，我国的国内市场需求由于经济持续增长带来的持续扩张效应，出现了由消费数量型规模扩张向消费升级换代为主要形式的从量变到质变的关键转折期。然而，在此阶段，我国

经济发展过程中逐步暴露出的一个突出问题是，由于供给侧的企业生产部门长期习惯于以订单式的对外加工贸易出口发展模式来满足国外消费者需求，习惯于利用"低价格、低质量"经营模式来满足国内消费者需求，而将国内消费者的高附加值高端需求市场拱手让给国外跨国公司和高科技企业，形成了我国本土企业占据发达国家低端市场，而发达国家跨国企业占据我国中高端市场的内外循环体系。概括而言，就是我国发生了"供给侧自主能力严重滞后于需求侧升级换代"的突出问题，这彰显了我国推进供给侧结构性改革的必要性。

与此同时，随着我国低端劳动力供给大于需求关系的逐步逆转，又发生了低端劳动力工资水平快速上升的现象，这就导致我国部分劳动密集型产业的全球竞争优势逐步下滑，部分劳动密集型产业向其他发展中国家转移，我国外需市场面临发达国家经济增长动力不足导致的需求不足以及来自其他发展中国家出口竞争的双重压力。在此背景下，我国经济进入了重视内需和外需并举的特定发展阶段。一方面，我国的外需扩张，由于自身相对低成本优势逐步消失而出现了出口增速持续下滑，导致外需对我国经济的支撑作用相对弱化。另一方面，经济持续发展推动了内需市场规模持续扩张，使我国的内需扩张和消费结构的升级换代，进入从量变到质变的特定时期，这就迫使我国的各级政府逐步将经济支撑动力由一味依赖外需向内外需并举战略转变，开发内需政策由此成为我国经济发展战略的核心政策之一。

（五）"外需制约、内需驱动发展"阶段，实行"偏向于内需主导"的政策

2018年以来，美国针对我国发起了技术封锁和遏制。由此，我国经

济发展所依赖的全球价值链分工和贸易体系，出现"收缩之中重构、重构之中收缩"的重要特征，外需对我国经济的支撑作用全面弱化。无论是从主动角度还是被动的角度来看，我国经济都应全面进入内需驱动的特定发展阶段。更为重要的是，在此阶段，我国经济也必须由外需依赖型增长模式向内需驱动型增长模式转变。一方面，我国这样的发展中国家所依赖的全球价值链分工和贸易体系，只能嵌入发达国家控制的全球价值链体系中的相对低附加值、低技术含量的生产组装制造环节，难以向高附加值、高自主创新能力、高人力资本及高收入的创新研发、品牌和营销环节攀升。这就预示着，既有的全球价值链体系，只能支撑发展中国家从低收入国家发展成为中等收入国家，而难以支撑发展中国家继续从中等收入国家发展成为高收入国家。只有依靠自身持续升级换代的内需市场所提供的经济内生动力机制，尤其需要构建以本土企业自主创新能力提升和本土高端市场需求扩容相互支撑式的国内经济循环体系，才有可能促使类似中国这样的发展中国家从中等收入国家发展成为高收入国家。另一方面，随着消费规模在今后一段时期内的持续扩张，我国必然会成为全球最大的内需消费市场，这就决定了我国今后的经济发展，必须依靠自身持续扩张和升级的内需市场所释放出的增长动力。在此阶段，我国必然全面启动开发内需主导的经济发展，从而形成"以内需促进出口结构转型升级、以外需来弥补配合内需提升"的新发展格局。

二、我国经济全面进入内需主导型发展阶段的内外关键驱动因素分析

在系统性分析当前我国经济正在全面进入内需驱动型发展阶段的关

键时期的基础上，特别是在我国经济所面临的愈加复杂的国内外形势的情形下，迫切需要正确认识和把握我国经济全面进入内需主导型发展阶段的内外关键驱动因素。

（一）国际环境因素倒逼我国经济加快进入内需驱动型发展阶段

第一，美国针对我国深度参与的全球价值链分工和贸易体系的挤压和破坏，使得我国难以利用发达国家的外需市场，迫使我国适度转向以内需驱动为内生动力的经济发展模式。现阶段，要高度重视全球贸易体系正在发生的根本性变化格局：其一，既有的全球价值链体系在全球贸易保护主义的刺激下，可能正在面临不可逆转式的破坏式重构。在我们看来，此轮发源于发达国家与部分新兴国家的逆全球化趋势和贸易保护主义，未必是全球一体化持续前进中的又一次小倒退或螺旋式上升轨迹中的暂时下滑现象，而有可能是掌控既有全球价值链体系中的贸易利益分配权和贸易扩张推动权的西方发达国家对自己国家最为根本的发展利益和国家价值观，在面临来自外部巨大挑战时的彻底反思和应对战略。其二，既有的全球价值链体系，可能正在发生"收缩之中重构、重构之中收缩"的重大现象。我们不能将美国对于华为的打压仅理解为发达国家对我国高科技产品市场竞争和创新优势的担忧或者恐惧情绪，而是要深刻理解其背后可能隐含的重大现实含义。这就是，一方面，全球贸易格局的推动力，正由"最低成本"决定逻辑向"谁能唯一生产"决定逻辑演进。这可以理解为，在全球主要发达国家均在积极实施制造业回流或生产基地分散策略的情形下，在某种产品或产品链某个环节具有最低生产成本的能力，再也不是推动今后一段时期内全球贸易扩张的驱动力，而具有"自由贸易"格局的，必然是那些具有"谁能唯一生产"能力产品或产品链环节中的零配件和原材料。因此,需要清醒地认清当今世界主要发达国家实施的诸多策略的内核逻辑:在"谁都能生产"产品的贸易格局中,推行制造业回流或分散策略来保护本国的中等收入群体的就业岗位和后续发展机会;在"竞争性创新生产"产品的贸易格局中,采取封锁战略来培育壮大本国的创新企业发展机会;在"谁能唯一生产"产品的贸易格局中,推行全球自由贸易策略来获取全球市场的创新回报利益。另一方面,"自由贸易"格局必然逐步全面转向"对等利益贸易"或"双边利益对等贸易"格局。现阶段,我国针对美国等发达国家的智库战略学家们提出的"对等贸易"的含义和重要战略转向认识不够、研究不够,重视也不够。美国针对中美之间的长期巨额贸易逆差问题提出的"对等贸易",是强调双方贸易逆差或贸易顺差的归零状态。而在我国看来,我们认可的"对等贸易"含义,并不是双边贸易额的简单数额意义上的平等或平衡,而是贸易额中所包含的贸易利益或本国附加值利益的对等和平衡。因此,我国不能再简单地推行针对全球主要发达国家单方面的自由开放政策,而应因势利导地及时而全面转向"对等贸易"的战略思维,将构建与发达国家之间的双边"市场对等开放"策略,适度保护我国的本土高端需求市场,作为今后一段时期内对外发展战略的基础所在。

第二,美国针对我国实施的全面技术创新封锁战略以及针对我国本土高科技跨国企业的遏制策略,迫使我国清醒地认识到以往实施的"以市场换技术"和"技术创新引进－消化－再创新"发展模式的缺陷,我国必须走依靠自身庞大市场需求来支撑本土企业自主创新能力提升的国内创新链和产业链融合循环体系的发展道路。针对我国快速扩张的GDP规模实力及其全球影响力的稳步提升,面对我国在部分产业领域自主创新能力体系的全球优势逐步强化,美国带着"零和博弈"的狭隘发展观以及"非此即彼"的简单国家价值观思维，认为我国的持续发展壮大可能会危及其国家利益，从而针对我国逐步实施技术封锁和经济遏制策略。如果我国对全球主要发达国家实行单方面的全面开放战略，既可能对我国经济发展带来积极作用，也可能带来不可忽视的消极影响。一方面，吸引全球几乎所有的跨国公司和高技术企业到我国投资设立合资或外资企业，可使这些企业利用我国的相对低成本优势获取利益的最大化，抢占我国逐步扩张的高端市场需求。另一方面，在改革开放初期，我们认为，可以通过实施"以市场换技术"和"技术创新引进－消化－再创新"发展模式，来促进我国本土企业的自主创新能力提升以及实现我国本土高科技企业的全球化战略。实际上，这造成的客观后果是：一方面，外资企业利用自身长期经营的高质量品牌产品，占据了我国的中高端消费市场，形成了我国中等收入群体对国外高质量品牌产品的特定偏好，进而挤占和掐断了我国本土企业利用本土中高端市场需求空间来培育和强化自身创新研发投入的激励机制和循环机制，削弱了我国自主创新能力的提升空间；另一方面，我国积极实施的"以市场换技术"和"技术创新引进－消化－再创新"发展策略遇到了瓶颈。我国得到的经验教训是，"以市场换技术"策略造成的后果是"高端市场让出去了，先进技术却难以换回来"的发展陷阱，而"技术创新引进－消化－再创新"策略则在不少产业领域造成了"对外技术引进造成自主创新能力停滞不前"的发展困局。特别需要警惕的是，我国在部分关键产业领域的关键核心技术创新领域，对发达国家形成了长期的购买依赖。美国针对我国部分关键核心技术创新领域的全面封锁和遏制行为，危及我国当前和未来重点产业链和战略性新兴产业体系的全球供应链和产业链安全。而这些"卡脖子"的关键核心技术创新问题，只能依靠我国国内企业的自主创新能力全面突破来加以彻底解决。因此，我们需要更为清醒看到的机会是持续扩张和升级的庞大内需市场，可为我国本土企业创造大国经济特有的"本土企业巨额创新研发投入→本土高端需求市场＋本国消费者购买本土企业的高价格创新产品→本土企业创新研发投入回收和补偿"的良性循环机制，进而从根本上激发激活我国本土企业自主创新能力和动力，从而真正建成具备全球领先优势的创新型国家。

第三，内需扩大和内需升级战略，决定了我国应对当前愈加复杂的国际形势、争取参与全球新贸易体系的更大利益机会以及面对外部遏制换取腾挪战略空间的制胜策略。美国发起的逆全球化措施，必然会给我国持续深入推进的对外开放战略带来较大风险和挑战。在我们看来，科学辨清美国试图解体和重构既有的全球价值链分工和贸易体系，其内在动机有两个方面：一方面，将内部矛盾外部化解决。西方发达国家的资本家和金融家，通过全球范围内的产业链、产品链的布局，进一步依靠产业链和产品链的所有环节和重新组合，来实现企业利益最大化的目标。这必然造成的后果是，西方发达国家无法解决自身收入不平等持续扩大和中等收入阶层逐步减少的问题。在这些依附于资本主义制度而产生的矛盾难以在资本主义国家内部得到调和与解决的情形下，西方发达国家的精英阶层的最优策略就是采取内部矛盾外部化策略，将这些内部矛盾的产生源泉引向其他国家，故意制造摩擦和冲突，强迫要求其他国家对美国实施最大的单向市场开放让步策略，从而解决美国低端制造业空心化和中等收入阶层就业岗位下滑的内部矛盾问题。另一方面，深入理解当前美国对既有全球价值链分工和贸易体系的破坏和重构动机，不宜将之简单理解为美国对全球自由贸易体系的全盘否定。其动机是要构建更加符合美国等少数国家利益和竞争优势的新全球贸易治理规则。从当前中美战略博弈的焦点和策略来看,美国并不是要针对中美经贸关系尽快实施"全面脱钩"战略,而是要采取一切手段来强迫我国单方面对美国开放更大市场,购买更多美国产品,同时,全面封锁和围堵我国的本土高科技跨国企业在全球市场的扩张及其对美国跨国公司的挑战。这深刻揭示出美国试图通过改变既有的全球贸易体系,来谋求美国针对全球其他所有国家的单方面、不对称贸易优势的实质意图。这也是美国"优先主义"的重要内涵。需要看到的基本规律是,在美国对既有的全球价值链分工和贸易体系的一系列操作和破坏下,全球新格局形成的可能基本原则是,内需决定外需,外需依赖内需,即一国的内需规模决定其谋求外需市场的能力,内需决定双边开放机会,也决定可能的全球战略合作伙伴。其中的含义是,一国内需市场规模越大,进口能力就相对越大,与全球主要国家实施"对等贸易"或者"公平贸易"的博弈能力相对越强,自身优势产品的出口空间相对就越大,利用全球外需空间的能力就越强。因此,从这层意义来看,我国未来内需市场规模空间,既能够决定自身的经济增长内生动力,又能够影响我国在未来全球复杂形势下争取最大外需空间的博弈能力。

(二)国内环境因素驱动我国经济加快进入内需驱动型发展阶段

第一,对我国这样的发展中大国而言,跨越"中等收入陷阱"的可行路径,就在于牢牢依靠自身内需市场规模持续扩张和消费持续升级换代形成的经济内生型增长动力机制。当前,我国正处于由中等收入阶段向高收入阶段迈进的关键发展时期,对于我国这样的拥有庞大体量的发展中国家经济体,如何成功跨越"中等收入陷阱",存在众多争论和质疑。我们认为,虽然我国可以通过利用低成本劳动力优势和相对齐全的工业基础体系，深度嵌入全球价值链分工和贸易体系，利用全球劳动密集型产品主导的外需市场空间，成功实现从低收入国家向中等收入国家转化的发展目标，但在既有的发达国家主导的全球价值链体系所蕴含的全球经济治理规则之下，类似中国这样庞大体量的发展中国家，难以实现从中等收入国家向高收入国家过渡的发展目标。这是因为：一方面，美国会针对性发起技术封锁和出口限制政策。另一方面，全球价值链分工和贸易体系蕴含的外需体量和内在动力，只能促使我国相对低附加值、低技术创新含量、难以创造高端人力资本就业岗位的低端制造业实现规模扩张，而难以激发我国相对高附加值、高技术创新含量、可以创造高端人力资本就业岗位的中高端制造业和高端生产性服务业的培育和升级。具有自主创新能力的高端制造业以及高端生产性服务业，恰恰是推动一国跨越"中等收入陷阱"的重要微观基础动力。

第二，在我国经济由高速增长全面转入高质量增长的特定阶段，经济增长动力必须体现我国本土企业自主创新能力体系的培育和强化，及其带来的全要素生产率持续提升能力。而我国本土企业自主创新能力体系的培育和强化，只能依附于快速扩张和升级换代的本土需求市场。推动我国成功跨越"中等收入陷阱"，完成我国由初级高收入国家持续升级为中级高收入国家乃至高级高收入国家的艰巨发展任务，必须科学定位和全面打造不同阶段的不同经济增长动力。不同于可以完全依靠出口导向来实现跨越"中等收入陷阱"的小型经济体，针对我国这样体量巨大的经济体，跨越"中等收入陷阱"的经济增长动力必须主要是内生型动力，只能是依靠本国内需市场和本土企业自主创新能力提升而形成国内良性循环机制。从当前我国的发展条件来看，一方面，2020—2035年，我国的既定发展目标是人均可支配收入至少翻一番，这就意味着伴随着本国居民收入的可持续增长，必然带来内需规模持续扩张和消费结构优化升级；另一方面，当前制约我国经济高质量发展的核心因素是，供给侧的本土企业生产高质量产品的自主创新能力，以及在当前和未来重点产业链和战略性新兴产业的关键核心技术创新方面的自主突破能力，全面滞后于需求侧的消费者对高质量产品的中高端需求。在美国对我国本土高科技企业生产的高质量产品采取封锁和遏制的情形下，充分利用我国自身最为重要的迅速扩张的本土中高端需求市场这个战略资源优势，就必然成为激励和支撑我国本土企业进行巨额创新研发投入的最为重要的有效补偿回收机制，成为促进维持我国今后经济持续增长最为重要的内生机制，由此显示出我国自主创新能力提升只能依靠本土市场发育而成的高端消费需求这个基础条件的极端重要性。

第三，准确理解和落实中央提出的"形成以国内大循环为主体、国内国际双循环相互促进的新发展格局"的新战略的深刻含义。需要认识到的是，中央提出的这一重大战略，并不是空穴来风，而是基于2020—2035年我国GDP规模翻一番以及2035—2050年GDP规模再增长至少70%以上的既定发展目标这个核心基础条件，以及由此带来的内需持续扩张和消费结构优化升级这个经济增长的内生动力基础。当前和未来一段时期，我国最大的发展机遇就是：一方面，必须保证2020—2035年GDP总量规模在2020年的基础上再翻一番，而2035—2050年GDP总量规模在2020年的基础上至少再增长70%以上的发展目标的实现。另一方面，必须将按照家庭年收入10万元的绝对标准（2019年价格）计算的城乡低收入人群占我国人口的近65%，2035年降低到30%，2050年降低到10%。只要我国的经济发展实现了这两个目标，必然带来2020—2050年我国人均可支配收入翻两番和内需市场再扩张两倍的发展目标，因此，即便在我国出口规模无法再扩张的情形下，有效利用好我国的内需扩张和消费升级换代的内部机会，我国仍然可以顺利地实现经济高质量发展目标。我们必须科学辨析中央提出的这个全新战略的核心要义：一方面，构建以国内大循环为主体的新发展格局，就是以充分开发国内快速扩张和升级换代的内需市场为基础，既要构建本土市场需求和本土企业自主创新能力提升的相互支撑式循环机制，又要构建不同区域板块之间的产业链、产品链和创新链分工和协作体系，更要从谋求当前和未来重点产业链和战略性新兴产业体系中的"卡脖子"关键核心技术创新突破能力角度实施进口替代和自主可控的国内布局策略。因此，国内经济循环体系的基础，既是充分开发内需对我国经济的核心支撑作用，又是在愈加复杂的国内外形势下保护供应链和产业链安全的必要策略。另一方面，构建国内国际双循环相互促进的新发展格局，就是强调我国实施的国内循环机制，并不是单纯地谋求排外或封闭式的新战略，而是在强调在国内循环机制基础上，谋求与处于深刻变化背景下的全球贸易体系对接能力的新机会，促进符合"公平、共享、互利、共赢"为基本原则的全球经济治理机制的形成。面对美国咄咄逼人的恐吓和围堵，我国应在谋求夯实和强化自身发展基础的前提下，再去布局参与全球新贸易体系的影响力，乃至对全球经济治理新规则的推动力。

三、当前加快我国经济转向内需驱动发展模式面临的突出体制机制障碍

在当前我国经济全面转向内需主导型发展阶段的进程中，仍然面临一系列突出的体制机制障碍因素，制约着我国内需规模的持续扩张和消

费结构的优化升级。

第一，以制造业为主的实体经济部门自主创新能力和全要素生产率提升动力不足，造成我国实体经济部门的就业群体工资持续增长动力相对不足，这已经成为阻碍我国内需规模持续扩张和消费结构优化升级的重要因素。我国内需规模持续扩张和消费结构优化升级的基础，既在于人均GDP的持续增长，又在于人均可支配收入的可持续增长，更在于多数居民群体工资水平的可持续增长。以制造业为主的实体经济部门，是我国国民经济的主体，是立国之本、兴国之器、强国之基，打造具有国际竞争优势的制造业部门，是建设世界强国的必由之路。然而，近年来，我国以制造业为主的实体经济部门在自身发展过程中暴露出来的一个突出问题是，制造业部门工资水平及其增速一直处于众多国民产业部门的相对较低水平，由此，可以得到的一个判断是，制造业部门工资水平可持续增长动力相对不足，是制约我国内需持续扩张的重要因素之一。事实上，制造业部门工资水平的增长能力，既决定了生产性服务业部门的工资水平增长能力，又决定了生活性服务业部门的工资水平增长能力。因此，进一步可以认识到的基本规律是，制造业部门工资水平及其增速，是影响整个国民经济部门居民收入增长的基础性因素。从国家层面来看，并不存在与制造业部门可持续发展能力相脱离的服务业独立发展模式，二者相互制约、相互支撑。造成制造业部门工资水平增长乏力的背后核心动因是：一方面，我国制造业部门的规模虽然相对比较庞大，但是，无论是从整体自主创新能力角度来看，还是从全球竞争优势地位角度来看，抑或从高科技跨国企业的数量和质量角度来看，与世界上制造业较为发达的国家相比都还处于劣势。这造成的后果是，我国的制造业部门，既因为自身的自主创新能力相对较低和生产高质量产品能力相对不足，而难以创造出较大规模的高人力资本同时也是高工资水平的创新研发、高产品质量生产等领域的就业岗位，也因为不具有相对较高水平的劳动生产率和全要素生产率，而难以支撑普通劳动者、各层次技术工人和各种工程师持续增长的工资水平。另一方面，我国多数的制造业部门，要么被局限于自主创新能力相对较弱的传统制造业，要么集中在市场进入壁垒相对较低的高技术产业中的劳动密集型环节。在我国某些关键要素市场，仍然存在政府干预现象，导致市场配置资源能力相对不足，以及不同所有制类型的企业在获取政府控制的关键要素资源能力方面的体制性差异。而长期难以消除的体制性产能过剩现象及其带来的低价格市场过度竞争模式，造成了我国制造业部门持续性的低市场盈利能力，而长期的相对较低市场盈利能力及其预期，又会进一步抑制企业提高全要素生产率的先进设备投资动力和创新研发投入能力，导致我国制造业部门进入"低价格主导的过度竞争模式→制造业部门低利润率→高质量投资动力和自主创新研发投入能力不足→创造高人力资本高收入的就业岗位能力不足→内需规模扩张和消费结构升级换代能力不足→本土需求引致本土自主创新内生机制失效"的恶性循环发展路径。

第二，全球价值链分工和贸易体系中的利益分配格局，对我国制造业部门劳动力工资水平可持续提升产生突出的制约效应，对我国内需持续扩张和消费结构优化升级形成了突出的阻碍作用。发达国家主导和控制的全球价值链分工和贸易体系，对我国经济发展产生了难以忽略的影响。其中，最易被忽略的负面影响效应，就是对我国出口部门特别是出口制造业部门工资水平增长形成的突出制约效应。在西方发达国家主导和控制的全球价值链分工和贸易体系中，发达国家的跨国公司和国际大买家严格控制全球价值链中的利润最大化环节及其全球贸易利益分配权，利用代工和外包行为中的价格"纵向压榨"机制,试图将参与其中的发展中国家本土企业,长期"锁定"在全球价值链分工和贸易中的低附加值、低技术含量和劳动密集型生产组装制造环节,从而维护发达国家在全球价值链体系中的最大利益份额,限制发展中国家通过自主创新能力提升对发达国家企业全球竞争优势的追赶效应和挤压效应。而理解此问题的关键,就在于全球价值链体系中隐含的价格控制机制,对参与其中的发展中国家出口企业的盈利能力、工资支付能力以及创造高收入就业岗位能力,产生了一系列制约作用。一方面,不容忽略的基本事实是,即便是拥有全球独一无二的庞大生产能力的我国出口企业,多数也是以贴牌代工方式参与到发达国家的跨国企业或国际大买家(同时也是国际大卖家)掌控的全球出口市场。由于发达国家的跨国企业和国际大买家,既控制了这些产品的品牌和设计环节,又牢牢控制了这些产品的全球营销渠道,因而会利用买方垄断势力控制这些产品的采购权和定价权。在控制了全球产品的采购权和定价权后,发展中国家的本土出口企业的利润率就被锁定了。这些拥有采购权的跨国企业或国际大买家,会经常性地强制要求出口企业采取一切手段压低生产成本,其中,最容易受到挤压的生产成本就是劳动力工资成本,这就造成了我国出口部门特别是出口制造业部门劳动力工资水平的增长动力不足。另一方面,一旦我国的出口产品价格由于劳动力供需关系逆转导致成本上涨,这些跨国企业或国际大买家,就会将这些低端劳动力密集型生产组装制造环节转移到劳动力成本相对更低的发展中国家,从而继续维持自身对出口产品的采购定价权和利润最大化攫取能力。发达国家的跨国企业或国际大买家拥有的生产能力跨国转移能力,成为"压榨"发展中国家出口企业利润和阻碍其工资水平增长的最有利博弈筹码和手段。而且,发达国家的高科技跨国企业为了抢占中国这样的发展中国家的高端市场需求，通常会在发展中国家设立生产企业，通过提供较高工资水平的就业岗位来吸引和集聚发展中国家的高学历人才和高技术工人，削弱本土企业在中高端人力资本方面的吸引力及其谋取自主创新的人才支撑能力。这些叠加因素的综合作用，会进一步阻碍我国内需持续扩张和消费结构优化升级。

第三，经济金融化倾向和"钱生钱"逻辑链条的强化，固化甚至扩大了我国不同阶层间的收入不平等，导致我国中等收入群体数量相对不足。迄今为止，我国尚未全面且有效地形成"劳动创造收入""技术创造收入""知识创造收入""创新创造收入"的初次国民收入分配体制，也并未形成"平等股权创造财富""企业主人创造收入"的再次国民收入分配体制，相反，却或多或少地形成了"垄断创造财富""投机创造财富""金融创造最大利润"等收入分配模式。社会主义市场经济的本质，就是在国民经济运行中始终贯彻"按劳分配"和"共同富裕"的发展目标，让尽可能多的人通过自身的劳动和创造获取合理的收入。因此，社会主义市场经济的核心功能，就是要在市场运行机制中最大程度地限制各种形式的"钱生钱""垄断生钱""权力生钱""投机生钱"的机会空间，依靠政府调节功能来保障各种形式的"劳动创造收入""技术创造收入""创新创造收入"以及"平等股权创造财富""企业主人创造财富"的机会空间。从社会主义性质的国民收入分配格局来看，应该存在典型的"橄榄型"结构特征，即中等收入群体占据最为主要的份额，而高收入和低收入群体所占份额要控制在一个合理的相对较小的比重区间内。然而，从我国当前发展阶段的国民收入分配结构特征来看，中低收入群体占据了相当大的比重。出现这一现象，固然与我国仍然处于中等收入阶段的发展特点密切相关，但是，尤为不能忽略的是，我国经济发展过程中暴露出来的一些重要体制机制性扭曲因素，加剧了不同阶层间的收入不平等，也导致中等收入群体数量相对不足。这其中，值得高度关注的一个突出因素是，在当前的国民经济运行体制中，程度不等地存在着经济金融化倾向和"钱生钱"盈利模式。一方面，由于制造业部门长期的低利润率，大量制造业部门特别是民营经济部门中发生了投资动力不足以及生产资金逐步转移出制造业部门的现象。这些制造业部门要么将生产资金投入房地产行业或金融投资投机部门，要么将资金逐步转移到国外，导致了"钱生钱"经营行为逻辑的盛行，使得部分人的财富积累能力急速膨胀，拉大了不同阶层间的收入差距。另一方面，无论是我国既有的国有资本主导的银行体系，还是各种新兴的资本市场中，均存在金融机构利用自身的垄断地位或信息不对称地位优势，谋求自身短期利润最大化的经营行为特征，造成了金融部门对以制造业为主的实体经济部门的正常市场盈利能力的掠夺效应。其造成的后果是，既激发了实体经济部门"脱实入虚"的行为动机，也由于金融部门就业人员和制造业就业人员工资水平之间的较大差距，大量高学历人才流向金融部门工作，激发了追逐"钱生钱"的行为动机。

四、我国今后的策略转向与可能的重点改革突破口

在科学判断我国经济正在全面进入内需驱动主导型发展阶段的重大事实前提下，特别是在重点分析当前我国经济加快转向内需驱动型发展模式所面临的一系列突出体制机制障碍因素的基础上，我们认为，当前和未来一段时期，我国今后的策略转向与可能的重点改革突破口是：

第一，深刻认识到我国正处于由外需依赖型增长模式全面转向内需

驱动型增长模式的关键时期，能否有效推动内需的持续扩张和消费结构的优化升级，是决定我国跨越"中等收入陷阱"以及实现经济高质量发展的关键因素。面对当前愈加复杂的逆全球化格局和我国经济增长内生型动力机制关键转换期的双重压力，我国经济不可避免地走上了内需驱动型增长路径。而推进我国内需驱动型增长模式加快形成的基础前提性条件，就是伴随我国人均GDP的持续增长所必然带来的内需规模持续扩张和消费结构优化升级。因此，在我们看来，2020—2035年我国经济发展的核心任务，就是在GDP规模翻一番的情形下，推动人均可支配收入至少翻一番。在此特定发展阶段，实现人均可支配收入至少翻一番的发展目标，就成为我国所有经济社会改革举措的落脚点。为此，一方面，要加快以制造业为主的实体经济部门劳动生产率和全要素生产率的可持续增长能力的培育和强化，这是制造业部门就业人员工资水平能够至少翻一番的基础条件。并且，只有在实现制造业为主的实体经济部门的劳动生产率和全要素生产率持续增长的基础上，才能具备推动生活性服务业部门和生产性服务业部门就业人员工资水平翻一番的发展能力；另一方面，只有通过促进基础研究、应用基础研究、颠覆性技术创新、关键核心技术创新领域的自主能力的全面提升，通过创新链、产业链和供应链的全面融合体系的形成，才能促使我国经济在结构转型升级过程中释放出足够数量的高人力资本、高收入的就业岗位，进而促使我国内需驱动型增长模式的加快形成。

第二，当前迫切需要抛弃试图通过对外资企业出让本国高端需求市场来换取发达国家对中国崛起包容空间的幻想。要将我国持续扩张的内需市场，善于用作与其他国家进行博弈的重要资源。在我们看来，美国针对我国发起的技术封锁和经济遏制，其目标是试图通过采取极端施压政策来强迫我国采取针对美国单方面市场开放的妥协政策，从而在我国迅速扩张的内需市场中获取最大化的利益，同时，借机遏制我国本土高科技企业的全球化崛起机会。基于此，我国必须将自身宝贵的内需市场空间特别是中高端内需市场，看作一种全球利益博弈的战略性资源。具体的应对策略是：一是利用我国今后的对外投资和产业转移，与多数发展中国家特别是我国周边的发展中国家深化经济相互依赖关系，加快构建"发展利益共同体"。二是利用我国内需翻番式扩张的战略资源，强化与欧盟之间的经济相互依赖关系，共同推进全球经济治理新规则体系的形成和WTO的改革。警惕以美国为首的少数国家对我国持续强化的技术封锁和经济遏制，适当地限制以美国为首的少数国家在我国内需市场的巨大利益所得，针对这些国家实施完全的"对等利益贸易""对等市场开放""对等投资开放"等博弈策略。三是强化与巴西、俄罗斯、南非、印度尼西亚等新兴国家的经济相互依赖关系，特别是要与这些国家尽快达成双边贸易协议，将我国内需市场优先对这些新兴国家进行开放。

第三，深刻认识和贯彻中央提出的"形成以国内大循环为主体、国内国际双循环相互促进的新发展格局"的新战略，将构建"依靠内需市场支撑→构建国内循环经济机制→扩大中等收入群体→开发和强化内需市场"的良性循环机制，作为今后相当一段时期内我国发展战略的核心目标。2020年7月，习近平总书记在主持召开企业家座谈会上强调，要"逐步形成以国内大循环为主体、国内国际双循环相互促进的新发展格局"，这一战略的基础在于"充分发挥国内超大规模市场优势"，目的在于"提升产业链供应链现代化水平，大力推动科技创新，加快关键核心技术攻关，打造未来发展新优势"。由此可清晰地看出，该战略的核心基础，既在于将我国今后的经济增长动力转移到借助内需市场，实施内需驱动型增长模式，又在于通过布局国内经济和产业层面的大循环体系，进一步开发和强化内需市场，进而促进"依靠内需市场支撑→构建国内循环经济机制→扩大中等收入群体→开发和强化内需市场"的良性循环机制的形成。为此，在我们看来，我国今后一段时期内的发展重点是尽快实施"国民收入倍增计划"。一方面，采取各种改革手段将我国家庭年收入在10万元以下（按2019年价格计算）的低收入群体，尽快由占我国人口近65%的比重下降为30%以下，加快形成一个以中等收入群体为主体的国民收入分配新格局；另一方面，通过全面深化改革和特殊的企业制度设计，彻底扭转"垄断创造财富""投机创造财富""权力创造收入""关系创造收入""金融创造最大利润"等一系列不合理的初次和再次国民收入分配模式，创造出"劳动创造收入""技术创造收入""知识创造收入""创新创造收入"的初次国民收入分配体制，以及"平等股权创造财富""企业主人创造收入"的再次国民收入分配体制。

基金项目：国家社会科学基金重点项目"加快建设现代化经济体系"（20AZD042）。

以强大国内市场促进国内大循环的思路与举措

王 微 刘 涛

2020年5月,中央政治局常委会会议提出"要深化供给侧结构性改革,充分发挥我国超大规模市场优势和内需潜力,构建国内国际双循环相互促进的新发展格局"。"两会"期间,习近平总书记在参加全国政协经济界委员联组会时,强调"要把满足国内需求作为发展的出发点和落脚点,加快构建完整的内需体系,大力推进科技创新及其他各方面创新,加快推进数字经济、智能制造、生命健康、新材料等战略性新兴产业,形成更多新的增长点、增长极,着力打通生产、分配、流通、消费各个环节,逐步形成以国内大循环为主体、国内国际双循环相互促进的新发展格局,培育新形势下我国参与国际合作和竞争新优势"。7月,习近平总书记在企业家座谈会上再次强调,"必须充分发挥国内超大规模市场优势,通过繁荣国内经济、畅通国内大循环为我国经济发展增添动力,带动世界经济复苏","以国内大循环为主体,绝不是关起门来封闭运行,而是通过发挥内需潜力,使国内市场和国际市场更好联通,更好利用国际国内两个市场、两种资源,实现更加强劲可持续的发展"。这些论断是中央基于国内外发展形势变化作出的重大判断和战略谋划。

王微,国务院发展研究中心市场经济研究所所长、研究员;刘涛,国务院发展研究中心市场经济研究所所长助理、研究员。

从大国发展经验看，强大国内市场是推动经济发展的基石，还是应对激烈博弈的底气。经过长期的发展，我国人民生活水平大幅提高，工业体系门类齐全，超大规模市场正成为经济发展新的比较优势。加快形成强大国内市场，是我国构建以国内大循环为主体、国内国际双循环相互促进的新发展格局的有力依托，也是开启全面建设社会主义现代化强国新征程的战略举措。

一、强大国内市场的内涵及对促进国内大循环的作用

所谓强大国内市场，是指规模庞大、供求匹配、创新活跃、软硬件环境完善、产业链供应链运转畅通、拉动经济社会发展作用突出，在全球具有显著影响力的内需市场。

强大国内市场的基础在"大"，关键在"强"，是促进国内大循环的市场运行保障，主要体现在以下六个方面。一是市场规模大，成长性好，消费需求和投资需求旺盛，为促进国内大循环提供市场需求动力；二是产业体系丰富，细分市场发展成熟，对需求变化的适应性、灵活性高，是国内大循环畅通的供给保障；三是新兴前沿技术普及，应用场景丰富多元，数据等创新要素资源汇聚，为促进国内大循环提供创新动力；四是市场基础设施健全，具备公平、透明、可预期的投资环境和安全、便利、放心的消费环境，市场内部相互开放、规则统一，市场治理现代化水平高，具备形成国内大循环的良好市场环境；五是对拉动经济增长、扩大就业等起到不可替代的作用，是国内大循环的关键基础；六是与全球市场相连通，对外部商品、服务和资金、技术等具有突出的吸纳能力，是国内国际双循环相互促进、协同运行的可靠保障。

二、"十四五"迫切需要以加快形成强大国内市场为核心促进国内大循环

"十四五"时期是我国经济从高速增长转入高质量发展的攻关期，也是建立国内国际双循环相互促进新发展格局的关键期，迫切需要加快形成强大国内市场，为构建国内大循环提供坚实的市场运行基础。

一是促进国内大循环、增强发展活力和韧性的迫切需要。"十四五"时期，支撑我国经济增长的因素将发生深刻变化。一方面，劳动和资本投入的贡献进一步降低，技术进步速度有所放缓，经济增长的需求动力也趋于减弱；另一方面，国际市场需求严重萎缩，全球产业链供应链的不确定性显著增强。但也要看到，经济发展长期向好的基本面没有变，特别是拥有任何经济体都无法比拟的超大规模市场，将成为推动我国经济持续稳定增长、保障我国经济与产业安全的坚实基础。加快形成强大国内市场，把满足国内需求作为发展的出发点和落脚点，有利于畅通国内大循环，缓释风险和对冲外部压力，消除企业避险情绪，提振发展信心，还有利于增强发展韧性和扩大回旋余地，提高自我调节能力，实现更充分的规模经济、范围经济、网络经济效应。

二是满足人民美好生活需要、形成国内大循环新格局的必然选择。"十四五"是我国全面建成小康社会、实现第一个百年奋斗目标之后，乘势而上开启全面建设社会主义现代化国家新征程、向第二个百年奋斗目标进军的开局阶段。随着经济社会的发展和人民生活水平的提高，人们对美好生活的向往更加强烈，消费需求加快从注重量的满足向追求质的提升转变，从实物消费为主向更多服务消费转变，从模仿型、排浪式向个性化、多样化转变。加快形成强大国内市场，解决市场发

展的不平衡不充分问题，是顺应人们对美好生活向往的重要举措，有利于弥补中高端商品消费和教育、住房、医疗等服务消费的短板，满足人们对更优质商品、更好教育、更舒适居住条件、更高水平医疗卫生服务、更丰富精神文化生活的现实需要，提升获得感和幸福感，促进人的全面发展。

三是加快经济发展动力变革、为国内大循环提供创新动能的内在要求。"十四五"时期，我国要加快经济发展动力变革，让创新成为引领高质量发展的第一动力，抓住大数据、区块链、人工智能等新一轮科技革命战略机遇，推进新旧动能接续转换，更好发挥新动能支撑经济增长的作用。加快形成强大国内市场，特别是建立统一开放、竞争有序的国内市场，有利于激励创新、分摊成本、降低风险，为创新创业提供更大发展空间。在这过程中，细分市场的深度开发，也将为创新创业提供更多价值挖掘空间，促进创新生态系统不断完善以及创新链与产业链有效对接，形成更高水平的良性循环，从而增强经济发展内生动力。

四是建设现代化产业体系、形成更高水平良性循环的重要支撑。"十四五"是我国建设现代化经济体系、加快转型升级的关键时期，迫切需要建设现代产业体系，促进实体经济发展，培育更多新增长点，推动我国产业迈向全球价值链中高端。加快形成强大国内市场，一方面将对要素流动起到重要导向作用，吸引各类资源汇聚到实体经济中，矫正供需结构错配，扩大优质增量供给，更灵敏、高效地满足市场需求，实现从低水平供需平衡向高水平供需平衡的跃升。另一方面，也将为产业基础高级化、产业链现代化提供广阔的市场空间，推动经济从简单分工向复杂分工的高级形态演进，抢占产业链的高价值环节，加快培育企业国际竞争新优势，实现发展国内市场与促进产业升级、壮大市场主体的协同共进。

五是让世界分享我国发展成果、实现国内国际双循环的动力之源。"十四五"时期,全球化深度调整将对世界经济增长产生重要影响。大国竞争不断加剧,全球动荡源和风险点增多,"黑天鹅""灰犀牛"事件易发多发,某些国家的政策取向转变为以争夺利益为核心,逆全球化的单边主义、保护主义和孤立主义甚嚣尘上,市场需求成为稀缺性资源。在这种情况下,我国始终是开放型世界经济的重要推动者,将是各国拓展商机的活力大市场。加快形成强大国内市场,将为世界各国企业进入全球成长性最好、潜力最大的市场提供更多机遇,使各国企业搭乘我国发展的"快车""便车",分享我国发展的成果。同时,有利于展现我国日益走向世界舞台中央的担当,为充满不确定性的世界经济注入稳定性。

三、我国正处在形成强大国内市场并与国内大循环相互促进的新阶段

"十三五"期间,超大规模市场已成为我国经济发展新的比较优势,为加快形成强大国内市场和构建高水平国内大循环奠定了坚实基础。

(一)消费市场持续扩张,消费结构和模式不断升级

2019年,我国社会消费品零售总额达到41.2万亿元,稳居全球第二大消费国,不断接近排在首位的美国(见图1)。另据世界经济论坛《全球竞争力报告2019》显示,我国在141个经济体中的竞争力排名第28位,而市场规模一项位居榜首,具有显著的优势。同时,居民服务消费快速增长带动了消费结构持续升级,服务消费正处在与商品消费并行推动消费增长的阶段。2019年,我国居民服务消费支出为9886元,比

"十二五"末（2015年）增长53%，年均增速为11.2%，高于商品消费5.2个百分点，服务消费比重从2015年的41.1%攀升至2019年的45.9%。另外，以网络购物、移动支付为代表的新兴消费模式迅猛发展。2015年，我国网络零售交易额跃居世界第一，2019年达到10.6万亿元。突如其来的新冠肺炎疫情使得人们线下消费活动受限，客观上对消费方式的进一步线上化起到推动作用。除了网络购物等发展较为成熟的线上消费外，电影网络首播、在线教育等新的线上消费兴起，居民对线上消费的黏性明显提高。

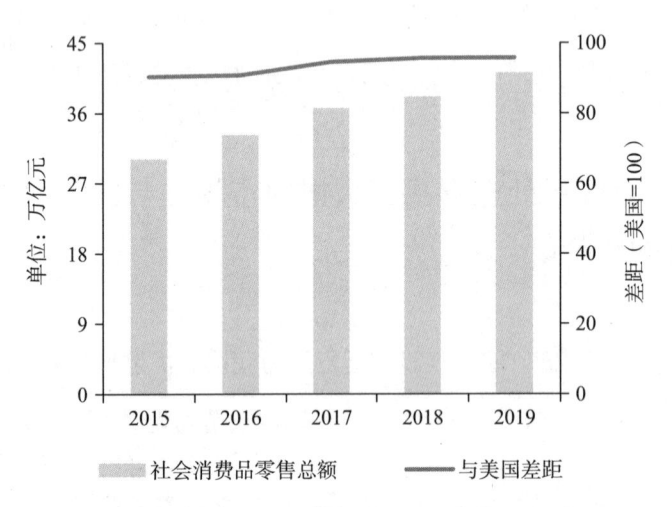

图1　2015—2019年我国社会消费品零售总额的增长及与美国的差距

资料来源：国家统计局、美国商务部。

（二）投资规模逐年增长，新兴领域投资增长显著

2019年，我国全社会固定资产投资为56.1万亿元，其中制造业投资规模最大，其次是基础设施投资。随着近年来供给侧结构性改革的推进和产业转型升级的加快，投资结构发生积极变化，高技术和新兴产业

投资快速增长。2019年，计算机、通信和其他电子设备制造业投资连续四年保持15%以上的增长，涨幅高于整个制造业；高技术服务业投资增速连续两年超过12%，高于整个服务业；基础设施投资中生态保护和环境治理投资增速也连续四年超过20%。

（三）市场活力和创造力得到释放，市场环境逐步向好

一是市场活力不断迸发。近年来，我国营商环境持续改善，市场主体数量增长较快。2019年年底，我国实有各类市场主体12339.5万户，比2015年年底增长59.3%，新登记市场主体数量持续递增，由2015年的1479.8万户增长到2019年的2377.4万户（见图2）。另外，"放管服"改革的不断深化，特别是市场准入负面清单制度的全面实施，推动了市场准入门槛的降低和制度性交易成本的下降，为各类市场主体享有同等的准入条件待遇打下了制度基础。二是市场竞争秩序有所好转。随着反垄断执法的统一和公平竞争审查制度的建立，反垄断执法机构对垄断、不正当竞争、侵犯知识产权等违法行为的查处不断加力，行政垄断也得到进一步规制。截至目前，全国各省级政府和90%以上市级政府、50%以上县级政府已部署落实公平竞争审查工作，各地区各部门陆续对存量政策措施中地方保护、指定交易、市场壁垒等内容进行了清理。三是新兴技术应用和商业模式创新不断涌现。线上线下融合互动从探索期进入加快发展期，我国成为各类消费创新应用的最佳试验场。特别是新冠肺炎疫情发生以来，无人机配送、直播零售等迅速兴起。四是消费市场环境得到改善。据调查，2019年全国100个大中城市消费者满意度总体良好，综合得分比上年有所提高，特别是消费知情权、自主选择权等指标提升幅度较大。

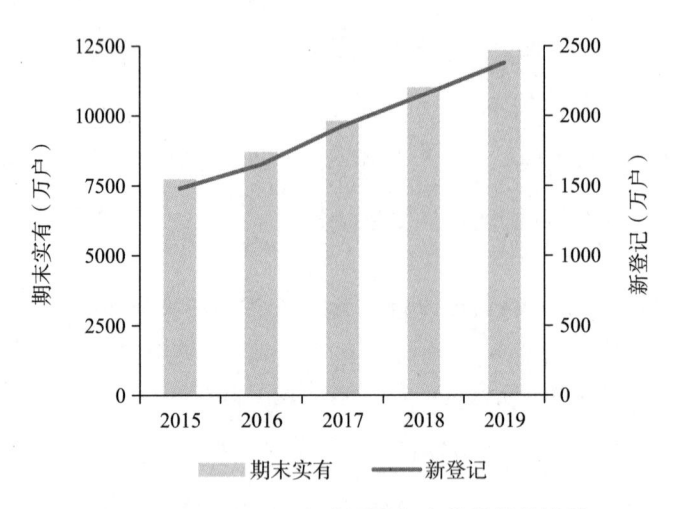

图 2　2015—2019 年我国市场主体数量的增长

资料来源：国家市场监管总局、国家统计局。

（四）市场吸引力提升，进口商品和服务成为重要补充

随着我国经济不断发展，拥有 14 亿人口、4 亿以上中等收入群体的超大规模市场，展现出巨大的国际吸引力。2019 年，我国货物、服务进口额分别为 20771 亿美元和 5006.8 亿美元，是仅次于美国的第二大货物和服务贸易进口国，分别占全球的 10.8% 和 8.6%（见图 3、图 4）。目前，进口商品和服务已成为国内市场供给的重要补充。据调查，销售进口钟表眼镜、母婴用品、电器电子产品、化妆用品占同类商品销售额比重超过 50% 的企业比例分别达到 33.7%、26.9%、26% 和 25.4%。另外，近年来我国外商直接投资实际使用额稳步增长，保持了全球第二大外资流入国的地位，2019 年达到 1412.3 亿美元，占全球的比重上升到 9.2%（见图 5）。

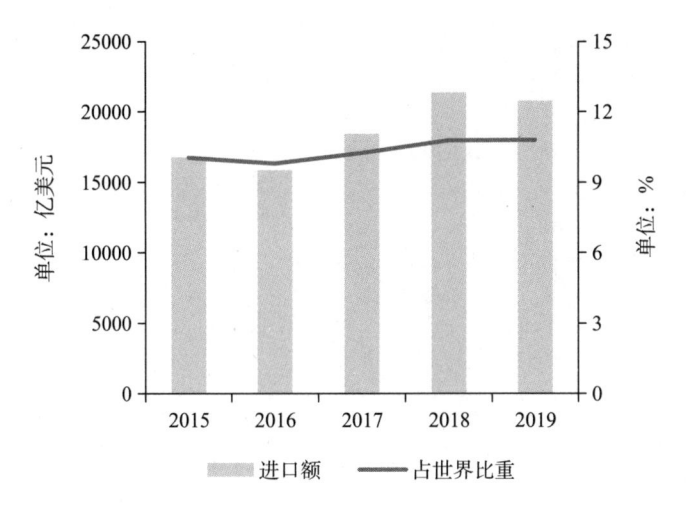

图 3　2015—2019 年我国货物进口额及其占全球比重

资料来源：WTO 数据库。

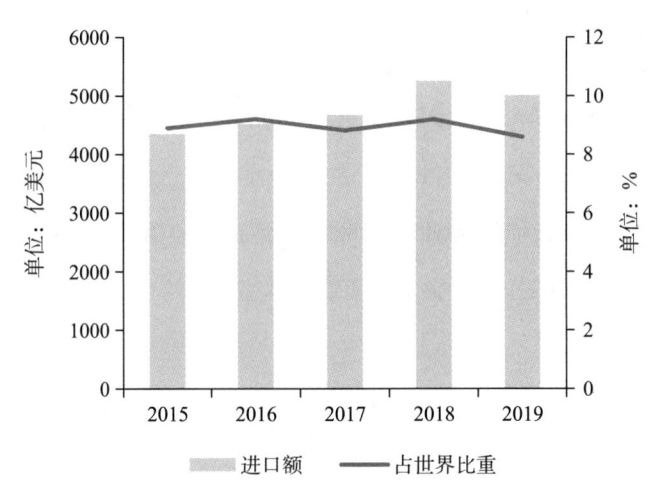

图 4　2015—2019 年我国服务进口额及其占全球比重

资料来源：WTO 数据库。

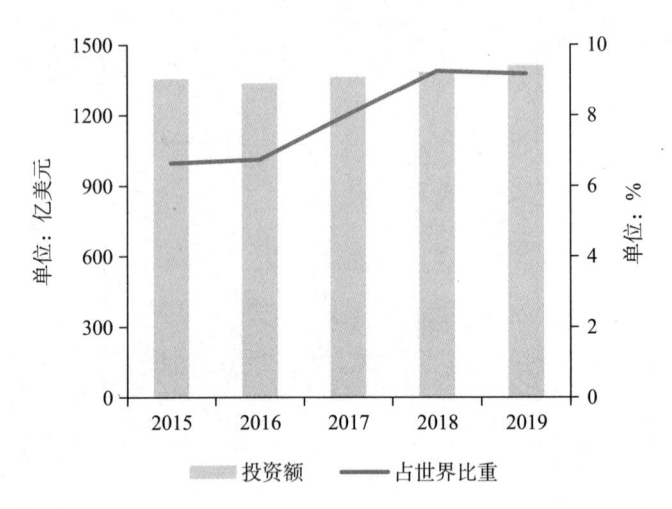

图 5　2015—2019 年我国外商直接投资实际使用额及其占全球比重

资料来源：UNCTAD 数据库。

（五）内需特别是消费需求是拉动经济增长、扩大就业的主动力

"十三五"期间，内需对我国经济增长的贡献率保持在 85% 以上，其中最终消费的贡献率超过 55%，2019 年为 57.8%，最终消费占 GDP 的比重稳中有升，2019 年达到 55.4%。同时，内贸行业还是我国扩大就业的主力军。2018 年，批发和零售业、住宿和餐饮业以及居民服务、修理和其他服务业的从业人数达到 15130.7 万人，占就业总数的 28.4%，其中三个行业个体经营户从业人数的比重高达 66.9%（见图 6）。

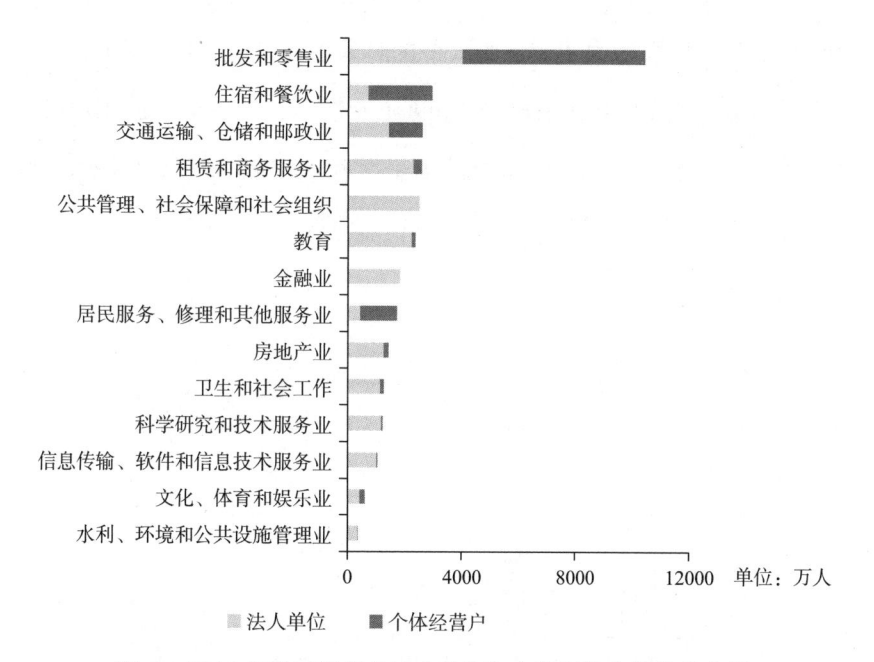

```
批发和零售业
住宿和餐饮业
交通运输、仓储和邮政业
租赁和商务服务业
公共管理、社会保障和社会组织
教育
金融业
居民服务、修理和其他服务业
房地产业
卫生和社会工作
科学研究和技术服务业
信息传输、软件和信息技术服务业
文化、体育和娱乐业
水利、环境和公共设施管理业
```

图6　2018年我国服务业法人单位和个体经营户的从业人数

资料来源：国家统计局。

四、加快形成强大国内市场和促进国内大循环仍面临诸多制约因素

当前，我国国内市场发展还存在脆弱性，距离强大国内市场仍有差距，促进国内大循环的能力有待提升。

（一）消费能力增长受到一定限制

受近年来经济下行压力较大等因素影响，居民收入增长有所放缓。2019年，城乡居民人均可支配收入分别实际增长5%和6.3%，比"十二五"末（2015年）分别降低1.6、1.2个百分点。按五等份分组看，2015—2019年除高收入户、中间偏上收入户之外的群体收入名义增速都没能超过平均水平,特别是中间偏下收入户的收入增速最低(见图7)。另外,居民部门快速加杠杆客观上透支了长期消费能力。2019年,我国居民杠杆率攀升到55.8%,高于新兴市场国家平均水平,特别是二三线城市房价涨幅过高并未产生明显的财富效应,反而对消费造成一定的挤出。

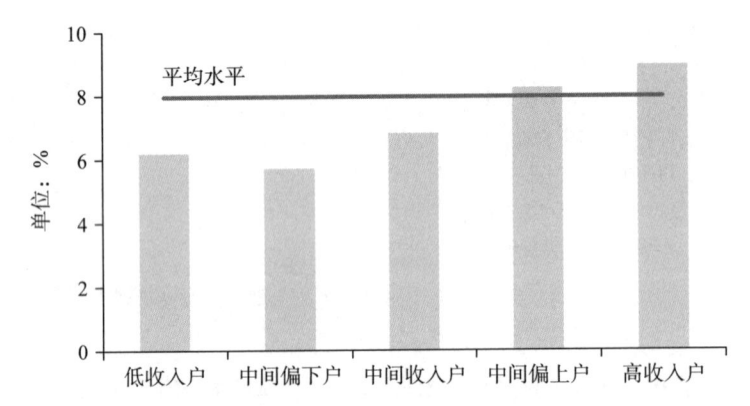

图7 2015—2019年我国各收入阶层居民人均可支配收入的增长率

资料来源:《中国统计摘要2020》。

(二)有效和中高端供给较为不足

满足消费升级的高品质商品和服务供给短缺。一些消费品和服务的低端、同质化供给过剩,跟不上需求变化趋势,致使不少消费外流。据调查,消费者购买进口商品最关注的主要有安全、品质、设计、功能等,价格的关注度相对次要(见表1)。同时,满足产业转型、创新发展的中间投入品供给不足。部分行业供需结构性矛盾仍较突出,产能过剩问题尚未根本解决,阻碍了资源优化配置和效率提升。技术创新也存在不少短板,企业品牌影响力偏弱。

表1 消费者认为国内市场不能满足需求比重较高的商品及关注点

品类	认为国内市场不能满足需求比重较高的商品	需求关注点	比重（%）
食品	鲜果、水产海鲜、鲜奶	安全	90.0
		价格	68.0
		原料	65.4
服装鞋帽	运动鞋、休闲服、运动服装	价格	70.0
		款式	68.3
		面料	55.9
		舒适	54.7
母婴用品	婴幼儿奶粉、婴幼儿辅食、婴幼儿纸尿裤、儿童玩具	安全	89.5
		原料	57.7
家居和家装用品	锅、厨卫五金	品质	69.7
		安全	59.6
化妆用品	护肤品、彩妆、香水	安全	71.3
		品质	64.6
文教体育休闲用品	户外装备、健身器材	品质	67.2
		安全	59.9
电器电子产品	净水器、家用清洁机器人、空气净化器	功能	65.5
		安全	57.7
钟表眼镜	手表、太阳镜	设计	79.9
		价格	65.2
		材质	64.6
珠宝首饰	钻石饰品、珍珠玉石饰品、金饰品	设计	83.6
		价格	68.8
		材质	58.7
乘用车	运动型多功能车、轿车、新能源汽车	安全	65.7
		性能	64.6

资料来源：商务部《主要消费品需求状况统计调查分析报告》，2019年。

（三）相关基础设施存在短板

首先，传统基础设施建设仍需补短板。特别是交通、水利、能源、公共卫生、生态环保、农业农村、防灾减灾等基础设施建设存在不少薄弱环节。例如，城市群综合交通运输体系不健全，疾病防控和医疗救治体系不完善。其次，新型基础设施建设步伐有待加快。政府与国有企业、民营企业之间的投资合作机制不健全，产业链上下游的协同性亟须增强。再次，基础设施在智能化、网络化以及配套连接、利用效率方面的改进空间很大。例如，很多城市商务区、旅游景点、交通枢纽等与主要商业网点、商圈建设存在一定的脱节，不同行业公共基础设施之间的融合互动和对接不足。

（四）市场发展环境尚需完善

近年来，我国消费市场的服务投诉量远超过商品投诉量。2019年，全国消协组织受理的消费者投诉82.1万件，比"十二五"末（2015年）增长28.5%，2019年服务投诉量达到41.5万件，已连续三年超过商品投诉量，比2015年增长1.2倍（见图8），集中反映在售后服务、质量等方面。同时，市场开放水平仍有较大提升空间，民营企业进入的一些行业还存在不少显性或隐性壁垒，不利于丰富市场供给和提高资源配置效率。再有，目前我国领先世界的新兴技术应用主要是在消费领域，而在发展空间更广阔的上游产业领域，应用场景有待进一步挖掘。

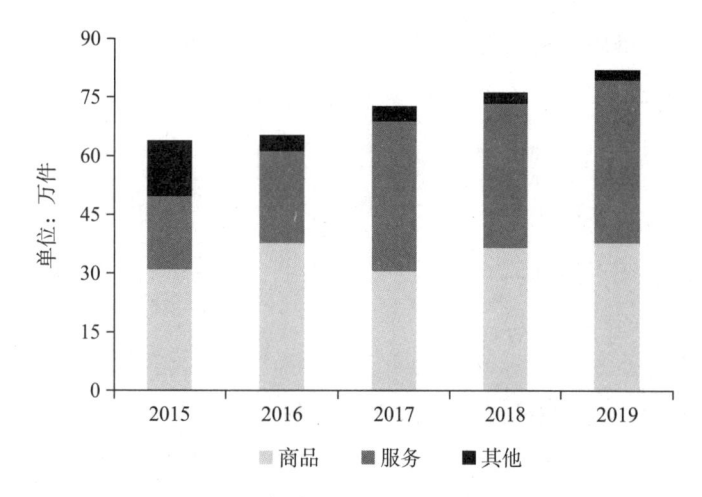

图 8　2015—2019 年我国消协组织受理消费者投诉量的增长

资料来源：中国消费者协会。

（五）市场统一性和竞争公平性仍待增强

一是地方保护主义和区域壁垒仍然存在。一些地方对外地企业及其商品和服务设置歧视性市场准入限制等，严重影响市场公平竞争和全国统一市场建立。二是市场主体不正当竞争问题时有发生。一些企业滥用市场支配地位或采取虚假宣传、侵犯专利版权等不正当竞争手段，扰乱了公平竞争的市场秩序。三是新经济领域竞争失范问题凸显。目前，我国还缺乏专门适用于以互联网平台为代表的新经济领域竞争政策，难以对平台非均衡定价、算法滥用等行为有效界定。

（六）国内国际市场接轨程度仍然不高

与发达国家相比，我国现代市场体系建设有待完善。特别是要素市场化配置范围亟须拓展，制约要素自由流动和高效配置方面还存在较多体制机制障碍，部分领域由市场决定资源配置的作用发挥不充分，难以为形成强大国内市场提供有力支撑。同时，国内市场特别是服务市场开放程度有待进一步提高。一些领域在市场准入、人员流动、监管透明度等方面还存在不合理限制，对标国际先进规则的开放力度亟待加大，标准、资质等与国际接轨程度不高，制约了与国际市场的全方位、高水平对接，限制了对国际要素资源的有效利用，对增强国内大循环也带来不利影响。

（七）市场治理的现代化水平有待提升

第一，相关法律法规不健全。一些法律法规或不适应新业态、新模式发展需要，或在执行中存在配套法规不完善、与其他法律缺乏协调性等问题，导致其没能发挥应有效果。第二，现有标准体系不完善。部分行业市场自主制定、快速反应需求的标准有效供给不足，还有的行业标准没有适应发展需要及时修订，标准实施者参与意愿不强。第三，监管体制机制和监管方式有待创新。一些新兴服务市场的监管体制机制改革还需深化，特别是利用新兴技术加强事中事后监管、推进社会共治等方面缺乏有效的政策手段。

五、加快形成强大国内市场和促进国内大循环的政策建议

"十四五"时期，加快形成强大国内市场和促进高水平国内大循环，要充分发挥消费的基础和引领作用、投资的关键和支撑作用，培育消费新增长点，开辟投资新空间，加快构建完整的内需体系，增强市场韧性和抗冲击能力，更好满足人民美好生活需要，为经济高质量发展提供有

力支撑，努力成为具有全球影响力的"世界市场"，在全球经济版图重构中扮演更重要角色。

（一）提高居民特别是中等收入群体消费能力

适应新一轮科技革命和产业变革的要求，加强数字素养教育培训，促进更高质量、更充分的就业。健全知识、技术、管理、数据等要素参与分配的机制，以鼓励诚实劳动、合法经营为导向，扶持中等收入群体"后备军"向上跃升，以稳定就业岗位、增强风险抵御能力为重点，给予中等收入群体"边缘层"托底支持。多渠道增加居民财产性收入，鼓励创造更多支持实体经济发展、使民众分享增值收益的金融产品。深化农村集体经营性建设用地入市、宅基地制度改革，增加农民财产收益。建立城乡统一、更高水平的社会保障制度，加快构建多层次养老保险体系，推广个人税收递延型商业养老保险试点，坚持"房住不炒"定位，改革完善住房市场体系和保障体系，降低居民债务负担。加大对新型消费、升级消费的金融支持，鼓励基于真实消费场景的小额普惠性消费信贷发展。推动互联网征信体系建设，提升服务效率和风控能力。

（二）建立适应消费升级和产业转型的多元化供给体系

大力发展既满足人民生活质量改善需求，又有利于人力资本积累的服务消费。进一步放宽教育、医疗、养老、文化、体育等领域准入限制，支持社会力量增加有效供给。促进商品消费升级换代，加快构建共享型、节约型、社会化的汽车流通体系，促进中高端移动通信终端、智能家电等消费。优化线上线下融合的消费生态，鼓励业态及商业模式创新，扩大线上消费，促进商品消费与服务消费相互转化和带动。加强关键共性技术、前沿技术创新，夯实产业发展技术基础，促进创新成果转化应用。支持企业加强品牌建设，促进具有品牌培育、运营和价值评估功能的专业服务机构加快发展，鼓励金融机构创新品牌质押融资模式。

（三）加强基础设施系统化和智能化建设

以消费升级、产业转型需求为导向，建立政府引导与市场主导相结合的投资模式，加快布局和建设5G、物联网、人工智能等新型基础设施，带动下游应用市场，融合部署交通、能源、市政等设施建设。聚焦关键领域和薄弱环节，按照短期负债可承受、长期资金可平衡的原则，弥补传统基础设施短板。以都市圈为基本单位，顺应人口流动和空间演进趋势，统筹安排基础设施和公共服务设施建设。加大医疗卫生基础设施投入力度，特别是在城市更新和乡村振兴建设方面强化防疫设施设备配套。依法规范政府投资行为，提高投资效率，进一步健全规范地方政府举债融资机制，更好发挥政策性、开发性金融机构的作用，完善保险资金等机构资金对项目建设的投资机制。深化基础设施领域市场化改革，创新基础设施项目市场化运作模式，调动社会资本积极性。

（四）营造宽松开放、激励有效的发展环境

继续缩减市场准入负面清单，推动"非禁即入"普遍落实，激发民间投资潜力和活力。以企业投资核准范围最小化为导向，深化投资审批制度改革，推行建设项目区域评估机制。以服务业为重点，进一步扩大国内市场对外开放，更好满足国内消费升级和产业转型的需求。加大对企业有效投资的激励，扩大企业享受亏损结转年限延长的政策覆盖面，将职工教育经费纳入税前加计扣除范围。深化资金、能源、土地等要素

价格形成机制改革，有效疏导价格矛盾。建立技术数据资源平台和面向更多行业的数据资源共享平台，鼓励数据资源开放共享和挖掘，形成更多创新应用场景。

（五）加快建设竞争有序的统一大市场

加强对行政垄断的规制，强化市场规则、监管执法的统一性，清除歧视性市场准入限制。按照服务性质而不是所有制性质制定相关政策，保障民办与公办服务机构在资格准入、职称评定、土地供给、财政支持等方面的公平发展。完善公平竞争审查制度，提高审查约束力和透明度。探索新经济领域竞争政策创新，综合考虑保护良性竞争的市场环境，探索建立将举证责任倒置原则应用于互联网侵权案件的制度。健全小额诉讼救济机制，强化消费者权益保护。

（六）提高国内国际市场的接轨程度

发挥国内需求的牵引作用，加快建设高标准市场体系。特别是着力推进要素市场体系改革，拓展要素市场化配置范围，完善主要由市场决定要素价格机制，促进城乡、区域、行业间要素自由流动，通过国内市场要素资源的高效配置，协同上下游，提高国内产业链供应链水平，促进国内大循环。同时，对标国际先进规则，加大国内市场特别是对服务市场的开放力度，促进国内外要素资源的自由流动和高效配置，建立适应在全球范围配置和利用资源的高水平规则体系。

（七）完善市场治理的基础性制度

贯彻落实《民法典》，保护民事主体的合法权益。推进标准体系建设，支持有条件的行业协会、产业技术联盟牵头制定满足市场需要的标准，加大法律法规、规范性文件引用标准的力度。全面深化社会信用体系建设，强化信用评价结果应用。完善政府部门内监管流程再造和跨部门协同监管机制，在坚持包容审慎原则和坚守安全质量底线的基础上，根据市场发展需要，完善必要的准入类职业资格，降低供求双方质量信息的不对称。健全多元主体参与的共治模式，密切与互联网平台数据合作对接，提升监管效能。

CHAPTER V

第五章

全面推进改革开放

要素配置市场化与双循环新发展格局：
打破区域壁垒与行业壁垒的体制创新

王曙光　郭　凯

一、完善社会主义市场经济体制，为双循环新发展格局提供有效的体制支撑

改革开放 40 多年来，中国取得了举世瞩目的经济成就，中国特色社会主义市场经济体系也得到了长足的发展和完善。当前我们面临的国内外形势正在产生新变化，一些新问题正在慢慢浮现，我们亟须一些新思路、新办法来应对新挑战、解决新问题。2020 年 5 月 14 日，中共中央政治局常务委员会首次提出"要深化供给侧结构性改革，充分发挥我国超大规模市场优势和内需潜力，构建国内国际双循环相互促进的新发展格局"。这预示着国家发展战略正在进行比较深刻的针对性调整，改革开放将迎来新的格局。

首先，必须明确双循环格局是在改革开放理论框架下提出的，它具有改革开放的鲜明特点，与以往的国家发展战略是一脉相承的，即对内

王曙光，北京大学经济学院教授；郭凯，北京大学经济学院博士研究生。

依然坚持不断优化和完善社会主义市场经济，充分挖掘国内市场潜力，短期解决外需不足，长期健全产业链体系，稳定经济发展，保障经济安全的国内循环；对外依然坚持开放，与国际社会保持紧密联系，参与全球化产业链价值链布局，掌握国际贸易主动权和国际经济金融话语权，打造具有国际合作与竞争新优势的国际循环。其次，必须意识到双循环战略的战略重心与以往的国家战略有所不同，要针对我国现阶段面临的国内外形势进行适应性调整，实现发展机制和体制的深刻转型，正如王曙光、王丹莉指出的，国内循环和国际循环关系格局的不断修正是基于对中国自身发展模式和增长机制所面临的挑战的一种"相机抉择性"的回应。最后，必须认识到双循环战略需要依靠中国特色社会主义市场经济这一重要体制，只有依靠市场机制实现对需求的有效引导，对资源的高效配置，才能形成更加成熟和完善的市场，才能激发经济的活力，增强市场主体的竞争力，释放市场要素的潜力，打通国内循环和国际循环的各种壁垒。因此双循环战略的本质是始终坚持改革开放，因此必须大力推进社会主义市场经济体制持续完善和发展，从而为构建双循环新发展格局提供体制支撑。

作为双循环战略重要体制支撑的中国特色社会主义市场经济体制，经过40多年改革开放的不断完善，对于促进我国经济发展，增强国家实力以及改善民生福利都做出了巨大贡献。但是这40多年的市场经济体制建设主要集中在商品市场领域，要素市场领域的改革和发展仍是我国市场经济体制的短板。如常修泽指出我国的商品市场除极个别极端重要需要政府计划控制的领域之外，绝大部分已实现开放，但是要素配置市场化配置相对滞后。造成要素配置市场化发展相对滞后的一部分原因是改革开放的40多年间，我国经济在国际上长期处于落后地位，经济上要求追赶发达国家，这就导致我国政府在要素端经常采用行政化配置手段，行政化配置手段能够实现集中力量办大事，短时间内提高经济增速的效果。王曙光、王丹莉指出传统计划经济体制下国家主导的"举国体制"，在这一举国体制下可以迅速实现要素的聚集，为实现赶超创造条件，同时提出这种"举国体制"在社会主义市场经济条件下必须进行转型和创新。尤其要警惕纯粹行政化的要素配置模式，行政化要素配置手段缺乏自适性的纠错机制，要素配置的扭曲将不断积累，如卢现祥指出要素行政化配置导致要素适应性效率较低，我国经济在高速增长阶段在城乡之间，金融与实体经济之间都出现了不同程度的错配和扭曲。因此想要推进双循环战略的实施，实现经济发展由高速增长向高质量增长转型，这就必然要求我们不能再同以往一样采用行政化要素配置手段，而是要采用市场化的要素配置手段，提高要素配置的自适性纠错能力，提高要素的配置效率，弥补要素配置市场化进程滞后的短板。

双循环战略是我国经济市场化改革的再深化，只有消除要素市场扭曲，提高要素配置效率，增强微观主体活力，建设成熟稳定的社会主义市场经济体系才能保障双循环战略的成功实施。因此本文将结合要素配置市场化，讨论如何通过打通区域壁垒与行业壁垒，实现要素高效率市场化配置，推动双循环战略的实施。

二、双循环战略与要素配置市场化的内在联系

（一）从双循环战略的内涵看要素配置市场化改革的核心地位

双循环战略是我国应对未来不确定形势，继续深化改革开放的重大

战略，要想理清其与要素配置市场化的内在联系，就必须深入分析双循环战略的内涵。中央对于双循环战略的描述主要集中在三次会议当中。第一次是在2020年5月14日的中共中央政治局常务委员会上提出的："要深化供给侧结构性改革，充分发挥我国超大规模市场优势和内需潜力，构建国内国际双循环相互促进的新发展格局。"第二次是在同年7月30日的中共中央政治局会议提出的："当前经济形势仍然复杂严峻，不稳定性不确定性较大，我们遇到的很多问题是中长期的，必须从持久战的角度加以认识，加快形成以国内大循环为主体、国内国际双循环相互促进的新发展格局。"第三次是在同年8月24日习近平主席在经济社会领域专家座谈会上提出的："以畅通国民经济循环为主构建新发展格局，……要推动形成以国内大循环为主体、国内国际双循环相互促进的新发展格局。我们要坚持供给侧结构性改革这个战略方向，……更多依托国内市场，提升供给体系对国内需求的适配性，形成需求牵引供给、供给创造需求的更高水平动态平衡。当然，新发展格局绝不是封闭的国内循环，而是开放的国内国际双循环。"

从背景来看，双循环战略是基于当前经济的不确定性、严峻的国内外形势以及自2008年全球金融危机以来国内需求对经济的贡献率呈现增长趋势的背景提出的。因此结合目前的形势和未来的经济发展趋势，可以得出双循环的战略布局必然是以畅通国内大循环为重心，同时兼顾国际大循环。从内容来看，双循环战略要求在需求端通过充分发掘国内市场潜力和扩大内需，牵引供给；在供给侧继续深化结构性改革，提升供给对需求的适配性，通过供给创造需求。而要实现这样一种需求与供给相互促进的动态平衡机制，就必然依靠市场机制来实现内外循环，而不是取代市场机制，复归国家干预经济的计划体制。因为只有充分利用市场机制自主调节和高效配置资源的能力，才能实现对供需变化的灵敏反应，才能保证经济形成最优化的动态平衡。综上，双循环战略的内涵可以表述为：双循环战略是基于我国现阶段面临的国内外形势和未来的经济发展趋势而做出的战略选择，该战略以深化改革开放为战略核心，充分利用市场机制，打破阻碍经济循环的壁垒，引导供需实现高质量动态平衡，实现资源高效率配置，从而构建以国内循环为主、兼顾国际循环的国家发展新格局。在这一表述中，以要素配置市场化为基本特征的市场机制是双循环战略的核心与关键所在，建立一个要素充分高效流动、合理配置的市场机制是双循环战略实施的重点。

（二）要素配置机制的市场化改革是决定双循环战略能否成功的关键环节

要素配置市场化是双循环战略中畅通国民经济循环和深化供给侧结构性改革的关键环节。当前，生产要素配置机制中仍旧存在着市场未能完全发挥决定性作用的问题，如刘翔峰、刘强提到我国要素的市场化机制尚未形成，土地、劳动力以及资本的价格均存在不同程度的扭曲。而这些扭曲的存在一方面使得要素的价格呈现双轨化的特征，一方面一些行业领域存在价格歧视问题，严重阻碍了要素价格的公平性，人为造成了要素流动的障碍；另一方面要素未实现市场化配置导致一些产能过剩的企业虽然已经失去了经营生产的效率，但是依然可以获取资源继续生存，导致大量资源被低效占用。而通过实现要素配置市场化，可以有效地消除要素价格的扭曲，通过市场机制高效配置资源，打通要素流动的壁垒，释放低效产能占用的要素资源，畅通要素循环通道。因此从思想层面上，要素配置市场化和双循环战略是相统一的，其体现了双循环战略深化改革的精神,是双循环战略的重要组成部分。

从操作层面来说,要素配置市场化是双循环战略的重要突破口,否则双循环战略极易流于形式主义的口号,而以要素配置市场化改革为突破口,彻底革除阻碍国内外大循环(尤其是阻碍国内大循环)的体制和机制弊端,则使双循环战略真正找到着手处。双循环战略的战略意图主要可以分成两个方面,一方面是通过扩大内需、深挖国内市场潜力,形成对经济发展的牵引力;另一方面是通过供给侧结构性改革,形成高效的产业发展模式,建立更加完善的产业链,形成对经济的持续推动力。但是就目前的现实情况而言,受疫情的冲击和国际形势的影响,我国经济增速有所放缓,国民收入也相对下降,在这种情况下需求端很难在短时间内形成较强的牵引力;另外我国的商品市场已经相当成熟,绝大部分商品和服务价格都是由市场决定的,因此商品市场端能够释放的市场潜力也十分有限。而反观供给侧,首先,由于我国长期以来要素市场发展相对滞后,要素市场方面存在较大的提升空间,要素配置市场化改革能够在较长的一段时间内持续释放能量;其次,要素配置市场化可以消除要素流通的障碍,提高要素配置的效率,这有利于降低企业获取生产要素的成本,从而提高企业的生存能力;最后要素配置市场化能够畅通要素的流通渠道,有助于实现要素的跨区域以及跨行业流动,有助于引进和留住外资,这些都是我国的产业结构完善和优化的有利条件。因此从操作层面来讲,要素配置市场化机制的形成将在较长时期内为双循环战略持续做出贡献,是保障双循环战略实施的重要途径。

双循环战略要形成国内经济大循环为主、国际经济大循环为辅的新型发展格局,就要在"循环"上下功夫,这就要求必须通过对社会主义市场经济体制的进一步改革和完善,促使各种要素以更高效率进行流动和配置，消除阻碍市场要素自由流动和高效配置的各种体制障碍。这就使双循环战略与社会主义市场经济体制的改革实现了有机结合，双循环战略为我国社会主义市场经济体制进一步深化改革提供了历史机遇；同时，双循环战略也与中国正在实施的供给侧结构性改革、扩大内需、区域均衡发展等国家战略实现了有机结合，从而使双循环战略能够成为引领中国未来中长期持续稳定发展和实现高质量动态平衡发展的系统性国家战略。

三、双循环战略下实现要素配置市场化的三大重要方向

要素配置市场化改革的目标是畅通资本、劳动、技术、土地等生产要素在区域之间、产业之间以及产业内部的充分流动，降低要素流动成本，消除流动壁垒。尽管40年改革开放为要素自由流动提供了空前的体制环境，然而我国要素市场阻碍要素合理高效流动的各种壁垒仍然普遍存在。刘志成提到，当前我国在劳动、资本、技术等诸多领域都存在着体制性或者政策性壁垒，劳动力难以自由跨区流动，科技成果存在转移、转化约束，企业存在跨区域障碍以及市场准入限制等。各地区之间、各产业之间、各产业内部也存在着大量的政策性壁垒，阻碍了要素的合理流动。因此打通行业、区域之间的要素流动壁垒将是双循环战略下实现要素配置市场化的重要方向，这就需要一系列深层次的改革，比如户籍制度改革、土地交易制度改革、消除行业垄断、要素价格形成机制改革等。具体来讲可以从以下三个层面入手。

第一，有序引导和促进产业转移。想要利用要素配置市场化畅通经济循环，就必须要做到让要素流动起来，让要素成为经济循环的"血液"，

带动资源的有效配置。而要想实现要素的自由流动，主要有三个基本点，一是要素的活性化，只有活性化的要素才不会被各种条件约束，才具备自由流动的条件；二是要具备要素流动的动能，要素的流动不可能是无源性的，只有足够的激励为要素赋能，要素才能自发地流动；三是要具备要素流动的路径，要素流动是具有明显路径的，这些路径为要素流动提供了通道和方向。要素配置市场化通过市场机制将要素活性化，使得要素自身具备了流动的条件，但是要素需要引导才能够实现有序流动，而促进产业转移就是为要素的有序流动提供了一条通路。通过产业转移的引导，为要素流动建立畅通的渠道，打通区域之间的壁垒，才能实现要素的快速流动，将要素有序地引导至需要的地方。

而结合双循环战略的内涵，在产业转移方面我们依然要坚持东部产业向西部的转移，尤其是在当前的环境下东部产业向西部转移愈发重要。西部地区由于地广人稀，长期以来受限于地理位置，开放程度和市场活跃度都低于东部，虽然有足够的市场潜力可以挖掘，但是市场开发成本较高；受当前疫情和国际形势的影响，我国向东方的出口受到的影响较为严重，国民消费下滑压力较大，再加上东部地区本来就是市场经济活跃的地区，市场成熟度高，可供挖掘的市场潜力不足，市场增长力有限，在收益不足的情况下东部地区产业的高成本对企业生存的影响越发突出，而此时西部地区较低的建设成本就显得更加具有市场吸引力。因此想要打通经济内循环，充分发掘市场潜力的关键点在西部。我们必须利用当下东西部市场利润水平相对接近的机会，大力促进产业转移，引导要素向西部流动，为西部开发注入活力，为中国经济注入能量。另外西部地区是我国"一带一路"倡议的重要战略节点，通过产业转移打通向西出口的通道，对促进国际循环也具有十分重要的意义。

第二，通过户籍制度改革和跨区域土地交易体制改革等措施，畅通区域联系。如果说产业转移为要素流动提供了路径，那么加强区域间经济的联系就是放松了对要素的约束，使得要素活性化。双循环战略的一个重要的战略思想就是"通"，打通经济循环的各个关节，从而构建起全国范围内的国内大循环，激发经济发展的活力。在这种思想的指导下，要素配置市场化就必须要加强区域联系，实现要素的跨区域流动。这是因为经过40多年的改革开放，我国各区域都有了巨大的发展，经济要素的构成也实现了局部均衡，如果要素不能够实现跨区域流动，那么区域经济发展就无法脱离对原有发展路径的路径依赖，如果经济发展不能跳出路径依赖，那么即便短期之内能够保持经济增速，长期上仍然会回归原本的发展路径，无法实现经济向高质量发展的结构转型。除此之外各区域的要素禀赋条件各有不同，有些地区劳动力丰富，有些地区资本丰富，有些地区土地资源丰富，如果不能实现要素的跨区域流动，过度地依赖某种单一的初始要素禀赋，将会导致要素边际贡献递减问题的发生，这不但是对要素资源的极大的浪费，而且也不利于经济实现高效、高质量发展。

要想畅通区域联系，为要素跨区域流动创造条件，一方面要注意消除显性的制度障碍，另一方面要注意消除隐性的人为障碍。2020年4月9日国务院发布了《关于构建更加完善的要素配置市场化配置体制机制的意见》，意见中提到了深化户籍改革、建立土地跨区域交易机制以及推进资本要素配置市场化等措施意见，这些措施对于消除要素跨区域流动的显性制度障碍具有很大帮助，但是对于隐性的人为障碍就难以发挥作用。形成要素跨区域流动人为障碍的部分原因是地方政府对于政绩目标的追求，一方面地方政府希望引进其他区域的优势要素资源，但是另一方面又不希望本地区的要素资源流失而影响地区经济发展。因此想要消除这种隐性的人为障碍，就必须改革经济指标的考核方式，规划更多突破行政区划的经济发展战略协作区域，对协作区实行统一考核，而不再只考虑单一地区的经济指标。这样通过将各区域根据各自优势组成战略共同体，可以有效地消除人为障碍，加强区域联系，为要素跨区域流动，为双循环战略打通区域壁垒创造条件。

第三，通过消除行业垄断，实现全行业均衡发展。双循环战略是具有短期和中长期阶段性目标的，在短期主要是应对当下国内外形势，保持经济能够平稳、高质量发展；而中长期目标是继续深化改革开放，继续优化经济结构，在关键领域构建完善的产业链条，避免出现产业"空心化"现象，保障经济安全。而这就要求双循环战略下的要素配置市场化在中长期必须突破地理区域限制，突破行业壁垒，消除要素在全行业间流动的障碍，推动全行业均衡发展，促进资源在全行业间高效、均衡配置，为我国战略性产业领域的发展打下坚实基础。

通过要素配置市场化实现全行业均衡发展的关键在于消除要素垄断，消除双轨化特征的价格机制。我国的中国特色社会主义市场经济体制天然地要求国有企业需要承担更多的职能，而要支撑这些职能的发挥，就必须使国有企业在要素获取方面保持相对优势的地位。这虽然有利于体现"集中力量办大事"以及发挥国有企业在经济中的主导和调节作用，但是这种对要素的相对垄断，也导致要素价格脱离了市场的决定机制，导致要素价格呈现双轨化特征。如郭琎、王磊提到，我国的劳动力价格体系、土地价格体系以及资本价格体系均呈现双轨化特征，劳动力市场存在体制内外之分，城乡土地存在"同地不同权不同价"的现象，资本要素存在供给和价格歧视。这些现象的存在极大的遏制了一些领域的发展活力，不但占用了大量优质的要素资源，而且因为双轨化价格机制的存在，也严重影响这些要素的高效配置。因此必须打破对要素资源的垄断、建立要素价格的市场化机制，引导要素流向产业洼地，促进全行业的均衡发展，避免"卡脖子"问题的出现。

同时，为更好地解决行业垄断问题，促进行业内要素配置市场化配置机制的形成，必须进一步降低行业进入壁垒，降低市场准入门槛，在各行业引入民营资本，强化市场竞争，防止竞争性领域出现国有资本垄断的情况；同时通过进一步深化混合所有制改革，在各行业的国有企业中有序引入民间资本，优化国有企业的产权结构，这也是当前破除行业垄断、促使民营资本进入垄断行业、实现要素流动市场化的重要举措。

四、双循环战略下要素配置市场化的五大制度保障

双循环战略下的要素配置市场化需要通过制度改革，设计相应的制度政策，才能确保市场对要素的价格能够发挥决定性作用，确保要素能够实现在各行业、各区域间自由流动。做好双循环战略下的要素配置市场化制度保障，本文认为具体有以下五个要点。

（一）保持竞争中性

保障要素配置市场化成功实施的首要条件是政府需要时刻保持竞争中性原则，让市场在要素配置中起决定性作用。竞争中性原则指的是政府在处理与市场关系的过程中，要尽量突出市场的决定性作用，减少对市场机制的过度干预，使市场主体能够在公平的环境下进行竞争。如王曙光曾指出竞争中性的核心在于消除对市场主体的歧视，给

予其一视同仁的平等公正的待遇。竞争中性主要有三个层面，第一个层面是对不同所有制企业保持竞争中性，第二个层面是对内资外资保持竞争中性，第三个层面是对不同区域发展保持竞争中性。在处理与市场之间关系的过程中，坚持竞争中性原则可以帮助政府减少人为造成的歧视和差别对待，防止行业和区域壁垒的形成。但是政府在处理与要素市场关系过程中保持竞争中性，并不意味着政府不能参与到要素配置市场化的进程中，而是意味着政府要以尽量减少对要素本身的直接干预，为要素的自由流动营造平等公正的环境，消除要素流动的障碍为目标。只有这样才能够既保障市场机制在要素配置中的决定性地位，又能够纠正要素配置市场化配置过程中产生的各种扭曲，保证要素实现高质量的市场化配置。

（二）完善交易机制

保障要素配置市场化成功实施的一个必要条件是存在竞争性的交易机制使得要素在交易过程中形成出清的市场价格。而在以往的改革开放进程中，我们忽略了对要素市场的培育，再加上行政化要素配置对要素市场的干预，使得要素市场的竞争性不足。除此之外，一些要素还未形成有效的交易市场，如技术和数据要素。而这些问题的存在一方面使得市场价格机制失效，要素难以准确定价，要素市场难以保证供需双方的平等地位；另一方面由于要素市场规模呈现区域化特征，信息不对称以及人为障碍的存在，导致价格传导机制扭曲，难以保障要素配置市场化配置的效率。因此保障要素配置市场化的当务之急是要完善要素交易机制，形成跨区域、跨行业的要素市场，为要素提供全国性的交易平台，加速要素市场价格机制的形成，保障要素价格传导机制的畅通，保证要素市场的充分竞争，保证要素市场能够如实反映要素的供需关系，消除现有要素市场存在的价格双轨化现象，消除要素供给上的垄断以及价格歧视，消除要素流动的隐性成本。

（三）健全产权制度

保障要素配置市场化成功实施的另一个必要条件是建立全面、完善的产权制度。只有要素的产权足够明晰，才能够确定要素的所有权、交易权以及收益权的归属，这样才能够形成要素配置市场化交易的基础。如果产权制度不够明晰，一方面会造成市场难以对要素进行定价，另一方面也会导致要素在交易过程中存在不确定性风险，这样要素交易价格就会包含风险溢价，价格就不能真实反映要素本身的价值，不利于要素的有效配置。而要想健全产权制度，必须依靠立法，只有通过法律的权威和公信力，才能够确保要素的产权得到保护，但是在依法保障要素产权的同时，需要重点关注科技和数据要素的产权。不同于土地、资本以及劳动力等要素，科技和数据要素存在不依附于特定自然人，不具有可分割性，可能存在诸多权利人等问题。这些问题可能会导致难以对科技和数据要素的产权进行明确的界定，其在要素配置市场化过程中可能会产生很多纠纷和障碍。所以在针对科技和数据要素的产权立法方面要足够灵活，确保这些要素可以以多种方式实现产权的变更和转换，既要避免造成权利人的损失，也要避免对要素流动的限制。

（四）促进行业开放

除上述三个条件之外，要素配置市场化机制能在多大程度上发挥作用，还要看有多少行业可以向市场化要素配置方向转型。如果只是在局部范围内进行要素配置市场化配置，那么要素价格的双轨化问题将无法得到彻底解决，要素价格机制将难以有效引导要素实现高效配置。因此要素配置市场化的成功实施还取决于行业开放程度，能够开放的行业越多，要素的流动越畅通，信息越完备，要素市场才能越符合完全竞争市场的特点，要素配置市场化才能够高效地进行资源配置。具体来讲，对于能够开放的行业应该从国内和国际两个层次深化开放，一方面需要放宽行业准入条件，打破行业垄断，深入挖掘各行业的增长潜力；另一方面要以更加开放的姿态开展国际合作，引导国际要素尤其是科技领域的人才和技术要素的注入，提升行业竞争优势。

（五）激活民间资本

要素配置市场化改革不仅要从国家角度考虑，还要从民间资本角度考虑。改革开放40多年以来，民间资本已经成为中国特色社会主义市场经济的重要组成部分，在商品市场领域占有重要地位，对于活跃经济具有无可替代的作用。因此在要素配置市场化改革当中民间资本应得到充分的重视，在要素市场上应该获得对等的地位。民间资本参与要素配置市场化改革主要还是应该从混合所有制改革角度切入，通过混改增强民间资本在要素市场上的话语权，让要素配置市场化改革能够反映出更加真实的市场供需关系。除此之外，通过民间资本的参与可以使得更多的企业获得承担社会责任的途径，这样不但可以为国有企业减轻负担，还可以减少政府在要素市场为国有企业承担过多的社会职能而进行补贴的行为，进而减少政府对要素市场的扭曲。

五、结语

本文从双循环战略切入,对双循环战略的内涵进行了探讨和分析,并结合当下的国内外形势,认为供给侧是双循环战略更加重要的战略方向;同时本文还结合要素配置市场化,讨论了如何通过要素配置市场化促进双循环战略的布局和实施。双循环战略是未来一段时间内深化改革开放的主战略,其本质是充分挖掘经济的内源动力,保障中国经济在面对外部冲击时能够具有强大的稳定性,而这一方面要求我们要努力激发需求端旺盛的商品需求,进一步开源;另一方面也要求我们需要在供给侧补短板、提效率,降低要素的错配和浪费,对供给侧进行结构升级,提升产能的质量。而要素配置市场化的提出恰好符合双循环战略在供给侧的战略要求,是实施双循环战略的重要战术。通过要素配置市场化打破区域壁垒和行业壁垒,让要素能够在更大范围内流动,可以显著提升要素配置的效率;除此之外要素配置市场化还能使要素真正的价值得以体现,从而激发要素的活力,可以起到活跃供给侧,提升供给侧的竞争优势和研发效率的作用。

双循环战略是一场深刻的经济市场化改革,其重要意义是不言而喻的。既要激发国内循环的活力,又要利用国际循环的资源;既要实现经济的增长,又要保持经济的稳定;既要能应对当前局势,又要能谋划未来发展。可以说双循环战略是基于当前的形势,在改革开放的大框架下拟定的精准、灵活、全面的经济战略,其体现了深化市场经济改革,让市场在资源配置中起决定性作用的中国特色社会主义市场经济的核心思想。双循环战略虽然是为应对挑战而提出的,但是挑战也为中国经济创造了机遇。我们要充分利用这个机遇期，放慢经济发展的脚步，审视中国自身的经济结构性问题，借助双循环战略，打通经济循环中的各种障碍，充分思考如何确定国内循环的经济地位；如何处理国内循环和国际循环的关系；如何利用中国的经济发展潜力布局产业链条，保障经济安全，以更加开放、包容、自信的姿态，应对未来的国内外变化与挑战。

基金项目：教育部哲学社会科学研究重大课题攻关项目（18JZD029）"建设现代化经济体系的路径与策略研究"的阶段性成果。

实行高水平对外开放，开拓合作共赢新局面

叶辅靖

党的十九届五中全会通过的《中共中央关于制定国民经济和社会发展第十四个五年规划和二〇三五年远景目标的建议》，提出实行高水平对外开放，开拓合作共赢新局面。这是以习近平同志为核心的党中央统筹中华民族伟大复兴战略全局和世界百年未有之大变局作出的重大战略部署，为新形势下对外开放指明了方向。

一、我国对外开放取得的伟大成就

（一）推动出口与进口并重，从贸易大国迈向贸易强国

在加入 WTO 的初期，我国凭借劳动力、土地等生产要素成本优势迅速融入全球价值链，对外贸易规模一度呈现高速增长态势。但随着我国经济发展水平的不断提升以及要素禀赋的变化，我国由贸易大国向贸易强国的转变成为新时代我国对外贸易发展的新任务。在这一战略指导下，我国一方面积极推动对外贸易转型升级，大力发展新型贸易业态，

作者系国家发改委对外经济研究所所长。

另一方面积极扩大先进设备、高端资本品和优质服务进口，有效推动了我国对外贸易的平衡发展。具体成就如下：

一是对全球贸易的影响力不断提升。2013年，我国成为全球第一大货物贸易国。2019年，我国对外商品贸易额占全球贸易的12.0%，较美国的11.0%高出1个百分点，第一大货物贸易国的地位得到进一步巩固。从服务贸易看，我国服务贸易额不断增长，2019年我国服务贸易额为7839亿美元，是2012年的1.62倍，占全球服务贸易总额的6.6%。

二是对外贸易结构不断优化。从贸易方式看，一般贸易占我国对外贸易的比重持续上升，2019年为59%，较2012年上升7个百分点。市场多元化取得明显进展，2019年美国、欧盟、东盟等经济体分别占我国对外贸易总额的11.8%、15.4%和14.0%，分别较2018年下降0.9%、上升0.6%和上升0.3%，前三大伙伴的贸易份额之和与2018年相等。出口商品结构优化升级十分明显，2019年机电产品出口占比达到58.4%，集成电路、汽车等高新技术产品出口额也呈现高速增长态势，2019年这三类商品出口额分别较2018年增长了4.1%、26.8%和8.2%。在服务贸易中，我国为满足产业转型升级的需要，持续扩大知识产权使用费、信息技术服务等知识密集型服务进口，2019年这两类服务进口额相比2012年增长了95%、396%。从新型贸易业态看，跨境电子商务、市场采购贸易均呈现迅速增长态势，2019年我国跨境电子商务零售进出口总额达到1862.1亿元，增长了38.3%。

三是在全球价值链中的地位逐渐提升。我国对外商品出口已经由以消费品为主转向以中间品和资本品为主，说明我国在全球价值链分工中的地位已经由最终消费品的加工组装向中高附加值的零部件制造环节迈进。同时，根据商务部全球价值链与中国贸易增加值核算数据库的数据，

2018年我国货物贸易每1000美元出口所创造的国内增加值为706美元，较2012年提升了57美元，和美国、欧盟、日本等经济体的差距已经显著缩小。

四是积极扩大进口取得重要进展，经常项目渐趋平衡。近年来，我国政府针对国内产业转型升级和经济发展的需求，通过有效推进通关便利化、持续降低关税水平等措施，积极扩大先进设备、高端零部件和优质消费品进口，进口规模持续增长。2018年，我国连续三次降低关税，使平均关税税率由9.8%降低至7.5%；2019年调降700项商品关税，2020年再次调降859项商品关税，2021年7月1日，我国还将对176项信息技术产品实施第六步降税。2019年我国进口总额超14万亿元，连续10年成为世界第二大进口国。2019年，我国进口额较2016年增长了36.4%，明显高于我国出口额增长的24.5%。2019年，我国经常项目顺差占GDP的比重仅为0.1%，较2012年下降了2.5个百分点。

（二）推动引进来与走出去并重，更好地发挥了双向投资对经济结构优化升级的促进作用

党的十八大以来，我国对外投资合作发展进入新阶段。一方面，随着我国对外资实施准入前国民待遇加负面清单制度，并持续放宽外资准入，虽然完全依靠我国劳动力成本优势的"成本导向型"外资规模增长有所放缓，但面向我国国内市场、发挥我国中高素质人力资源优势的"市场导向型"和"技术导向型"外资规模保持快速增长态势，利用外资综合质量不断提升；另一方面，随着我国企业实力不断提升，在海外通过绿地投资、并购等投资方式积极参与构建新型生产网络的能力迅速增长，对外直接投资对经济发展的积极作用也不断提升。

一是确立了外商投资准入前国民待遇+负面清单制度。党的十八大前，我国对外资企业的管理方式主要是逐案审批加《外商投资产业指导目录》，该文件按鼓励类、限制类、禁止类三大类进行分类管理。十八届三中全会明确提出对外资实施准入前国民待遇+负面清单管理，我国于2017年正式将《外商投资产业指导目录》中的限制类和禁止类统一命名为《外商投资准入特别管理措施（负面清单）》，标志着我国外资准入向准入前国民待遇+负面清单制度转型，但对外资促进政策仍按照传统模式管理。2019年6月30日，我国同时公布最新版的《外商投资准入特别管理措施（负面清单）》（包括全国版和自贸试验区版）和《鼓励外商投资产业目录》，标志着我国"准入前国民待遇+负面清单+外资促进政策"外资管理体制的完善，对更加有效发挥各类政策工具效力，鼓励外资更好参与我国经济发展具有重要意义。

二是持续扩大外资准入。党的十八大以来，我国已经多次放宽外资准入限制，全国版外商投资准入负面清单的条目由2013年的119项减少到2020年的33项（2013年尚未实施负面清单制度，条目数为限制类和禁止类条目数之和），自贸试验区负面清单则由2015年的122条减少到2020年的30条，充分体现了坚持全方位扩大开放的理念。整体上看，我国制造业开放程度已经和发达经济体基本相当，汽车、飞机等制造业均已对外资开放，金融、物流、科技服务、专业服务等服务业开放程度也已经接近发达经济体水平。

三是利用外资综合质量不断提升。党的十八大以来，我国实际利用外资额整体保持稳定增长态势，2019年以超过1400亿美元的规模稳居全球第二位。在数量增长的同时，利用外资的行业结构也不断改善，知识密集型服务业和高技术制造业已经成为外资流入我国的重要增长点之一。2017年高技术产业实际使用外资金额占比为26.4%，2019年上升至27.7%。2019年，高技术制造业、高技术服务业实际使用外资金额占比分别为9.5%、18.2%。

四是对外直接投资成效显著。从规模上看，2012年后我国对外直接投资规模持续高速增长，由878亿美元增加到2016年的历史峰值1961.5亿美元。之后，随着对非理性对外投资的管理加强，我国对外直接投资规模自2017年以来有所下降，2019年为1369.1亿美元，但仍然是全球排名前三位的直接投资输出国。从效益上看，走出去对企业提升盈利能力、增强核心竞争力、成长成为具有国际影响力的跨国公司发挥了重要作用。一方面，我国相当一部分企业将自身的比较优势和新兴市场国家劳动力和土地等生产要素成本优势进行有机结合，将加工生产基地向新兴市场国家布局以构建新型生产分工网络，在有效地推动合作方工业化和城镇化进程的同时，显著提升了自身的国际化运营能力。例如，红豆集团2007年联合中柬两国企业在柬埔寨西哈努克省建立的西港特区已经吸引了来自中国、欧美、东南亚等国家及地区的大批企业共赢发展，为当地经济发展做出巨大贡献，被习近平总书记称赞为"中柬务实合作的样板"。另一方面，我国相当一部分企业通过并购发达经济体的一些高技术企业，将自身的集成创新优势、市场优势和发达经济体企业的原始创新优势、核心零部件质量优势进行有机结合，有效推动了双方经济效益的显著提升，部分项目已经成为"强强联合"的典范。吉利公司以18亿美元价格收购了瑞典沃尔沃轿车公司后，借助沃尔沃的技术储备和品牌影响力推出新车、拓宽市场，同时利用吉利的运营模式提升盈利能力，取得显著成效，使沃尔沃汽车公司营业收入保持高速增长，2020年吉利集团在世界500强中排名243位，成为中国汽车工业迈向制造业高端的"排头兵"。

（三）推动共建"一带一路"高质量发展，使其成为构建人类命运共同体的全球公共平台

2013年9月和10月，国家主席习近平在出访哈萨克斯坦和印度尼西亚时先后提出共建"丝绸之路经济带"和"21世纪海上丝绸之路"的重大倡议，提出了以共商共建共享为原则，以和平合作、开放包容、互学互鉴、互利共赢的丝路精神为指引，以政策沟通、设施联通、贸易畅通、资金融通、民心相通为重点的新型合作模式。7年多来，共建"一带一路"倡议得到了越来越多国家和国际组织的积极响应，受到国际社会广泛关注，影响力日益扩大，已经从理念转化为行动，从愿景转化为现实，从倡议转化为广受世界人民欢迎的构建人类命运共同体的全球公共平台。

具体而言，"一带一路"倡议取得了如下几方面的进展：

一是政策沟通十分顺畅，形成共建"一带一路"的广泛国际合作共识。共建"一带一路"倡议及其核心理念已写入联合国、二十国集团、亚太经合组织以及其他区域组织等有关文件中，截至2020年11月，中国政府已与138个国家、31个国际组织签署201份合作文件。共建"一带一路"国家已由亚欧延伸至非洲、拉美、南太等区域。在具体领域，中国与埃及、老挝、沙特阿拉伯、塞尔维亚、泰国、土耳其、阿联酋等国家共同发起《"一带一路"数字经济国际合作倡议》，与49个沿线国家联合发布《关于进一步推进"一带一路"国家知识产权务实合作的联合声明》，与17个国家联合宣布建立"一带一路"能源合作伙伴关系。

二是设施联通成效显著，全方位、多层次、复合型跨境基础设施网络正在迅速形成。国际经济合作走廊和通道建设取得明显进展，新亚欧大陆桥、中蒙俄、中国－中亚－西亚、中国－中南半岛、中巴和孟中印缅等六大国际经济合作走廊正在快速建设中，匈塞铁路、中泰铁路、瓜达尔港疏港公路等重大基础设施建设项目进展顺利，各倡议合作方之间的基础设施互联互通状况得到显著改善，将亚洲经济圈与欧洲经济圈联系在一起，为建立和加强各国互联互通伙伴关系，构建高效畅通的亚欧大市场发挥了重要作用。例如，2020年，中欧班列在疫情影响下逆势增长，全年累计开行1.24万列、运送113.5万标箱，分别同比增长50%、56%，综合重箱率达98.4%，国内累计开行超过百列的城市增至29个，通达欧洲城市90多个，涉及20余个国家，中欧班列专用运行线增至73条，有力服务于国际防疫合作和经贸合作。

三是贸易投资规模稳定增长，各方参与经贸合作的广度和深度不断提升。在贸易与投资自由化方面，我国发起《推进"一带一路"贸易畅通合作倡议》，83个国家和国际组织积极参与。在贸易合作方面，2013—2019年，中国与"一带一路"沿线国家货物贸易累计总额超过了7.81万亿美元，年均增长率高于同期中国对外贸易增速，占中国货物贸易总额的比重达26.6%。2019年，中国与138个签署"一带一路"合作文件的国家货物贸易总额达1.9万亿美元，占中国货物贸易总额的41.5%。中国与沿线国家服务贸易由小到大、稳步发展。2019年，中国与"一带一路"沿线国家服务进出口总额1178.8亿美元，占中国服务贸易总额的15.9%，比2016年提高3.4个百分点。在投资合作方面，2013—2019年，中国企业对"一带一路"沿线国家非金融类直接投资累计超过1000亿美元，对外承包工程超过7200亿美元。2019年，中国企业对沿线56个国家实现非金融类直接投资150.4亿美元，虽然同比有所下降，但占同期中国对外非金融直接投资总额的比例增大0.6个百分点、达到13.6%；我国企业在"一带一路"沿线的62个国家对外承包工程项目完成营业额979.8亿美元，同比增长9.7%，占同期总额的比例达到56.7%。

四是投融资模式不断创新，"一带一路"建设资金支持机制持续完善。我国和世界各国共同推动新型国际投融资模式，设立了金砖国家新开发银行、亚洲基础设施投资银行等新型多边基础设施融资机构，有效地弥补了"一带一路"沿线基础设施建设和产能合作的融资缺口。我国还和合作方共同构建了中国—中东欧银联体、中国—阿拉伯国家银行联合体、中非金融合作银行联合体，通过多边金融合作机制共同服务于各方的实体经济发展。金融互联互通不断深化，截至2019年年末，中国共有11家中资银行在29个"一带一路"参与国设立了79家一级分支机构（包括19家子行，47家分行和13家代表处），来自23个"一带一路"国家的48家银行在华设立了58家分支机构（包括7家法人银行、17家外国银行分行和34家代表处）。中资证券公司在新加坡、老挝等地设立合资公司，中资保险机构也已在香港、澳门、新加坡、印尼等地设立营业性机构。中国先后与20多个沿线国家建立了双边本币互换安排，与8个沿线国家建立了人民币清算安排，与35个沿线国家的金融监管当局签署了合作文件，人民币跨境支付系统（CIPS）业务范围已覆盖60多个沿线国家和地区。

五是人文交流迅速发展，共建"一带一路"的民意基础有效夯实。在文化交流方面，中国已与合作方形成了"丝路之旅""中非文化聚焦"等10余个文化交流品牌，在沿线国家设立了17个中国文化中心。中国、哈萨克斯坦、吉尔吉斯斯坦"丝绸之路：长安－天山廊道的路网"联合申遗成功。在教育培训方面，2017年沿线国家3.87万人接受中国政府奖学金来华留学，占奖学金生总数的66.0%。在旅游合作方面，我国与57个沿线国家缔结了涵盖不同护照种类的互免签证协定，与15个国家达成19份简化签证手续的协定或安排，各国来华旅游人数不断增长。在卫生健康合作方面，我国与蒙古、阿富汗等国，世界卫生组织等国际组织，以及一些非政府组织签署了56个推动卫生健康合作的协议，"光明行""送医上岛"等活动得到国际社会广泛赞誉。

（四）推动深化东部地区开放与扩大中西部地区开放更好结合，优化区域开放布局

改革开放初期，东部沿海地区凭借要素禀赋、地理条件、产业基础等方面的综合优势，成为我国对外开放的主阵地，而广大内陆沿边地区的开放水平相对偏低。党的十八大以来，随着内陆沿边地区要素禀赋和基础设施互联互通状况的优化升级，内陆沿边地区对外开放水平迅速提升，我国对外开放的区域协调性逐渐增强。

一是中西部地区开放型经济迅速发展。江西、安徽、河南、四川、重庆等省市积极承接长三角、珠三角的外向型产业集群，已经形成了成都集成电路、重庆笔记本电脑、郑州智能手机等多个外向型产业集群。2019年，西部地区、中部地区[①]对外贸易分别占全国的10.9%和8.5%，较2012年的8.8%和6.6%均有显著提升。

[①] 东、中、西部的划分：东部地区包括北京、天津、河北、辽宁、上海、江苏、浙江、福建、山东、广东、海南11个省（市）；中部地区包括山西、吉林、黑龙江、安徽、江西、河南、湖北、湖南8个省；西部地区包括内蒙古、广西、重庆、四川、贵州、云南、西藏、陕西、甘肃、青海、宁夏、新疆12个省（市、自治区）。

二是东部地区开放层次不断提升。目前，北京、上海、广东、江苏等东部地区已经逐渐由传统的吸引外资、扩大出口转向打造大型企业总部集聚区、吸引高端知识密集型服务业集聚，正在成为全球资金、信息、人才等高端生产要素的重要交汇枢纽。在全球化与世界级城市研究小组（GaWC）刚刚公布的2020年最新排名中，北京、上海均成为ALPHA+级城市，广州、深圳为ALPHA-级城市，说明这四个城市已经在全球城市网络中处于顶尖位置，开放水平达到世界领先。

三是新型对外开放平台布局不断优化。改革开放以来，经济特区、国家级经济技术开发区、海关特殊监管区域等对外开放平台一直是我国对外开放的重点。新时代以来，针对我国对外开放面临的新形势以及不同地区的特点，我国新设立了"1+3+7+1+6+3"共21个自由贸易试验区，其中东部地区10个（不包括海南省）、中部地区5个（湖北、河南、黑龙江、湖南、安徽），西部地区5个（陕西、重庆、四川、广西、云南），逐步探索、稳步推进海南自由贸易港建设，未来还将新设一批自贸试验区。自设立以来，各个自贸试验区既始终坚持先行先试、大力推动投资、贸易、金融和事中事后监管等制度创新，着力营造法治化、国际化、便利化的营商环境，注重实施一系列具有地方特色的制度创新，已成为区域贸易和投资增长的重要引擎。据统计，2019年前18个自贸试验区实际利用外资1435.5亿元，占全国的15.2%，实现进出口额4.6万亿元，占全国的14.6%，已经成为我国改革开放的新高地。

（五）推动向发达经济体开放与向发展中国家开放更好结合，扩大同各国利益的交汇点

改革开放初期，我国经济发展面临的障碍主要是资金、技术、高素

质人才等生产要素显著短缺，因此当时的开放合作对象主要是发达经济体，其目的是通过吸引高水平的资本和先进技术促进经济增长。党的十八大以来，我国已经形成与发达经济体和发展中国家的"两互补"关系，在继续深化向发达经济体开放的同时，积极推进向发展中国家开放，已经取得了巨大成绩。

与发达经济体的合作持续深化。 我国与发达经济体的经济互补性仍然很强。首先，我国正处在由价值链中低端向中高端攀升的过程，对高端零部件、先进设备、先进管理理念、高端服务等的需求仍然迅速增长，而这些仍然是发达经济体的优势所在。其次，发达经济体目前仍然是全球较为成熟、较为完善、竞争较为充分的市场。深度融入这一市场，对于推动我国外向型企业技术创新、进而实现整体供给结构升级也有非常重要的意义。第三，发达经济体仍是新科技革命的重要发源地，我国深度参与新科技革命带来的新型国际分工仍然需要与发达经济体深入开展合作。近年来，美国、欧盟等发达经济体一直是我国最重要的经贸合作伙伴，2019年我国对欧盟、美国贸易额分别为4.86万亿元和3.73万亿元，分别居第一和第三位。

与新兴经济体的合作迅速发展。 当前，东盟、印度、非洲、拉美等新兴经济体正在积极融入全球价值链，着力推进工业化和城镇化进程，以实现经济迅速发展。一方面，这些国家为推进工业化和城镇化，对各类零部件、工业半成品和机械电子设备的需求量大幅度增长，而其工业原材料、优质农产品和特色消费品也迫切需要拓展海外市场，因此我国和这些经济体开展贸易合作能够发挥双方的比较优势，实现福利的提升。另一方面，这些国家劳动力、土地等生产要素成本具有明显优势，这些比较优势和我国的资本、技术相结合将有利于这些国家深度参与全球价值链分工，也有利于我国企业提升国际化水平。近年来，我国和新兴经济体的合作规模迅速增长，2019年我国和东盟之间的双边贸易额达到4.43万亿元，东盟跃居我国第二大贸易伙伴（受疫情及中美经贸摩擦影响，2020年前11个月东盟已经成为我国第一大贸易伙伴）。

（六）推动多边开放与区域开放更好结合，成为开放型世界经济的建设者和贡献者

全球化和区域化是相辅相成的关系。一方面，以WTO为代表的多边贸易体制是经济全球化的基石，为各国开展经贸合作提供了基本框架，对降低各类显性和隐性贸易壁垒，促进商品、服务和要素在全球范围内自由流动具有重要意义。另一方面，由于不同经济体经济发展阶段、发展模式、产业结构等存在巨大差异，在很多领域形成精细化、标准化的多边规则尚不成熟，积极推进区域贸易协定建设，在区域内部实现更高水平的贸易投资自由化也是对多边贸易体制的有效补充。

积极参与WTO多边贸易体制建设。 我国坚定不移支持WTO多边贸易体制的主渠道地位，积极参与签署《贸易便利化协定》、"巴厘一揽子协定"等一系列有利于经济全球化深入发展的重要协定，积极推动电子商务等新领域的规则谈判。针对WTO当前存在的上诉机制、透明度以及在新兴领域有效规则缺乏等不足，我国积极支持WTO进行必要改革，坚持WTO应维护多边贸易体制的核心价值、保障发展中成员的发展利益、遵循协商一致的工作机制，并明确表示WTO改革应在维护多边贸易体制主渠道地位基础上，优先处理危及世贸组织生存的关键问题，解决规则的公平问题，保证发展中成员的特殊与差别待遇，尊重成员各自的发展模式。

持续推进区域贸易投资自由化。 我国在坚定维护WTO多边贸易体制主渠道地位的同时，也在积极推动实施多项区域贸易协定。从周边看，历经8年谈判的《区域全面经济伙伴关系协定》（RCEP）获得签署，全球最大自由贸易区宣告诞生。中日韩自贸区谈判就协定领域范围达成一致，货物贸易、服务贸易、投资、规则等重要议题取得进展。中韩自贸协定第二阶段谈判是我国首次使用负面清单方式进行服务贸易和投资谈判的自由贸易协定谈判，双方正积极推进第二阶段谈判，为两国企业营造更加自由和便利的服务贸易和投资环境。亚太自贸协定成员国各方就第五轮关税减让谈判模式及服务贸易、投资、贸易便利化和原产地规则等议题进行了深入讨论。中国—东盟自贸区升级议定书正式生效。中国和毛里求斯自贸协定正式生效。从"一带一路"看，中国—海合会自贸区第九轮谈判就服务贸易、投资、电子商务以及货物贸易遗留问题等内容进行了深入磋商，结束了经济技术合作等章节的谈判，双方已就15个谈判议题中的9个结束谈判，并就技术性贸易壁垒（TBT）、法律条款、电子商务等3个章节内容接近达成一致，在核心的货物、服务等领域取得积极进展。中国—以色列自贸协定第七轮谈判就货物贸易、原产地规则、海关程序与贸易便利化、卫生与植物卫生措施、贸易救济、环境、知识产权、竞争政策、政府采购、法律与机制条款等议题展开磋商，取得积极进展。中国—巴基斯坦自贸协定第二阶段谈判共举行了十一次会议，尤其是自2017年9月以后谈判进程加快，双方就货物贸易市场准入、原产地规则、海关合作、投资等议题不断取得重要进展。协定书生效后，中巴两国间相互实施零关税产品的税目比例将从此前的35%逐步增加至75%，自由化水平提高一倍以上。中国—蒙古自贸协定联合可研会议已举行两次，就联合可研报告提纲达成一致，并就重点关注领域、经济影响分析及下一步工作安排等深入交换意见。此外,与尼泊尔、孟加拉国的自贸协定也正在研究中。从全球看,中欧投资协定谈判如期完成。中国—智利自贸协定是继中国—东盟自贸区升级后实施的第二个自贸区升级协定,也是我国与拉美国家签署的第一个自贸区升级协定,已于2019年3月1日正式生效,双方相互实施零关税的产品将达到约98%。此外,与巴拿马、毛里求斯、摩尔多瓦、巴勒斯坦的自贸协定正在谈判中,与加拿大、瑞士、哥伦比亚、斐济、巴新等的自贸协定也在积极研究中。

(七)推动商品与要素流动型开放与规则等制度型开放更好结合,成为全球经济治理规则改革完善的积极参与者

2001年,我国成为世贸组织第143个成员。根据入世的承诺,我国扩大了在工业、农业、服务业等领域的对外开放,加快推进贸易投资自由化、便利化,深化涉外经济体制改革,完善相关法律法规体系,减少贸易投资壁垒和行政干预,理顺政府在涉外经济管理中的职责,促进政府行为更加公开、公正和透明,成为全球经济治理规则改革完善的积极参与者。**加快涉外经济法制化建设方面**,在非歧视原则、自由贸易原则和公平竞争原则下,我国集中清理法律法规和部门规章制度。对其中不符合世贸组织规则和我国入世承诺的,分别予以废止或修订。新修订的法律法规减少和规范了行政许可程序,建立健全了贸易促进、贸易救济、利用外资等涉外经济法律体系。通过大规模的清理和修订,我国对涉外经济体制和政策进行了全面的调整,使涉外经济体制与世贸组织的规则基本相一致。**进一步降低关税、削减非关税措施方面**,根据承诺,我国自2005年1月起全部取消对424个税号产品的进口配额、进口许可证和特定招标等非关税措施,仅仅保留了依据国际公约以及在世贸组织规

则下为保证生命安全、保护环境实施进口管制产品的许可证管理。2018年，我国关税总水平已降至7.5%。**外资准入方面**，2020年版外资准入负面清单正式实施，在服务业、制造业、农业推出了新的开放措施，在更多领域允许外资控股或独资经营，在自贸试验区继续进行开放试点，目标是构建更加开放、便利、公平的投资环境，促进更大范围的全球产业链合作。**进一步扩大服务市场开放方面**，我国先后在上海等地设立自由贸易试验区，在北京开展服务业扩大开放综合试点，在天津、上海、海南等地区开展服务贸易创新发展试点，有力地促进了服务业和服务贸易发展，服务贸易规模位居世界第二，电信、教育、医疗、文化等领域将是新一轮服务业开放的重点。**营造更为公平的市场竞争环境方面**，我国通过建立、完善涉外经济法律制度和执法监督机制，遏制与打击涉外经济中的侵权、倾销、走私、扰乱市场秩序等不公平竞争行为，努力为境内外企业提供公平、开放、透明的市场环境。我国政府依据国内法律和国际贸易规则，加强预警监测，同时利用贸易救济和反垄断调查等措施，对贸易伙伴的不公平贸易行为予以纠正，维护国内产业和企业的合法权益。在应对国际金融危机过程中，我国与国际社会一起坚决反对任何形式的贸易投资保护主义，严格遵守世贸组织相关规定，促进了境内外企业的公平竞争。

（八）推动开放与安全更好结合，在开放中有效维护了国家安全和发展利益

改革开放以来特别是加入WTO前后，我国按照国际通行规则改革对外经济管理体制，初步建立了与社会主义市场经济相适应、符合我国国情和发展阶段的对外开放体制新框架，有效维护了国家安全和发展利

益。利用外资方面，2011年2月，国务院办公厅下发《关于建立外国投资者并购境内企业安全审查制度的通知》，正式建立了我国针对外资并购的国家安全审查制度。2015年4月在新设广东、天津、福建等三个自贸试验区的同时，印发《自由贸易试验区外商投资国家安全审查试行办法》，将审查范围扩大到外资企业的绿地投资。2019年3月发布的《外商投资法》明确规定，国家建立外商投资安全审查制度。2020年12月，国家发改委、商务部发布了《外商投资安全审查办法》。**走出去方面**，建立境外安全风险预警和提示制度，指导企业加强境外风险防范和应对。与有关国家商签了各类政府间投资促进、产能合作、基础设施和合作区建设协议，为企业营造有利的外部法律环境。完善了境外涉我突发事件处置机制，有效维护我国海外人员和企业合法权益。**外贸可持续发展方面**，我国建立了较规范的出口管制体系。近年来，在清单管理、许可制度、最终用户和最终用途控制等方面进一步与国际接轨，完善了两用物项和技术进出口许可办理服务指南，建立了两用物项出口管制事中事后监管长效机制。**金融双向开放方面**，跨境资本流动的安全保障体系基本建立。外汇管理方式实现由重点管外汇流出转为流出流入均衡管理，逐步建立起资本流动双向均衡管理的制度框架，构建了宏观审慎管理框架下的外债和资本流动管理体系，提高跨境资本流动监管效率和安全保障能力。

二、"十四五"时期我国实行高水平对外开放的必要性和可能性

实现第二个百年奋斗目标必须坚定不移实施高水平对外开放。当前，疫情变化和外部环境仍存在诸多不确定性，世界经济形势仍然复杂严峻，

复苏不稳定不平衡，疫情冲击导致的各类衍生风险不容忽视。在这一背景下，我国更需要加快施行高水平对外开放，推动改革和开放相互促进，通过融入国际循环有效助力国内大循环提质升级，为经济持续恢复和高质量发展注入中长期动力。

（一）高水平对外开放对我国开启全面建设社会主义现代化国家新征程具有重要意义

高水平对外开放是新发展阶段的必然要求。我国即将完成全面建成小康社会的第一个百年奋斗目标，即将进入向第二个百年奋斗目标进军的新发展阶段，到2035年基本实现社会主义现代化，到21世纪中叶把我国建成富强民主文明和谐美丽的社会主义现代化强国。这意味着到2035年我国的生产力发展水平仍然需要再上一个巨大的台阶，生产关系为适应生产力发展需要也必然会发生巨大变革。这就要求我国持续提升对外开放水平，既要引进一切有利于发展生产力的资源和要素，为生产力进一步发展创造物质基础；也要充分借鉴发达国家现代化进程所取得的有益文明成果，破坏阻碍生产力发展的一切障碍，为生产力进一步发展创造制度基础。

高水平对外开放是新发展理念的重要体现。随着我国进入新发展阶段，我国社会主要矛盾已经转化为人民日益增长的美好生活需要和不平衡不充分的发展之间的矛盾，对未来创造物质文明和精神文明的能力提出了非常高的要求。历史经验表明，任何一个国家，如果忽视乃至放弃和其他国家、其他文明的交流、合作，很容易形成固化的发展路径、发展模式和管理体制，必然导致产出不能满足广大人民群众的需求，主要矛盾将日益激化。只有坚持开放发展的理念，主动顺应经济全球化潮流，持续扩大和外界的经贸、科技、人文等领域交流合作，不断吸收和创造各个具体领域的发展方式，才能及时调整自身的发展路径，为广大人民群众实现平衡、充分的发展奠定良好基础。

高水平对外开放是构建新发展格局的关键环节。当前，我国正在加速构建以国内大循环为主体，国际国内双循环相互促进的新发展格局，必须充分发挥国际循环对国内大循环升级的促进作用。从供给侧看，境外在高素质人才、先进技术、成功管理经验、新型运营模式等生产要素禀赋仍然优于境内，我国需要引进优质生产要素以直接提升或通过良性竞争的方式间接提升国内供给层级，推动国内大循环持续升级。从需求侧看，以发达国家市场为代表的国际市场需求质量仍然处于全球的"塔尖"位置，积极满足外部需求对我国企业提升核心竞争力、进而引领国内需求升级意义重大。因此，只有打破国内循环体系和国际循环体系之间存在的各种不合理藩篱和壁垒，推动优质要素、优质商品、优质服务在境内外自由流动，才能引导国内大循环向更高层次跃升。

（二）当前我国对外开放水平仍有较大提升空间

一是我国对世界经济的影响力仍有较大提升空间。量化分析表明，我国对全球经济的影响力在低层次的商品层面较强，而在较高层次的服务、资本、金融层面相对较弱。在商品贸易方面，自2017年至今，我国对外贸易占全球比重稳居全球第一位，2019年约为12%，较美国高出接近一个百分点，是日本的两倍以上。但在服务贸易层面，2019年我国服务贸易出口和进口占全球比重分别为8.7%和4.6%，均低于美国的9.8%和14.1%，其中出口占比差距尤其明显。在直接投资层面，2019年我国外商直接投资存量和对外直接投资存量占全球的比重分别为4.9%

和6.1%，和美国的26%和22.3%差距很大。在金融层面，2020年2季度末，人民币外汇储备仅占已分配外汇储备的2.05%，较美元的61.26%差距非常大，也显著落后于欧元、日元等国际货币。

二是我国在全球经济分工中所处的层次仍有较大提升空间。在全球价值链制造环节，我国所处分工层次持续上升，目前单位出口所创造的增加值已经上升到0.7以上，但相较美国等发达经济体的0.85左右，仍有明显差距。在品牌、营销、研发等全球价值链的服务环节，我国在全球经贸合作中的层次也在上升之中，但相较生产制造环节，我国和美国等发达经济体差距巨大，我国有76个品牌入选2020年全球最具品牌价值500强，远低于美国的206个。从跨国公司的全球化经营能力看，我国的大型跨国公司的跨国指数仅为0.15左右，和全球大型跨国公司平均高达0.65左右的水平仍然有较大差距。

三是我国国际经贸相关规则和发达国家通行规则的相容性仍有较大提升空间。一方面，在关税、外资准入等"边境"规则层面，我国的自由化程度较美国等发达经济体仍有一定差距，按照WTO提供的数据，2019年我国的最惠国平均关税水平为7.6%，较美国和澳大利亚分别高4.3和5.2个百分点，我国在电信（互联网）、教育、医疗、专业服务、文化等领域的开放水平也要低于发达经济体。另一方面，在知识产权保护、数字贸易、项目建设核准程序等和对外合作间接相关的"边境后"规则层面，我国和发达国家差异则更为明显。如在知识产权保护领域，我国至今尚未全面实施惩罚性赔偿制度，在知识产权侵权证据认定的要求也较发达经济体更为严格；在项目建设核准程序方面，我国在环评、安评等领域仍有相当一部分采取事前监管模式，客观上增加了企业的时间成本和资金成本；在数字贸易、国有企业、补贴政策乃至债券评级等具体行业规则领域,我国和发达国家更存在诸多差异。更为重要的是,虽然我国相关领域的法律体系已经较为完善,但各级政府并未完全杜绝"有法不依"的现象,不遵守协议、规则的现象仍然偶有发生。虽然发达国家的规则同样存在不合理或不适用之处,但其中相当一部分规则客观上有效发挥了促进创新、提升监管有效性、促进公平竞争等作用,各级政府也注重遵守法律,这对我国仍具有较强的借鉴意义。即便是在部分双方规则存在明显分歧的领域,也有必要加强规则协调和对话,逐步减少由于规则差异所增加的对外经贸合作成本。

四是主动创造开放合作新模式、新规则、新标准的能力仍有较大提升空间。随着全球化的深入发展,协同创新、平台共享、个性化跨国定制、第三方市场合作等新型经贸合作模式层出不穷,迫切需要创设新规则、新标准。当前,我国在跨境电子商务、跨境基础设施建设投融资、第三方市场合作等新型经贸合作领域的规模已经跃居世界前列,但制定相关规则和标准的能力却相对滞后。如在我国和主要合作方所签署的各类区域贸易协定、合作备忘录中,针对上述优势领域的具体规则设计相对偏少或限于原则性表述,对各方开展相关领域合作的促进作用有待进一步加强。

五是对外开放的平衡性仍有较大提升空间。虽然我国对外开放水平整体上在新兴市场国家中已经处于领先位置,但不同地区、不同领域的开放水平差距较大。从区域看,不但存在严重的东西部开放失衡,中西部各省市的对外贸易规模、利用外资规模仍然远低于东部省市,在西部地区内部也存在严重的核心城市和广大中等城市的开放失衡。从领域看,我国服务业的对外开放水平明显低于制造业,对外资企业从设立企业到开展业务均存在较多的限制,特别是电信、教育、医疗、专业服务、文化等行业的对外开放水平亟待提升。

六是高水平开放条件下维护国家安全的能力仍有较大提升空间。对外开放水平的持续提升，客观上便利了人、货物、服务、资本、数据等的出入境，有可能给国家安全带来新的挑战。如短期资本大量出入境会影响金融安全、重要数据出入境可能影响信息安全，等等。目前，我国在应对这类新挑战的过程中，操作层面的精准性、科学性和灵活性均有待提升，部分部门的自由裁量权相对偏高，在极少数情况下甚至采取了限制对外开放合作的措施。如何在具体工作中更多采取精准化管理、差别化管理的方式，在维护好国家安全的同时将对开放合作的负面影响降低到最小限度，是我国高水平对外开放未来必须解决的重大问题。

三、"十四五"时期我国实行高水平对外开放的主攻方向

（一）持续推动我国对外贸易高质量协调发展，全面提升在全球价值链中的位势

一是明确我国需提升在全球价值链位势的重点市场和主要商品。从商品看，可以将国际市场分为六大类：传统消费品市场（如服装、玩具等）、传统资本品市场（如压路机、收割机等）、新型消费品市场（如VR眼镜、智能手环、家用无人机等）、新型资本品市场（如3D打印设备等）、传统消费品和资本品的中间投入品市场（如化纤面料等）、新型消费品和资本品的中间投入品市场（如集成电路等）。显然，新型消费品、新型资本品以及其中间投入品的整条价值链市场增长潜力巨大，应作为我国稳定甚至提高出口全球份额的关键。此外，随着技术进步，大量服务由不

可贸易转为可贸易，扩大服务贸易出口的潜力也十分巨大。从市场看，国际市场可细分为三类：低端市场（主要是低收入经济体）、中端市场（主要是中等收入经济体）和高端市场（主要是高收入经济体）。未来三十多年，我国应着力占领中端市场，占据低端市场最终产品的价值链高附加值环节，巩固高端市场。

二是综合运用创新政策和产业政策有效改善要素禀赋。 贸易竞争力的核心是产业竞争力。首先，要坚持供给侧创新政策和需求侧创新政策同时发力，以推动各种创新主体的有机组合为重点实施供给侧创新政策。以加大公共研发投入、推动创新成果产业化为代表的供给侧创新政策作为创新的主要源泉，作为"面"上的创新政策；以政府采购、提高技术标准为代表的需求侧创新政策则针对关键性的、具有战略意义的重点领域，以在"点"上取得突破。其次，加快以选择性产业政策为主向功能性产业政策为主的转变，积极加大功能性产业政策实施力度。对集成电路、航空发动机等极少数领域继续保留一定的选择性产业政策，其他领域的选择性产业政策逐渐取消，同时实施普惠性降税、加大"软"基础设施投入等功能性产业政策。最后，进一步改革现行人才管理体制机制，大幅提升人力资源水平。建议进一步健全科研人才在企业、学校、研发机构之间的自由流动机制，大力加强职业技能培训力度，积极推进开放式创新合作，加快推进国际人才管理改革，有效吸收境外高端人才来华创新创业。

三是积极扩大进口。 以三类商品为重点，运用降低关税、推动标准互认等措施，积极扩大进口。首先是汽车、家用机器人、医药、医疗器械、化妆品、保健品等高端消费品，对提高我国居民生活服务质量、提升居民福利的积极效应十分明显。其次是各类先进设备和精密仪器仪表类商品。这类商品对我国提升科技创新能力、促进我产业向中高端环节跃升具有重要意义，未来仍会是我国和美国、欧盟等发达经济体开展贸易合作的重点。最后是优质农产品、优质能源和高档合金、新材料等高附加值资源型产品。扩大这些产品进口既有利于帮助进口合作方充分发挥自身比较优势更好融入全球价值链，也有利于我国提升相对短缺的土地、资源等生产要素的使用效率，加快形成资源集约型的发展方式。此外，充分借助进口博览会这一重大平台，运用大数据等信息技术明确扩大进口着力点，积极发展离岸贸易，提升进口对经济发展和服务业转型升级的促进作用。

四是大力发展贸易新业态。 新型的数字贸易、服务贸易、跨境电子商务等贸易业态具有较大发展潜力。在服务贸易领域，完善现有的服务贸易促进体系，大力发展面向设计开发、生产制造、售后服务全过程的检验检测、标准、认证、研发、工业设计等生产性服务，大力发展新型服务外包，并积极扩大相关服务出口。在数字贸易领域，鼓励发展文化艺术、数字出版、动漫游戏开发、软件开发测试、数据处理、信息管理、客户服务、供应链管理等新兴服务贸易出口。在保税业务领域，在海关特殊监管区积极发展保税物流、维修、检测、拆解、研发、设计、保税文化艺术品展示、保税货物质押融资等保税服务业务。在跨境电子商务领域，完善相应的海关监管、检验检疫、退税、物流、结算、外汇等支撑系统，加快推进跨境贸易电子商务配套平台建设，积极发展新型跨境电子商务贸易。此外，还应积极鼓励有条件地区发展市场采购贸易方式。

五是进一步提升贸易便利化水平。 提升贸易便利化水平是降低贸易成本、促进对外贸易发展最有效的举措之一。应持续减少进出口环节审批监管事项，深化通关一体化改革，全面推广"双随机、一公开"监管，推广应用"提前申报"模式。持续优化口岸通关流程,有效降低多式联运成本,加快探索口岸通关模式创新,推动进口通关时间和出口通关时间达到世界银行前二十位水平。持续加强国际贸易"单一窗口"建设,有效降低报关、货代、船代、物流、仓储、港口服务等环节经营服务性收费,降低贸易成本。加强和其他国家在检验检疫结果、报关单据格式等领域的互认工作,全面扩大海关"经认证的经营者"(AEO)互认范围,有效降低我国与合作方相应的非关税壁垒。

(二)大幅提升生产要素跨境自由流动水平,积极参与构建新型全球生产分工网络

一是以服务业为重点扩大外资市场准入。进一步放开医疗、教育领域股比限制,逐步探索音像制品制作、演出场所、娱乐场所等领域的外资股比和业务范围限制。在维护信息安全的前提下,探索有效扩大电信业对外开放,逐步放宽外资企业从事大数据、云计算等业务的限制。尽可能减少相关行业的部门准入许可,解决"大门开小门不开"问题。加快出台对中西部地区和特定行业利用外资的鼓励类政策。重点引进生产关键零部件、拥有核心技术的企业,鼓励相关企业在华设立生产研发基地,减少对美国相关高技术产品的依赖。强化各部门对各地区在海外设立招商机构的引资支持力度。

二是尽可能采取事中事后监管机制代替核准机制。从发达国家的经验看,无论是对企业设立、从事业务还是投资建设项目,大多数核准环节都可以运用事中事后监管模式进行。如事先不对企业从事业务的资质进行明确核准,但不定期或定期对企业进行核查,一旦发现企业有违反法律法规从事业务的行为,立即予以重罚。再如,事先可以不对企业进

行第三方环评，但要求企业签署相关承诺书，一旦在事中事后监管时发现企业并未有效遵守承诺，立即予以重罚。如果政府相关政策的透明度足够高，是完全可以做到既实现公共目标，又让外资企业高效便利化运作。特别是对于国家级开发区等重点开放平台，这种机制创新的效果是十分明显的。

三是以创新国际产能合作模式为抓手构建新型国际生产网络。支持有条件的企业发挥自身优势，通过绿地投资、合资、并购等方式在海外建立生产加工基地、研发中心和营销网络，提升企业的国际经营能力。积极推进境外经贸合作区建设，逐步形成集基础设施建设、产业园区建设、综合服务体系于一体的国际产能合作支撑体系，把境外经贸合作区建设成为高水平国际产能合作平台。切实遵循互利、合作、开放、包容的原则，按照国际法、国际惯例、商业原则的基本要求，结合各自产业互补优势，鼓励和支持企业组建联合生产、联合体投标、联合投资等新型合作模式开展第三方市场合作。

（三）加快推进制度型开放步伐，推动深化改革和扩大开放在更高层次上的有机统一

一是加快对接国际高水平经贸规则。深入研究国际经贸规则在传统"边境"领域、数字贸易等新兴"边境"领域以及知识产权保护、环境、政府采购、中小企业、产业政策等"边境后"领域的演变趋势，并和我国现行政策体系进行系统全面比较，明确"差距"和"差异"所在。注重将美国等少数国家的立场和全球经贸规则的大立场进行有效区分，把握全球经贸规则发展趋势的大方向。对知识产权保护、环境、政府采购、贸易便利化、关税减让、服务业开放等和我国经济高质量发展方向基本

一致的经贸规则体系,制定切实可行的深化改革、扩大开放方案。对国有企业、数字贸易等一些和社会主义市场经济制度存在分歧甚至冲突的领域,注重吸取其有益因素,在坚持原则的基础上加强和世界各国的制度协调,争取求同存异,互相借鉴,共同发展。

二是持续深化重点领域改革。当前,对外开放的重心由"边境"领域合作转向"边境"和"边境后"并重。从未来趋势看,"边境后"领域的开放,实际上是国内体制机制和国际经贸规则相协调的过程,而检验检疫等"边境"领域的开放,和国内相关部门体制机制的改革也密不可分。为此,应在顶层设计层面有效统筹完善中国特色社会主义市场经济体制和高水平制度型开放,为国有企业改革、商事制度改革、投资管理体制改革等重大体制机制改革做好顶层设计,实现改革和开放在更高层次上的统一。

三是在新兴领域统筹改革开放。随着新科技革命迅速发展,数字贸易、协同创新、系统解决方案、个性化定制等新型经济合作方式正在迅速发展,成为传统合作方式的重要补充。在这些领域,应从我国在更高层次上参与全球经贸合作的战略目标出发,统筹相关领域的国内体制改革和国际合作,逐步构建有利于我国占据合作主导权的相关体制机制,并逐步将其上升为国际通行经贸规则。

(四)高质量共建"一带一路",推动全球经贸合作模式创新

一是立足第二届国际合作高峰论坛成果,建立"一带一路"常态化组织机制。短期看,宜与我政治经济关系较为紧密的巴基斯坦、俄罗斯、哈萨克斯坦等国家共同推动形成由理事会、秘书处、国家领导人非正式会议、部长级会议等常设性机制构成的组织基本框架,之后再针对贸易

投资便利化、基础设施互联互通、结构性改革等充分体现组织宗旨的热点专题分别成立专门委员会予以推进。中长期看，可邀请更多支持"一带一路"倡议的发达经济体参与该组织，逐步打造成具有全球意义的经济合作大平台。

二是基于现有双多边合作协议，打造"一带一路"建设规划协同机制。短期看，应立足现有我国与沿线国家以及国际组织之间签署的双边合作战略协议，与合作方分别成立若干常设性工作组，具体负责双方发展规划衔接，共同推动实施一批重大工程项目。中长期看，可在"一带一路"国际组织下建立战略合作委员会、战略规划高级官员非正式会议等常设机制，以专门负责各成员国发展战略以及宏观经济政策协调沟通，推动沿线国家经济发展深度大融合。

三是整合亚投行等融资平台，健全"一带一路"融资安排机制。短期看，可由亚投行牵头，联合其他多边开发性金融机构、各国对外援助机构及国内开发性金融机构，就利率、项目担保等"一带一路"国家融资的相关规则进行深入探讨，逐步形成符合命运共同体理念、契合沿线国家利益诉求的开发性融资规则体系。中长期看，可在"一带一路"国际组织框架下建立"一带一路"融资联盟，加强与世界银行、亚行等国际机构合作。

（五）以积极参与WTO改革引领高标准自贸区战略，有效增强在全球经贸规则制定中的话语权

一是坚定维护以WTO为代表的多边贸易体制。坚持维护多边贸易体制的核心价值，保障发展中成员的发展利益，遵循协商一致的决策机制。坚定维护多边贸易体制的主渠道地位，抓紧解决上诉机构人选遴选

等当务之急，尽快纠正贸易救济措施滥用、特别是反倾销调查中的替代国做法，保证发展中成员的特殊与差别待遇，尊重成员各自的发展模式。

二是推动完善国际经济治理体系和治理框架。秉持共商共建共享的全球治理观，维护以规则为基础的多边主义和以联合国为核心的国际体系，支持联合国系统在全球治理进程中发挥关键平台作用。推动国际经济治理体系与时俱进反映全球经济格局变化和新兴市场国家的利益诉求，推动国际货币基金组织和世界银行改革，进一步完善份额和治理结构。支持二十国集团机制作为国际经济合作主要论坛的地位，积极参与亚太经合组织、上海合作组织、金砖国家合作机制等国际治理机制，切实推进亚洲基础设施投资银行、金砖国家新开发银行、金砖国家应急储备安排等机制建设，加强国际宏观政策协调。

三是积极提供具有中国特色的国际公共产品。坚持和平发展道路，维护现有国际体系，在力所能及的范围内承担更多国际责任和义务，推进重大国际地区问题妥善解决，为人类和平与发展作出更大贡献。坚守经济全球化和自由贸易立场不动摇，创新和丰富全球治理理念，提供更多具有中国特色的国际公共产品，密切同发展中国家在参与全球治理中的合作，助力恐怖主义、气候变化、粮食安全、能源安全、重大自然灾害等全球性挑战的应对和解决。

（六）以自贸试验区和自由贸易港为重点提升开放平台功能

一是将自贸试验区和自由贸易港作为新时代扩大开放的重要平台。顺应全球经贸规则演变大趋势，积极承接重大改革创新任务，在创设公平竞争市场环境、知识产权保护、数字贸易、产业链监管等领域大幅进行制度创新，超越程序性技术性的细节改革，深入调整政府与企业、市场的权利义务关系，进一步提升市场对资源配置的决定性作用，全方位打造媲美欧美发达经济的一流营商环境。同时，深入探索边境后领域国际高标准规制与社会主义市场经济体制的交汇点与接榫部，释放规则摩擦压力与风险，探索完善风险防控体系。具体而言，可探索以许可准入类为重点，率先缩短市场准入负面清单的范围，并适当引入WTO《政府采购协定》的相关规则标准等。将自贸试验区作为进一步放宽市场准入特别是扩大服务业开放的试验田，探索逐步放开教育、医疗、文化、电信、专业服务等领域的外资股比限制，为企业深度参与国际竞争、实现更高水平对外开放积累经验。此外，还应在贸易便利化创新、多式联运"一单制"改革等方面做出重大政策突破，探索和发达经济体在检验检疫领域的审核结果互认工作，大幅减少对进出境货物的申报和查验要求，推动优质消费品进入自贸试验区。

二是将各类开发区作为提升外资综合质量的体制机制创新重要载体。以国家级开发区为主要平台，推动开发区在项目建设、业务经营许可方面进行大幅度体制机制创新。具体而言，应将缩短项目建设时间作为开发区体制机制创新的重点，全面实施事中事后监管政策。同时，试点在开发区范围内对于广告、咨询、金融、保险等服务业以及民用航空器、医疗器械、化妆品、计量器具、特种设备等制造业的业务准入许可采取事中事后管理模式，允许企业先行开展业务，在事中事后监管中发现企业违反相关法律，则直接予以关停并处于重罚，必要时追究刑事责任。

三是以西部地区为重点扩大内陆沿边开放。积极推进西部陆海新通道等中西部地区陆海联运通道建设，完善向西开放通道网络布局，加强重点开放地区基础设施建设，打造一批具有多式联运功能的大型综合物流基地，在符合条件的地区配套建设具有海关、检验检疫功能的铁路口岸，全面提升西部地区基础设施互联互通水平。推动中西部地区全面对标世界银行营商环境指标体系，并选择一些产业基础好、营商环境优的三、四线城市打造产业转移集聚区，增强承接国际和沿海地区产业转移的能力。研究确定一批边境重点开放城市，提高城市层级，整合提升城市功能，增强辐射带动能力，面向毗邻国家深化区域次区域合作，提升贸易投资、人员往来便利化水平，打造西部边境经济增长极。针对电信、教育、医疗、专业服务、文化等知识密集型服务业出台高水平的开放措施，逐步解决对外开放的领域失衡。

（七）提升高水平开放经济环境下维护国家安全能力

进一步细化外商投资安全审查范围，提升重点领域、重点地区安全审查水平，增强地方外资安全审查能力建设。针对内资企业并购后转为外资企业等新问题完善安全审查和反垄断审查规则。将构建国家技术安全清单管理制度与完善出口管制体系相结合，对涉及国家安全和社会公共利益的出口物项与技术建立安全认证和风险评估制度。根据形势变化适时发布第一批不可靠实体清单并创造经典案例，在实践中不断完善不可靠实体的认定标准、惩戒措施和排除规则，有效维护我国企业利益和供应链安全。积极探索通过事中事后监管维护信息安全、基因安全等非经济安全的新机制，提升相关监管部门维护国家安全的科学化和精准化水平，为各类生产要素自由流动创造良好的外部环境。

CHAPTER VI

第六章

解决好种子和耕地问题

供给侧变化对中国粮食安全的影响及政策建议

杜志雄 韩 磊 高 鸣

一、问题的提出

粮食安全是国家经济安全的重要组成部分，与社会和谐、政治稳定、经济持续发展等息息相关。2020年，中国粮食生产实现历史性的"十七连丰"，2008年以来人均粮食占有量一直高于国际公认的400公斤安全线。中国用不到全球10%的耕地资源，生产了全世界25%的粮食，养活了全球约20%的人口，为世界粮食安全做出了重要贡献。保障国家粮食安全是一个永恒课题，任何时候这根弦都不能松。习近平总书记在2020年中央农村工作会议上强调："要牢牢把住粮食安全主动权，粮食生产年年要抓紧"。因此，研判中国粮食安全新形势、探析粮食安全影响因素及潜在风险具有重要现实意义。

粮食安全是涉及粮食供给、分配和消费三大领域和诸多环节的一系列连续的故事。尽管粮食安全涉及的领域较广，但粮食供给是影响粮食安全状况的最基本因素。就一国粮食供给而言，它是由本国生产

杜志雄，中国社会科学院农村发展研究所党委书记、研究员；韩磊，中国社会科学院农村发展研究所产业室副主任、副研究员；高鸣，农业农村部农村经济研究中心副研究员。

和国外进口来共同保障的。党的十八大以来，党中央确立"以我为主、立足国内、确保产能、适度进口、科技支撑"的国家粮食安全战略方针，为保障新时期的粮食安全明确了方向。按照"中国人的饭碗里应主要装中国粮"的要求，中国粮食自身供给对于保障粮食安全具有关键性作用。但是，国内粮食生产目前面临的资源环境约束日趋严峻，供给侧结构性改革仍有待深化。充分用好国内国外两个市场、两种资源，仍将是今后较长一段时期内保障国内粮食供给的思路与实践常态，也是构建以国内大循环为主体、国内国际双循环相互促进的新发展格局的必然要求。

近年来中国粮食生产领域和粮食进口形势呈现出一些新的变化和新的问题，导致粮食安全潜在风险增加。在中国粮食供给侧生产端，新型农业经营主体不断涌现、土地规模化经营快速发展，国内粮食生产在低价格与高成本的有限收益空间中积极谋求"提质增效"。在中国粮食供给侧进口端，以中美经贸摩擦、新冠肺炎疫情肆虐等为代表的风险因素积累，使中国粮食进口的外部环境面临着不少潜在挑战。

本报告试图分析当前中国粮食供给侧生产端和进口端的最新变化及其对粮食安全的影响，并提出增加粮食供给、保障粮食安全的政策措施。

二、供给侧生产端变化及其对粮食安全的影响

近年来，中国农业生产端发生了重要变化，特别是生产主体结构与行为、成本与比较收益以及供需匹配关系等方面。这些变化关系到粮食供给能力，进而其对国家粮食安全产生重要影响。

（一）粮食生产主体结构与行为变化对粮食安全的影响

随着城镇化推进和农村劳动力流出，农村土地也在快速流转。以专业大户、家庭农场、农民合作社、农业企业等为代表的新型农业经营主体不断涌现，土地规模经营不断发展。农业土地规模化经营之于粮食安全具有两面性，它在提高生产效率、增加产出等方面具有正面影响的同时，也在一定程度上存在"非粮化"现象，进而给粮食生产和粮食安全带来挑战并形成负面影响的可能性。

1. 新型农业经营主体不断涌现，土地规模化经营快速发展

中国的农业经营主体经历了由改革前的农民集体占主导的格局向改革初期相对同质性的农民家庭占主导格局的演变，再向现阶段的多元化经营主体并存、分工协作格局的转变。当前，以农户家庭经营为基础，以合作与联合为纽带，以社会化服务为支撑，以多种经营形式共同发展的立体式复合型现代农业经营体系日益形成、不断健全。这既是农业向现代化演进过程中的必然，又是历史传承的结果。

以利润最大化为目标的新型农业经营主体，在规模经济的驱动下，通常表现出规模化、集约化与商品化的特征。因此，规模经营的发展与新型农业经营主体的发展往往是同步的。第三次全国农业普查数据显示，2016年，在农业普查登记的20743万农业经营户中，以商品化经营为主的规模农业经营户有398万[①]。虽然中国农业规模经营农户的占比仍然较少，但近年来该比例明显上升。2009—2017年，经营规模在100~200

[①] 在第三次全国农业普查中，国家统计局将种植业规模化的标准定为：一年一熟制地区露地种植农作物的土地达到100亩以上、一年二熟及以上地区露地种植农作物的土地达到50亩及以上、设施农业的设施占地面积25亩以上。

亩（含 100 亩）的农户占比从 0.27% 提高到 0.35%，经营规模在 200 亩以上（含 200 亩）的农户占比从 0.10% 上升到 0.15%。2014—2017 年，农业农村部全国家庭农场监测的粮食类家庭农场的平均经营土地面积从 383.82 亩增加到 434.45 亩[①]。

2. 规模化生产下非粮化现象显现，粮食生产的稳定性和农业可持续发展受到威胁

规模经营的发展伴随着土地流转的发展，租赁土地是家庭农场等新型农业经营主体扩大规模的主要途径。截至 2017 年年底，全国家庭承包经营耕地流转面积 5.12 亿亩，流转面积占家庭承包经营耕地总面积的比重达到 37%[②]。在土地流转过程中，农业经营的土地成本从隐性的机会成本转变为显性的租金成本，而规模流转往往会进一步推高土地租金。农业农村部家庭农场监测数据显示，2017 年粮食类家庭农场经营的土地中，转入土地面积占比平均为 85.51%，粮食类家庭农场土地流转平均租金每年约为 532.51 元 / 亩。不断攀升的土地租金成为导致土地流转型农业规模经营主体收益下降或者亏损的重要原因。

相对于种粮收益而言，当前中国土地流转租金较高，这倒逼流入土地的农业经营主体更倾向于种植收益较高的经济作物。在粮食作物与非粮作物的劳动生产率存在巨大差异的情况下，非粮作物种植规模扩大时的相对和绝对劳动成本都快速上升，非粮作物种植比例随着土地经营规模的扩大而下降。但是，随着现代农业的发展和机械化水平的提高，粮

---

① 数据来源：农业农村部政策与改革司、中国社会科学院农村发展研究所（编著），2015、2018：《中国家庭农场发展报告》，北京：中国社会科学出版社。下文提到的"农业农村部全国家庭农场监测数据"均来自相关年度的《中国家庭农场发展报告》，因此不再一一标注数据来源。

② 数据来源：农业农村部：《新中国成立 70 年来我国粮食生产情况》，http：//www.moa.gov.cn/ztzl/70zncj/201909/t20190917_63 28044.htm。

食作物和非粮作物的生产效率差异在不断缩小,规模化生产下"非粮化"现象逐渐显现。同时,在土地适度规模经营中,大量工商资本和企业直接租赁农户承包地进入农业生产环节,其凭借敏感的市场意识、先进的科技支撑和较高的经营能力虽整体上看有利于现代农业发展,但资本逐利性与种粮比较收益降低的冲突会导致耕地"非粮化"趋势愈加显现,这不利于粮食的稳定供给及农业的可持续发展。

中国社会科学院农村发展研究所"国家粮食安全潜在风险及防范对策研究"课题组(后文简称"课题组")于2019年初对全国覆盖26个省(区、市)的275个村庄的调查结果显示,在耕地使用结构方面,随着土地经营规模的扩大,用于粮食种植的耕地面积在农业经营主体总经营面积中的占比趋于下降(见图1)。具体来说,2018年,土地经营规模在50~100亩的农业经营主体用于粮食种植的耕地占比为89.82%,经营规模在100~200亩、200~500亩和500~1000亩的农业经营主体用于粮食种植的耕地占比分别为81.31%、67.98%和48.50%,而经营规模在1000亩以上的农业经营主体用于粮食种植的耕地占比仅为29.43%。

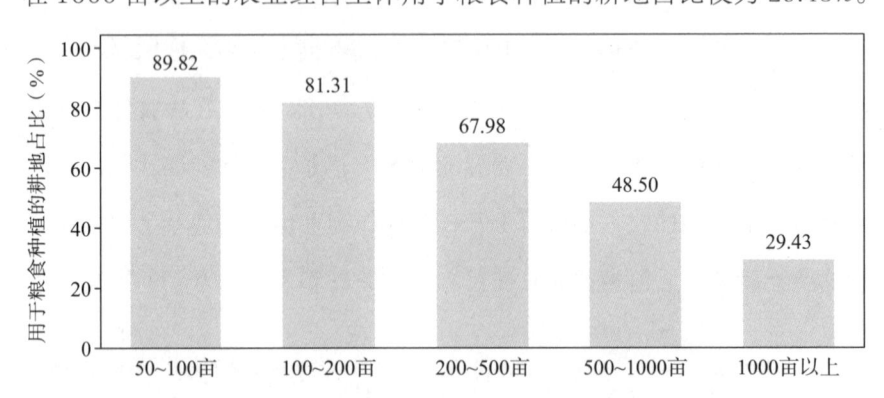

图1　2018年不同经营规模农户经营耕地中用于粮食种植的耕地占比

数据来源:根据中国社会科学院农村发展研究所"国家粮食安全潜在风险及防范对策研究"课题组2019年村庄调研的数据整理得到。

从农业农村部监测的家庭农场的情况来看,与 2016 年相比,2017 年有 53.19% 的粮食类家庭农场减少了粮食作物的播种面积。

3. 新型农业经营主体以质量效益为导向,土地经营规模扩大未必带来单产的提高

中国农业生产方式正在从以追求数量为主的粗放型向实现质量和效益并重的新型转变。早在 2015 年 2 月,农业部就出台了《到 2020 年化肥使用量零增长行动方案》和《到 2020 年农药使用量零增长行动方案》。双零增长行动方案实施以来,全国的化肥、农药使用总量均已呈现下降趋势,提前实现了到 2020 年化肥、农药使用量零增长的目标。国家统计局公布的数据显示,2015—2018 年,中国农用化肥使用折纯量从 6022.60 万吨持续下降到 5653.42 万吨;2014—2017 年,农药使用量从 180.69 万吨持续下降到 165.50 万吨。2017 年以来,中国实施旨在减少化肥用量和提高畜禽废弃物肥料化利用水平的"果菜茶有机肥替代化肥"项目,各地因地制宜进行探索,呈现出适合当地生产条件的多样化做法。

新型农业经营主体是中国高质量农产品供给的重要力量。新型农业经营主体更加关注绿色生产和有机食品,更加注重农业生态效益,是资源节约型和环境保护型技术采纳、应用的主力军。农业农村部的家庭农场监测数据显示,2017 年,在粮食类家庭农场中,亩均化肥施用量低于、等于和高于周边农户的农场分别占 38.33%、45.00% 和 16.67%,亩均农药使用量低于、等于和高于周边农户的农场分别占 43.52%、47.22% 和 9.26%。

但是,以绿色、环保技术应用为重要内容的农业生产方式转变和农业高质量发展也给粮食安全带来挑战。一方面,绿色、环保技术应用往往要求更高的投入并导致更高的成本,在国内农产品国际竞争力已明显不足的情况下，必然带来更大的竞争力差距。另一方面，有机肥等技术的应用往往要求相关农艺技术、农业生产管理的配套发展，否则就会出现土地单产的下降或土壤地力的下降。从实践来看，国内相关配套技术、管理与服务的发展是不足的，如果控制住其他增产因素，这种情形下单产可能会呈现短期或长期下降的趋势。

整体上看，新型农业经营主体的土地生产率通常低于普通小农户。与小农户相比，新型农业经营主体通过扩大经营规模，科学组合和集约利用各种生产要素，有助于劳动生产率的提高和单位面积生产经营成本的下降。但是，众多研究表明，土地经营规模与土地生产率之间存在"U"型关系，而要使中国种粮农户的平均粮食播种面积超过极小值拐点在客观上又很难实现，所以土地经营规模扩大对粮食单产具有负向影响，这将主导中国未来土地规模集中过程。而农业农村部家庭农场的监测数据显示，种植类家庭农场和粮食类家庭农场均表现出同样的规律，即随着土地经营规模的扩大，家庭农场的劳动生产率（劳均纯收入）均不断增加，土地生产率（亩均纯收入）不断下降[①]。因此，仅从保障供给的角度讲，中国土地经营规模的扩大和新型农业经营主体的发展，如无适当政策措施的跟进，其对粮食安全的潜在挑战不容忽视。

4. 规模化经营提高种植专业化，生产结构转变困难导致市场风险提高

与小农户相比，新型农业经营主体在规模化经营中专业化水平往往也在提高，主要体现在：一是生产结构更加专业化，二是社会资本和生产技术更加专业化，三是专用性固定资产投资增加。农业农村部家庭农

---

① 资料来源：农业农村部政策与改革司、中国社会科学院农村发展研究所（编著），2018：《中国家庭农场发展报告》，北京：中国社会科学出版社。

场的监测数据显示，2017年拥有拖拉机的家庭农场占比72.22%，拥有联合收割机、插秧机和烘干机的家庭农场占比分别为32.50%、19.17%和10.28%；而且随着经营规模的扩大，家庭农场拥有以上各类农机的数量和总价值均呈上升趋势。监测数据还显示，拥有仓库和晒场的家庭农场占比也较高，分别为80.97%和71.01%。

随着规模化与专业化的发展，农户生产结构调整的机会成本上升、弹性下降，并可能带来更大的生产经营风险。一方面，生产结构不能如小农户一样根据市场波动灵活调整，使市场风险加大。另一方面，生产设施与产出都具有很强的资产专用性，在不完全合约条件下会面临敲竹杠问题。对于粮食种植主体而言，以上问题会带来两方面的影响：一是已经从事粮食生产的新型农业经营主体，在粮食比较收益较低和经营风险较高情况下，在较低的利润水平上维持生存；二是面临生产决策的新型农业经营主体，更倾向于种植比较收益较高的作物。根据课题组2019年对全国275个村庄的调查结果，2018年，对于农民合作社和农业企业，粮食种植面积占总经营面积的比重分别仅有54.0%和32.4%。

（二）农户种粮成本收益变化对粮食安全的影响

近年中国粮食种植的成本不断上升，而国家从2014年开始对重要农产品价格形成机制和收储制度进行了改革，成为粮食价格持续下降的重要原因。在成本上升与价格下降的共同作用下，种粮利润不断压缩，农户种粮意愿逐步下降，这将对粮食生产与粮食安全产生重要影响。

1. 生产成本上升与价格下降并存，农户种粮利润空间不断压缩

近年来，中国稻谷、小麦和玉米生产的人工成本、土地租金等各项成本不断上升，尤其是2011年以来粮食生产成本快速上升（见图2）。

根据《全国农产品成本收益资料汇编》数据，2006—2018年期间，稻谷、小麦和玉米三大主粮的平均生产总成本从444.92元/亩上涨到1093.65元/亩。同期，三大主粮生产的平均人工成本从151.96元/亩上涨到419.24元/亩，平均土地成本从68.25元/亩上涨到224.86元/亩。

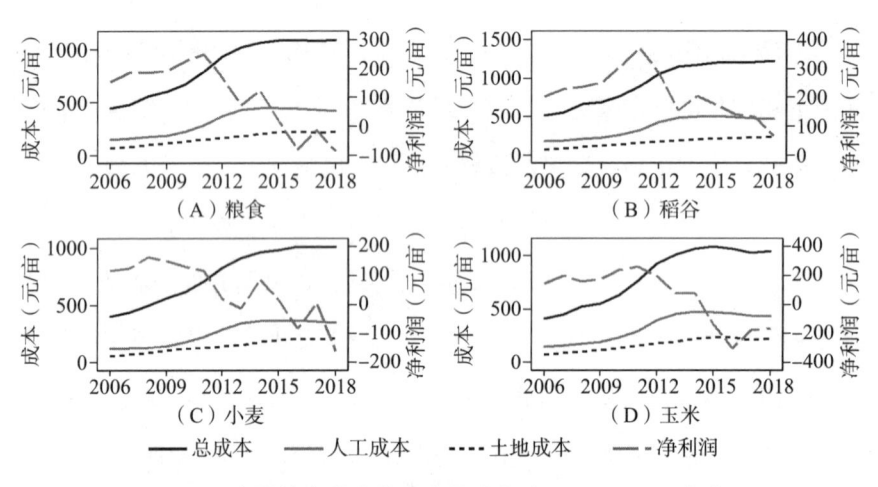

图2 中国粮食成本收益变化趋势（2006—2018年）

数据来源：国家发展和改革委员会价格司编：《全国农产品成本收益资料汇编》（2007—2019），北京：中国统计出版社。

从2014年开始，国家采取"分品种施策、渐进式推进"的办法，对重要农产品价格形成机制和收储制度进行了改革。2015年，国家首次降低了玉米临时收储价格；2016年启动了东北地区的玉米价格改革，取消了玉米临时收储并配套了玉米生产者补贴制度，并且首次下调了早籼稻最低收购价；2017年，全面下调了稻谷、小麦最低收购价；2018年，正式启动了稻谷价格改革，改革保留了稻谷最低收购价政策框架，但分别将粳稻和中晚籼稻价格下调了0.2元/斤和0.1元/斤。小麦最低收购价从2014年的1.18元/斤下降到2019年的1.12元/斤，粳稻最低收购价从1.55元/斤下降到1.3元/斤。根据农业农村部监测数据，玉米集贸市场价格从2014年9月的1.35元/斤下降到2019年9月的1.06元/斤。在生产成本不断攀升与粮食价格不断下降的背景下，2012年以来种粮的利润空间不断压缩。根据《全国农产品成本收益资料汇编》数据，三大谷物的平均净利润从2011年的250.77元/亩下降到2018年的-85.48元/亩。

2. 农业支持农户家庭生计的功能不断弱化，农户种粮意愿普遍下降

从20世纪80年代初以来，经营性收入占农村居民家庭人均可支配（纯）收入的比重不断下降，而工资性收入占比不断上升。2015年，工资性收入占比达到40.27%，经营性收入占比下降到39.43%，第一次出现工资性收入比重超过经营性收入；到2018年工资性收入和经营性收入占比分别为41.02%和36.66%。粮食生产比较效益低，包括粮食生产在内的种植业收入占农民纯收入的比例从1984年的56.13%下降到2013年的25.11%（见图3）。

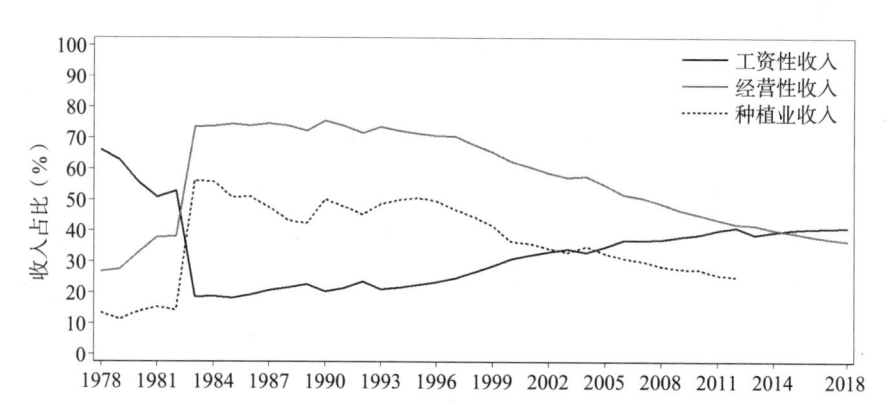

图3 农村居民家庭工资性收入和经营性收入占比变化趋势（1978—2018年）

数据来源：国家统计局网站（http://data.stats.gov.cn/）。

种植业（粮食生产）在农民收入结构中重要性的显著下降，农业支持家庭生计的功能在不断弱化，而且粮食生产由于比较效益低、财政贡献小，一定程度上影响了种粮区地方政府抓粮食生产的积极性。在上述两方面因素的共同作用下，农民从事粮食生产的积极性减弱，耕地撂荒现象比较普遍。自然资源部的数据显示，近年来全国每年撂荒的耕地约3000万亩。根据对全国山区县的调查研究，2014—2015年78.3%的村庄出现土地撂荒（指完全停止耕种，不包括季节性撂荒和休耕）现象，耕地撂荒率为14.32%。

3. 农业优质劳动力流失严重，粗放式生产影响粮食生产效率和质量

近年来，与粮食种植亩均净利润不断下降对应的是城镇单位就业人员平均工资的不断上涨，从事粮食种植的劳动力机会成本不断上升。这将对粮食种植主体和粮食生产方式产生重要影响。种粮劳动力机会成本的上升会驱使更多的年轻人进城务工从事非农行业，随着农村大量青壮年劳动力转移至城市非农就业，农业优质劳动力流失问题凸显，中老年及妇女农村劳动力成为农业生产经营的主力。

根据第三次全国农业普查主要数据公报，2016年全国农业生产经营人员约为3.14亿人，其中年龄55岁及以上的农业从业人员占比约为33.6%，初中及以下受教育程度农业从业人员占比约为91.7%。而留在农村从事粮食种植的中老年及妇女群体大多采用粗放型种植方式，对于良种改善、先进机械设备和技术以及绿色生产技术采用的积极性和主动性较低，进而影响粮食生产效率和质量。根据相关研究，家庭农场的农场主的受教育年限越长，农场采用绿色生产技术的概率越高；年轻的农场主更倾向于采用绿色病虫害防控技术和施用有机肥。

（三）粮食供给与需求的匹配错位对粮食安全的影响

随着中国经济的发展和收入水平的提高，居民食物消费结构转型升级。但在"保产量"政策导向下，农业生产结构与食物消费升级趋势之间存在偏离。中国粮食供需在结构和质量方面的匹配错位对未来保障粮食安全带来挑战。

1. 居民食物消费结构转型升级，粮食供给与需求匹配错位

随着中国居民收入水平不断提高，食物消费结构也相应发生了重大变化。由传统的粮食消费为主向注重营养搭配转变，食物消费中粮食等主食消费比例减少，肉蛋奶和水产品等动物性食品比例增加。根据联合国粮农组织（FAO）的统计数据，1980—2013年，中国居民每年人均小麦、大米、玉米和大豆的消费量变化不大，但肉蛋和水产品消费量大幅上升，猪肉消费量从11.39千克/人增加到38.43千克/人，蛋类消费量从2.51千克/人增加到18.76千克/人，水产品消费量从4.41千克/人增加到35.14千克/人（见表1）。肉蛋奶产品消费的快速增加使得畜牧业得到快速发展，1978—2018年中国农林牧渔业产值中，牧业产值占比从14.98%上升到25.27%，而农业（种植业）产值占比从79.99%下降到54.11%。

表1　中国居民人均食物消费量变化

单位：千克/人，%

种类	1980年	1992年	1996年	2013年	1980—2013年增长幅度
小麦	59.02	79.11	78.36	63.36	7.35
大米	75.36	73.58	77.50	78.18	3.74
玉米	4.77	5.14	7.87	6.78	42.14
大豆	3.88	0.75	4.48	3.66	−5.67
猪肉	11.39	20.99	23.59	38.43	237.40

续表

种类	1980年	1992年	1996年	2013年	1980—2013年增长幅度
牛肉	0.29	1.37	2.50	5.12	1665.52
羊肉	0.45	1.04	1.45	3.13	595.56
禽肉	1.33	3.74	6.40	13.20	892.48
蛋	2.51	7.72	14.34	18.76	647.41
水产品	4.41	12.25	22.13	35.14	696.83

数据来源：张在一、毛学峰、杨军，2019：《站在变革十字路口的玉米：主粮还是饲料粮之论》，《中国农村经济》第6期。

另外，课题组基于中国健康与营养调查数据（CHNS）的研究发现，2004—2011年中国城乡居民食物消费结构演变呈现以下特征：（1）来自谷物的能量在膳食能量总摄入量中的占比不断下降，从2004年的55.7%降至2011年的43.1%；而营养需求的增长主要体现为蛋白质摄入量的增长。（2）城镇居民的人均谷物消费量和膳食能量总摄入量中谷物能量占比明显低于农村居民，而且这种差距随着收入的增长明显扩大。2011年，城镇居民谷物能量占比为35.4%，而农村居民谷物能量占比为22.6%；最低收入组城镇居民每人每日谷物消费量比农村居民低12.1%，最高收入组这一差距扩大到22.2%。（3）优质及特色谷物在谷物总消费中的占比有快速增长趋势，且优质及特色谷物消费在城镇居民谷物消费中的占比更高，而且增速也更大。

在居民食物消费转型升级的背景下，当前中国粮食供需匹配还存在错位现象。一方面，在国内粮食产量居于高位、粮食市场对外开放程度不断提高的背景下，当前中国粮食供求总量宽松与粮食结构供需矛盾突出共存。近几年，作为口粮的稻谷和小麦的国内产出始终维持在较高水平，但国内消费增长乏力，尽管贸易量保持相对稳定，但是其库存不断提高；对于玉米而言，2016年以来随着价格市场化，国内玉米的饲料消费量快速增长，去库存效果明显；中国自1996年成为大豆进口国以来，大豆进口量持续快速增长，是严重供不应求粮食品种。2015—2018年间，中国大米库存消费比从66.1%上升到72.4%，小麦的库存消费比从64.4%上升到95.9%，中国玉米库存消费比从2015年的72.5%下降到2018年的49.8%。2018年，国内大米产量占消费量的比重为95.99%，而对于小麦、玉米和大豆而言，产量占消费量的比重为103.79%、90.33%和15.28%。从农业农村部对粮食生产量和消费量的预测来看，未来10年以上产品供需形势还将延续下去（见表2）。

表2 中国粮食生产、进口与消费预测

单位：万吨

类别		2018年	2022年	2026年	2028年
大米	生产量	14850	15006	15525	15650
	进口量	308	373	432	460
	消费量	15471	15747	15949	16011
小麦	生产量	13143	13091	13301	13490
	进口量	310	438	507	516
	消费量	12663	13159	13716	13986
玉米	生产量	25733	28253	31220	31919
	进口量	352	487	624	650
	消费量	28487	29893	32148	32825
大豆	生产量	1600	2055	2124	2140
	进口量	8806	9220	9623	9886
	消费量	10470	11082	11599	11882

注：2018年为实际数据，2022年、2026年和2028年为预测数据。数据来源：农业农村部市场预警专家委员会，2019：《中国农业展望报告（2019—2028）》，北京：中国农业科学技术出版社。

另一方面，在品质和多元化方面，粮食供给与需求还不能完全匹配。

随着收入和消费水平的提高，城乡居民对农产品的消费需求日益呈现优质化、个性化和多样化的趋势，品质消费、品牌消费、安全消费、绿色消费、体验消费等日益成为农产品消费需求新的重要增长点，甚至满足居民对农耕文化、农业科教和生态价值的需求，也日益成为农业创新供给追求的"新常态"。但是，中国稻谷和小麦最低收购价政策均未体现"优质优价"，农民种植行为存在重产量轻品质现象，导致普通粮过剩与优质粮不足并存。以小麦和稻谷为例，当前国内对优质强筋小麦的需求约为700万吨，而产量还不到400万吨；国产优质粳稻占比约为30%，优质籼稻占比约为10%。

2. 消费结构升级引致种植结构调整，保障口粮绝对安全的政策成本上升

居民对畜产品的需求不断增加，对食物优质化、个性化和多样化的追求日益增强，这影响了农产品的市场供求关系、价格和收益水平，进而引致中国种植结构的调整。一方面，在政策层面，受土地和水资源的约束及可持续发展目标的导向，中国2015年提出优化农业生产结构，开展"粮改饲"试点，并调减"镰刀弯"地区玉米种植面积，试点县从2015年的30个增加到2017年的431个；2016年起开展耕地轮作休耕制度试点，轮作休耕试点面积从最初的616万亩增加到2018年的2400万亩，到2020年将达到5000万亩以上。以上政策调整是2016年以来中国粮食播种面积减少的重要原因，根据国家统计局的数据，2017年全国粮食播种面积减少了1862万亩，2018年又减少了1426万亩。

另一方面，在农户决策层面，由于饲草种植的收益要高于粮食作物，农户也更倾向于种植牧草。根据高海秀等（2019）的研究，2017年首蓿、黑麦草和青贮玉米的亩均纯收益分别达到585.23元、465.59元和623.66元，小麦、玉米和水稻的亩均纯收益则为136.19元、135.03元和440.44元；2010—2017年，虽然以上作物的纯收益均有所下降，但是粮食作物纯收益的下降速度显著快于牧草，较高的比较收益提高了农户种植牧草的积极性。国家统计局数据显示，中国青饲料的种植面积从2014年的158.37万公顷增加到2017年的187.41万公顷。

在政策推动和农户自发调整的共同作用下，中国种植结构的调整实现了由传统的粮食生产到饲料直接向生产饲草的转变，这种转变从某种程度上讲减少了成本、节约了资源，但同时也导致粮食种植面积下降。与此同时，文化传承、生态保护和旅游体验等农业多功能的开发也会占用土地，使得粮食安全的潜在风险日益加大。在这种背景下，要实现"谷物基本自给、口粮绝对安全"的粮食安全目标，国家需要投入更多的补贴资金，以提高农户种粮积极性，保证足够的粮食种植面积。这无疑使保障粮食安全的政策成本大幅上升。

三、供给侧进口端变化及其对粮食安全的影响

（一）粮食进口规模与结构变化对中国粮食安全的影响

中国粮食供给侧进口端的变化，首要的影响因素是进口规模以及与之相伴的进口品种结构的变化，即中国主要进口了哪些粮食，各自的数量又是多少。这反映了中国利用国外粮食资源与市场的基础能力强弱，影响着中国能否把粮食安全的"饭碗"端在自己手中，而且把"饭碗"端平。

1. 进口规模保持增长，一定程度上缓解了国内粮食生产压力

如图 4 所示，中国主要四类粮食（稻谷、小麦、玉米与大豆）的进口规模整体上保持着持续增长的势头。四类粮食的进口规模由 2001 年的 1491 万吨增长至 2017 年 10665 万吨的峰值水平，约是 2001 年的 7.15 倍；2018 年与 2019 年的粮食进口规模也都维持在 9700 万吨以上的高位水平。

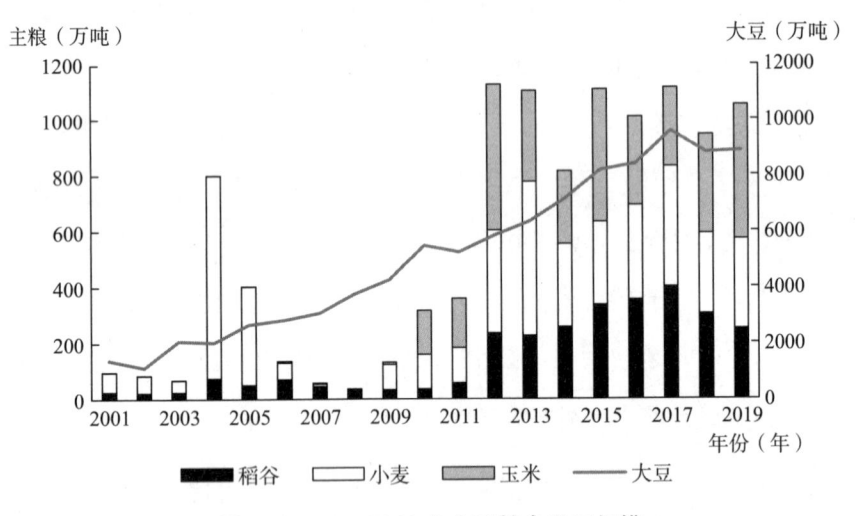

图 4　2001—2019 年中国粮食进口规模

资料来源：依据 International Trade Centre Trade Map（https://www.trademap.org/Country_SelProductCountry_TS.aspx?nvpm）的公开资料整理而得。

从各类粮食进口规模的具体变化可以看出，三类主粮的年进口总量不超过 1200 万吨，进口规模在近二十年特别是 2012 年以来保持了基本稳定。相比之下，大豆一直是中国最重要的进口粮食产品，其进口规模增长是中国粮食进口规模持续增长的最主要动因。大豆进口规模在 2001—2019 年增长了约 5.36 倍，在 2017 年达到 9553 万吨的峰值水平，在 2018 年与 2019 年基本保持在 8800 万吨的水平上。

从虚拟耕地等资源贸易的视角看，粮食进口规模的增长，很大程度上缓解了国内粮食生产面临的资源环境压力。一方面，在农业与粮食生产空间的拓展受到限制的背景下，粮食进口规模的持续扩大明显提高了国内粮食市场的供应能力；另一方面，粮食进口规模的持续扩大也让有限的资源环境能够"松口气""缓缓劲"，有助于通过轮作休耕、高标准农田建设等政策措施，深化农业供给侧结构性改革，落实"藏粮于地、藏粮于技"的长远战略。因此，可以认为，中国粮食进口规模特别是大豆进口规模在近二十年来的快速增长，是中国充分利用国际市场与国外资源的具体表现，平衡了中国粮食市场供应中国内生产与国外进口之间的关系，粮食供应能力不断得到夯实，粮食安全在两个市场、两种资源之间变得更加平衡。

2. 进口结构稳中有优，有助于满足国内市场消费需求

在进口规模持续增长的同时，中国粮食进口状况变化的另一个关键方面是进口结构的变化。随着粮食国内生产规模与国外进口规模的持续增长，全社会对于粮食的消费需求由"吃得饱"向"吃得好"与"吃得放心"转变。粮食进口结构能否及时有效地对市场需求的变化做出反应，同样是衡量中国是否有足够的粮食供应能力、影响粮食安全的"饭碗"能否端平的重要方面。近二十年来，中国的粮食进口结构稳中有优，主要表现为如下两个方面。

首先，中国的大豆进口比例稳中有降。上述分析已经表明，大豆是中国进口粮食中最重要的品种，占中国每年粮食进口总量的绝大部分。2001年，中国大豆进口规模约占四类粮食进口总量的93.46%，2008年达到99%的峰值水平。不过，近十年来，尽管中国大豆进口的绝对规模在保持增长，但其比例却呈现出较为明显的下降趋势，目前基本维持在

90%左右的水平上。

对大豆的消费实质上更多地表现为对肉蛋奶类农产品以及相关植物油的消费。为了在数量、价格与品质上满足全社会对大豆的消费需求，中国大豆的进口比例一直处于较高水平。不过，为了强化在大豆供应上的自主能力，中国也开始通过采取大豆生产者补贴等一系列政策措施来鼓励国内大豆的生产，使得大豆的进口比例有所下降。

其次，在进口的主粮特别是在稻谷与小麦中，高品质与多样化品种的进口规模不断增长。就中国目前的粮食生产特别是稻谷生产而言，比总量问题更为突出的是结构问题。在稻谷品种不断更新改良的背景下，中国稻谷的种植结构亟待优化，国内生产的有限优质稻谷难以满足市场需求的快速升级。对此，中国在近年来进口了更多的高品质稻谷与小麦，主要用于满足不同人群对主粮的多样化消费需求，站在满足全社会最需要的粮食品种角度来保障粮食安全。

由此可以看出，近二十年来，中国在粮食进口规模迅速增长的同时，大豆与主粮、主粮内部品种之间的进口结构稳中有优。这既是对于国内粮食市场需求变化的有效反馈，也有效满足了全社会对粮食消费的新需求，使得粮食安全在品种结构方面更加平衡。

（二）粮食进口渠道变化对中国粮食安全的影响

中国粮食进口规模的增长与结构的优化，有助于实现粮食供应在国内生产与国外进口之间的平衡，以及供给侧与需求侧之间的平衡，进而将粮食安全的"饭碗"端得更平。除粮食进口规模及其结构的变化外，粮食进口渠道的变化同样是影响中国粮食安全的重要方面，决定着中国粮食安全的"饭碗"能否端得稳。

1. 进口来源不断拓展，规避粮食进口渠道单一带来市场风险的能力有所提升

2001年，中国仅分别从1个国家进口了超过1万吨的稻谷与玉米，仅从3个国家进口小麦，从5个国家进口大豆。而在2019年，中国从7个国家或地区进口超过1万吨的稻谷与小麦，自5个国家进口玉米，自8个国家进口超过1万吨的大豆。整体而言，中国的粮食进口渠道不断拓展，与更多国家和地区建立了稳定的粮食进口贸易关系，进口渠道更加多元，规避粮食进口渠道单一带来市场风险的能力有所提升。

除了进口渠道的绝对数量，市场集中度（concentration rate，简称"CR"）同样也可以用来衡量进口渠道的多元化程度，进而判定粮食进口渠道风险。本文中，CRn表示中国从排在前n名的进口来源国所进口的粮食比例。图5以CR1与CR3为衡量指标，展示了近二十年来中国四类粮食进口集中度的变化情况。如图5a与图5b所示，中国稻谷与小麦的进口集中度在近二十年来表现出相对明显的降低趋势，进口渠道朝着多元化的方向不断发展。

不过，相较于稻谷与小麦，玉米与大豆进口渠道的多元化并没有明显改变进口集中度。具体而言，近二十年来，中国玉米进口的CR1尽管产生了较大的波动，但目前的水平仍基本与2001年86%相当；其CR3也始终处于接近100%的高位水平上，未发生明显的改变。而中国大豆进口的CR1在较长一段时期内都基本保持在40%~50%的区间内，但受中美经贸摩擦的影响，2018年与2019年大豆进口的CR1有了明显提升。与玉米相似，中国大豆进口的CR3也基本保持在100%的高位水平上，未发生明显改变。

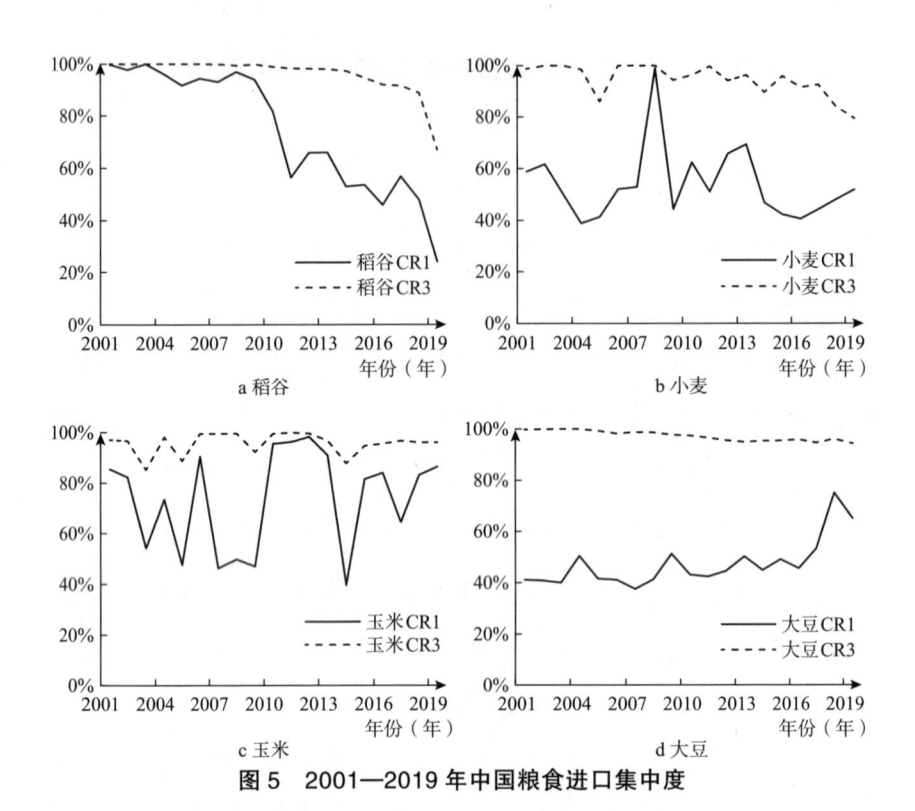

图 5 2001—2019 年中国粮食进口集中度

资料来源：根据 International Trade Centre Trade Map（https://www.trademap.org/Country_SelProductCountry_TS.aspx?nvpm）的公开数据整理而得。

综合来看，近二十年来，中国的粮食进口来源国在数量上明显增多，粮食进口渠道更加广阔，有越来越多的国家或地区与中国建立了相对稳定的粮食贸易关系。并且，从粮食进口集中度的变化来看，稻谷与小麦的进口集中度有明显降低，玉米与大豆的进口集中度基本保持平稳，进口来源渠道对特定区域和国家的依赖程度稳中有降。由此可以认为，中国粮食进口渠道正朝着更加多元的方向发展，规避粮食进口渠道单一带来市场风险的能力有所强化，供应国内粮食市场的能力在稳定中不断强化。

2."一带一路"倡议推进，粮食进口的主动权得到强化

在中国粮食进口渠道不断朝着多元化方向发展的基础上，自 2013 年提出"一带一路"倡议以来，中国粮食进口渠道的重心开始朝"一带一路"沿线区域转移，并且已经和"一带一路"沿线区域建立了较为稳定的粮食进口贸易关系。如表3所示，从近十年来的粮食进口主要来源国可以看出，中国粮食进口的来源与渠道重心已经表现出向"一带一路"沿线区域转移的势头，特别是在小麦与玉米的进口上。

表3　中国粮食进口的主要来源国

单位：%

品种	2001—2004年 来源国	比例	2005—2009年 来源国	比例	2010—2014年 来源国	比例	2015—2019年 来源国	比例
稻谷	泰国	97.61	泰国	93.80	越南	57.70	越南	46.35
	越南	1.95	越南	4.65	泰国	22.59	泰国	26.83
	—	—	老挝	1.30	巴基斯坦	17.46	巴基斯坦	14.41
	—	—	—	—	—	—	缅甸	4.91
小麦	加拿大	39.27	加拿大	33.46	美国	40.26	加拿大	32.40
	美国	38.13	澳大利亚	33.15	澳大利亚	39.80	澳大利亚	31.07
	澳大利亚	21.34	美国	21.37	加拿大	14.59	美国	21.63
	法国	1.17	法国	11.02	哈萨克斯坦	4.08	哈萨克斯坦	9.82
玉米	泰国	62.99	老挝	34.56	美国	85.41	乌克兰	80.91
	越南	22.11	缅甸	31.34	乌克兰	7.46	美国	10.88
	缅甸	7.06	缅甸	28.57	老挝	2.24	老挝	3.65
	美国	3.78	泰国	4.58	泰国	2.21	缅甸	2.29
大豆	美国	43.54	美国	42.11	巴西	42.25	巴西	57.79
	巴西	28.93	巴西	34.90	美国	41.30	美国	29.49
	阿根廷	27.42	阿根廷	21.42	阿根廷	12.31	阿根廷	7.83
	—	—	乌拉圭	1.34	乌拉圭	3.14	乌拉圭	2.24

注：表中"—"表示进口的相对规模不足1%的国家或地区；表中仅列出了排在前2~4名的进口来源国及所进口的粮食比例，因此，存在部分比例加总不为100%的情况。

资料来源：根据International Trade Centre Trade Map（https://www.trademap.org/Country_SelProductCountry_TS.aspx?nvpm）的公开数据整理而得。

近十年来，中国自巴基斯坦进口的稻谷数量持续增加，约占中国稻谷进口总量的15%。从哈萨克斯坦进口的小麦无论是绝对数量还是相对规模都不断增长，绝对数量从25万吨增长至约40万吨，所占比例也从8.45%提高至12.43%。此外，2017—2019年，中国还累计从立陶宛与俄罗斯共进口了约36万吨的小麦。

从玉米进口来源国的变化看，在2015—2019年，乌克兰已经成为中国最大的玉米进口来源国，相对规模约占80%。同时，2013年起，中国也开始从俄罗斯与保加利亚进口玉米，虽然其规模相对有限，但表明中国正积极推进"一带一路"倡议下的农业与粮食合作。2013年以来，中国与俄罗斯、乌克兰、哈萨克斯坦的大豆贸易关系愈加密切，累计从三国进口了约300万吨，这相对于中国年进口的大豆的总量而言还微不足道，但其显示出"一带一路"沿线区域已经开始成为中国大豆进口潜在替代进口市场的趋势。

从2013年以来中国粮食进口主要来源国的具体变化可以看出，自"一带一路"倡议被提出以来，中国与"一带一路"沿线区域的农业合作不断深化，粮食贸易持续推进。特别是在小麦与玉米的进口方面，以哈萨克斯坦与乌克兰为例的"一带一路"沿线国家开始成为中国重要的粮食进口来源国。相较于欧美国家，"一带一路"沿线国家有着更强的地缘优势，也具有较大的粮食增产潜力。中国粮食进口渠道的重心向"一带一路"区域转移，从根本上有利于中国粮食进口的主动权与国内粮食供应能力得到进一步强化，从供给侧进口端把粮食安全的"饭碗"端得更稳。

（三）粮食进口价格变化对中国粮食安全的影响

粮食进口价格同样是影响中国粮食安全的关键因素：一方面，粮食进口价格的波动会影响国内粮食与食品价格；另一方面，粮食进口价格与国内粮价之间的差距，是衡量国内粮食市场竞争力的重要指标，影响着"装自己的粮食"这一更高层次目标的顺利实现。

1. 进口粮价波动减弱，助力国内农产品的价格稳定

衡量一国粮食供应能力的高低，不仅要关注总量与结构变化状况，而且要看其所供应粮食的价格是否稳定，能否使全社会的粮食消费形成相对稳定与合理的价格预期。特别是对于进口依赖程度相对较高的国家或品种而言，粮食进口价格的稳定状况，直接关系着国内粮食与食品价格的稳定程度。

图6展示了近二十年来中国四类粮食进口价格的波动情况，从中可以明显看出，以2012年为界，中国的粮食进口价格整体趋向稳定，波动逐渐减弱。同时，通过横向比较可以看出，玉米与大豆进口价格的波动减弱趋势更为明显：2016年以来，玉米进口价格的波动率保持在10%以内，大豆进口价格的波动率则维持在5%以内。

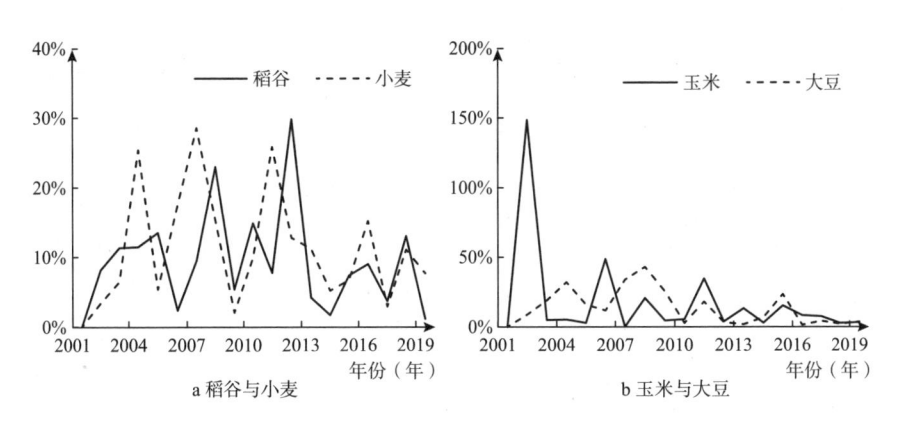

图6　2001—2019年中国粮食进口价格波动率（绝对值）

资料来源：根据International Trade Centre Trade Map（https://www.trademap.org/Country_SelProductCountry_TS.aspx?nvpm）的公开数据整理而得。

2012年以来中国粮食进口价格波动的平缓，既缘于国际粮食价格的基本稳定，也是中国粮食进口发挥"大国效应"的具体表现，还是中国在争取粮食价格话语权方面的有效成果。而进口粮食价格波动的减弱，特别是大豆与玉米进口价格的基本稳定，则为国内粮食与食品价格的整体稳定提供了有利的外部条件。

由此可以看出，2012年以来粮食进口价格波动的减弱，特别是大豆与玉米进口价格的平稳，为国内粮食价格特别是粮食饲料用途视角下食品价格的稳定提供了相对有利的外部条件，使国内的粮食市场供应在总量充足与结构平衡的基础上实现了价格剧烈波动可能性的降低。

2. 粮价倒挂一度加剧，凸显国内粮食市场竞争劣势

粮食进口价格对中国粮食安全的影响，不仅体现在价格波动上，还表现为粮食进口价格低于国内粮食价格会降低国内粮食的市场竞争力。大量低价进口粮食向国内的涌入，尽管能够在一定程度上与一定时期内改善粮食消费者的福利状况，但长期来看，这容易导致国内农民种粮积极性的降低，造成国内粮食生产端的弱化。

图7展示了2001—2018年四类粮食国内价格与进口价格之间的差距。从图7a可以看出，近二十年来中国稻谷的进口价格明显高于国内价格。但较高的进口价格反映的是中国进口了较多高品质稻谷的现实。实际上，中国稻谷的价格优势与竞争优势相对有限，并且近年来在比较优势上有所下降。小麦与玉米的国内价格与进口价格的相对变动状况（见图7b和图7c）比较相似，在21世纪初，中国小麦与玉米的国内生产一度具有一定的价格竞争优势，但都在2007—2008年间开始失去这种优势，最终出现国内外粮价倒挂不断加剧的变化趋势。这也就表明，相较于稻谷，中国玉米与小麦在市场竞争力上的问题更为严重，更容易受到

国外低价进口粮食的冲击。

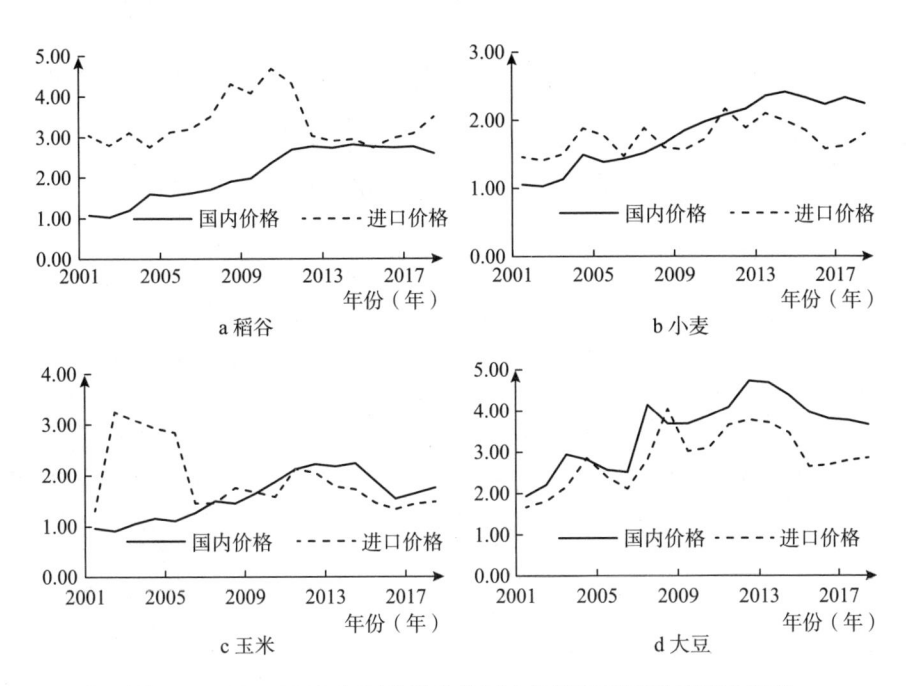

图7 2001—2018年四类粮食的国内价格与进口价格波动状况

注：粮食国内价格为《全国农产品成本收益资料汇编》中统计的平均出售价格；粮食进口价格=粮食进口额/粮食进口量×当年汇率。

资料来源：根据 International Trade Centre Trade Map（https://www.trademap.org/Country_SelProductCountry_TS.aspx?nvpm）的公开数据和《全国农产品成本收益资料汇编》[①]整理而得。

不同于三大主粮国内价格与进口价格的相对变化状况，近二十年来，中国大豆的进口价格持续低于国内生产价格（见图7d），国内大豆在市场价格方面呈现明显的竞争劣势。结合大豆大规模进口的状况，可以认为，尽管中国在大豆这个粮食品种上具有较强的进口能力与市场供应能

---

① 国家发展和改革委员会价格司，2007—2019（历年）：《全国农产品成本收益资料汇编》（2007—2019，历年），北京：中国统计出版社。

力,但国内大豆的市场竞争力还处于较低水平。大豆国际价格与进口价格的变化,更容易对中国粮食安全产生影响。

近二十年来,中国粮食的进口价格整体低于国内的生产价格,国内外粮食价格倒挂一度加剧,近五年虽有改善,但仍然明显。具体而言,稻谷的市场竞争优势在弱化,小麦与玉米的市场竞争地位由"优"转"劣",大豆的竞争劣势进一步凸显。长远来看,在农业对外开放程度不断深化、国际粮食价格持续处于较低水平的背景下,国外低价粮食涌入国内市场将带来两方面后果:一方面,可能会造成国内粮食生产的弱化,例如,过去较长一段时期内中国大豆种植规模下降;另一方面,还可能会造成例如玉米"三量齐增"般的困境。这两方面最终都将导致无法以国内生产的粮食来满足国内需求,粮食生产与居民"饭碗"脱节。长此以往,将可能极大挫伤农民的种粮积极性,动摇国内粮食生产的根基,加大对国外进口粮食的依赖程度,最终弱化粮食安全主动权。

(四)新冠肺炎疫情影响下的粮食进口形势

2020年以来,新冠肺炎疫情给全球的粮食贸易带来了更多的不确定性。因此,值得进一步分析的问题是,在国际重大突发公共安全事件中,中国在粮食供给侧进口端的实践如何?粮食安全的"饭碗"能否继续端得平稳?

1. 2020年粮食进口概况

中国海关总署最新的统计数据显示,2020年1~9月,中国累计进口稻谷及大米168万吨、小麦606万吨、玉米667万吨。其中,稻谷的进口规模较去年同期减少了2.90%,小麦与玉米则分别增长了168.10%与72.50%。但从绝对数量来看,小麦与玉米的进口总量仍然相对有限,并且仍保持在进口配额的规模之内,短期内继续快速增长的可能性较小。与去年同期相比,稻谷的累计进口金额增加了1.50%,小麦与玉米的累计进口金额分别增长了164.80%与74.30%。根据与去年同期相比的累计进口数量与累计进口金额的变化,可以看出,三大主粮的进口价格基本保持了相对稳定,尚未表现出明显的上涨趋势。

同时,延续近年来中国粮食进口渠道重心向"一带一路"沿线区域转移的趋势,2020年,"一带一路"沿线国家和地区仍是中国重要的粮食进口来源地。其中,立陶宛成为中国小麦进口的主要来源国,乌克兰仍是中国最重要的玉米进口来源国,保加利亚与俄罗斯在中国玉米进口中的地位不断提高。

表4 2020年1~9月中国粮食进口概况

进口概况		稻谷	小麦	玉米	大豆
累计进口	数量(万吨)	168.00	606.00	667.00	7453.00
	金额(亿元)	61.56	120.06	100.42	2020.68
同比变化	数量(%)	-2.90	168.10	72.50	15.50
	金额(%)	1.50	164.80	74.30	14.80
主要进口来源国与粮食进口金额(亿元)		越南(23.27)	加拿大(35.04)	乌克兰(74.54)	巴西(1514.18)
		缅甸(11.88)	法国(28.16)	美国(22.24)	美国(295.34)
		泰国(10.20)	澳大利亚(25.02)	保加利亚(1.83)	阿根廷(163.03)
		柬埔寨(7.03)	美国(17.08)	俄罗斯(0.99)	乌拉圭(26.77)
		巴基斯坦(4.73)	立陶宛(6.51)	老挝(0.38)	俄罗斯(13.60)

资料来源:《(14)2020年9月进口主要商品量值表(人民币值)》,中国海关总署,http://www.customs.gov.cn/customs/302249/zfxxgk/2799825/302274/302277/302276/3336586/index.html。

2020年1~9月，中国共进口大豆约7453万吨，同比增长约15.50%，进口金额约增长14.80%。而从进口来源看，巴西、美国、阿根廷仍然是中国大豆进口的最主要来源国。同时，中国也积极寻求其他方面的进口渠道。2020年1~9月，中国共从乌拉圭、俄罗斯、乌克兰、加拿大与哈萨克斯坦进口了约47.29亿元的大豆。这表明，中国大豆进口的规模、价格与渠道仍保持平稳，供应国内大豆市场的能力仍然强劲。

2.2020年国内外大豆价格变化

值得关注的是，国内大豆的市场价格在3月以来有了明显上升（如图8所示），部分饲料厂商因此对饲料价格进行了一定程度的上调，使国肉蛋奶类农产品及其他食品的价格面临上涨的压力。一直到2020年9月中下旬，大豆价格才有所回落。

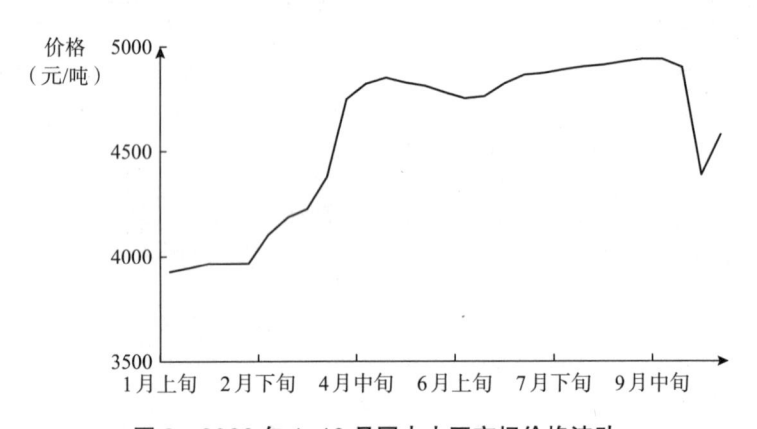

图8 2020年1~10月国内大豆市场价格波动

资料来源：国家统计局，2020：《2020年10月中旬流通领域重要生产资料市场价格变动情况》，http://www.stats.gov.cn/tjsj/zxfb/202010/t20201026_1796142.html。

从往年的情况看，国内大豆市场价格往往会在4~7月表现为快速上涨的趋势。2020年国内大豆价格的较快上涨，部分是由于其周期性波动。而从芝加哥商品交易所美国大豆期货价格的变化情况看，如图9a所示，

2020年1~7月，以美国大豆为代表的国际大豆价格没有表现出明显的上涨态势。结合2020年1~9月中国大豆进口规模、渠道、价格以及国外大豆生产规模、价格的变化情况可以看出，此次大豆价格快速上涨的最主要影响因素并不是大豆的进口规模与进口价格，而可能缘于大豆进口贸易运输环节的增多以及国内需求的增长。

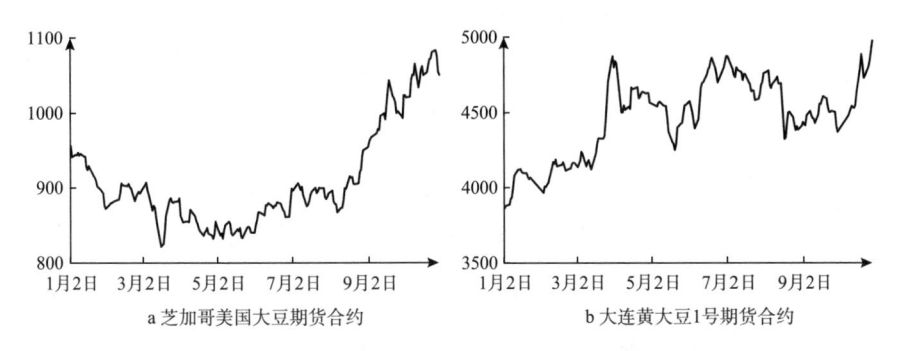

图9 2020年1~10月国内外大豆期货价格

注：芝加哥美国大豆期货合约价格与大连黄大豆1号期货合约价格均为其主力连续合约的当日结算价，主力连续合约为该品种持仓量最大的合约。

资料来源：根据布瑞克农业数据库（http://www.agdata.cn/dataManual/dataTable/ODE2OTM=.html）和大连商品交易所（http://www.dce.com.cn/dalianshangpin/xqsj/tjsj26/rtj/rxq/index.html）数据整理而得。

巴西与美国是中国最主要的大豆进口来源国，而这两个国家正受到新冠肺炎疫情的严峻冲击，其国内大豆生产与海运装船等方面或有所推迟，进而导致中国进口大豆的到港时间有所滞后，国内市场上的大豆供需或存在短期的摩擦性失衡。而在粮食的需求消费端，中国疫情防控成果持续巩固，社会经济的运行与食品消费的需求基本恢复常态。2020年1~9月国内大豆价格的上涨，可能更多是由国内市场需求的持续恢复以及进口大豆到港时间的滞后引起的。

目前，更值得关注的问题是，国内外大豆可能会面临新一轮的价格上涨。如图9a所示，2020年8月以来，芝加哥美国大豆期货合约价格持续上涨，到10月底基本处于1050美分/蒲式耳的水平上。在国内，如图9b所示，大连黄大豆1号期货合约价格在2020年10月以来表现出了较快的上涨趋势，到10月底，国内的这一价格已经接近5000元/吨的水平，比年初的期货合约价格高出约1000元。在现货市场上，如图8所示，作为流通领域生产资料的大豆价格也从10月起呈现出上涨势头。国外大豆价格的持续上涨，可能通过进口传导的方式，带动国内大豆价格的上涨。在此背景下，特别需要关注国内外大豆价格的变化形势，重点化解国外大豆价格上涨所可能带来的风险挑战，稳定大豆进口规模，并同时避免过高进口价格对国内粮食与食品价格的影响。

四、增加粮食供给的思路及政策建议

以上，我们从粮食供给侧生产端和进口端分析了中国粮食安全面临的形势和挑战。就供给视角看而言，粮食安全整体上继续呈现"短期无虑、长期有忧"的格局。但中国是一个有着14亿人口的大国，同时还是一个居民收入快速增长、消费升级日益加速的粮食消费大国，在粮食供给安全问题上确立"多的烦恼优于少的忧虑"的观念十分必要。从这个观念出发，我们提出如下增加中国粮食供给的思路和建议。

（一）丰富粮食安全战略，合理协调"保产量"、"优结构"与"提品质"的关系

粮食安全的内涵、保障的手段和水平都应根据经济社会发展环境适时调整。还要对粮食安全的传统观念进行丰富。一是要以食物安全的观

念丰富粮食安全战略。在新时代背景下，随着全社会食品消费结构与粮食用途结构的转变，粮食安全问题已经不再是单纯的口粮安全问题，而是涵义更为广泛的食物安全问题乃至生物能源安全问题。进而应当明确的是，新时代粮食安全的目标之一是要保障肉蛋奶类农产品的供应充足与价格稳定。二是要在"谷物基本自给、口粮绝对安全"粮食安全总体目标下，进一步优化具体发展目标，关键是合理协调"保产量""优结构"和"提品质"之间的关系。根据食物消费结构升级的趋势，明确实现以上目标的方向、重点及相应的体制机制建设的要求。三是明确粮食安全保障中市场、社会和政府的边界，发挥市场在粮食生产资源配置中的决定性作用的同时，还要充分发挥好政府对粮食生产和进口的调节作用。

（二）加快国内生产转型，通过藏粮于地、藏粮于技提升粮食生产能力与效率

从积极的方面来看，过去较长一段时期内粮食的大规模进口，的确满足了中国快速增长的粮食消费需求，缓解了国内粮食生产面临的资源环境约束。但从长期来看，粮食的大规模进口容易使国内的市场消费形成路径依赖，进而使得既有的人地矛盾更加突出。应当明确的是，粮食进口的目的不应当是将所节约的资源要素大规模地用于城镇建设与二三产业的发展，而是要在粮食进口的外部环境相对较好的条件下，借粮食进口受新冠肺炎疫情影响正经历大调整之"时机"，加速推进国内粮食生产端转型升级，深化供给侧结构性改革，不断缓解既有的人地矛盾。在充分利用国外粮食资源与国际市场的同时，仍要坚持"以我为主"的粮食安全路线，避免陷入"种不如买"的供给侧误区进而弱化粮食安全的主动权。因此，在大规模进口粮食的同时，要严格落实好"藏粮于地、

藏粮于技"的长远战略,提升国内粮食生产能力和效率,并着力提高其市场竞争力,争取实现国内粮食供给侧生产端的转型升级。

"藏粮于地"的根本在于具有足够数量适宜粮食耕作的土地,为此一方面要守住耕地数量红线,另一方面要针对不同等级的耕地精准施策,不断提高耕地质量和农田基础设施水平。同时,要实现超载的边际产能分类有序退出,包括在耕种的陡坡耕地和严重沙化土地的退出、地下水超采区和土壤重金属污染区的治理等。针对粮食供需地域不匹配的问题,应避免试图通过行政手段追求空间粮食供需数量的高度协调,应通过市场手段,通过利益匹配理顺产销区的利益协调关系,完善国家宏观调控下区际粮食产销的联动机制。"藏粮于技"的核心在于不断创新粮食增产提质的技术,为此要以生产需求为导向,全面促进农业技术进步和农业技术推广,重点加强优良品种培育与推广,加强先进农业机械、农艺技术的发展,加强水土资源集约的技术的发展与应用。

(三)多举措提高农户种粮与地方政府抓粮食生产的积极性

一方面,着力提高农户与新型农业经营主体种粮积极性。为此,一要进一步发展农业社会化服务体系,包括发展专业型农业社会化服务主体、增强新型农业主体服务功能、改善和提升公益性服务供给、探索多样化社会化服务模式等。通过社会化服务促进机械化水平、技术水平、粮食质量、劳动效率、土地效率与资源利用效率的全面提升,促进小农户与市场、小农户与现代农业生产方式的对接。二要以经营权优化配置与保护为核心深化农地制度改革,促进经营权向生产率更高的农户稳定流转,促进农业投资。同时,要完善农地用途管制,避免规模经营发展过程中的"非农化"和"非粮化"。三要全面促进农业技术进步和农业技术推广，重点加强优良品种培育与推广，加强先进农业机械、农艺技术的发展，加强水土资源集约技术的发展与应用。另一方面，加大对主产区粮食产业政策支持，提升主产区地方政府发展粮食生产的积极性。在主产区大力发展粮食深加工产业，提高粮食加工转化率，推进主产区粮食产业转型升级。鼓励发展与粮食深加工配套的现代物流、中介服务、科技信息等生产性服务业。在加工企业与农户之间建立更加紧密的利益联结机制，使农户分享产业链发展的增值收益。

（三）优化收储调控机制，增强粮食安全风险应对能力

保障粮食安全，还需要加强市场调控与稳定机制建设，提高粮食安全风险应对能力。一是完善收储制度和以适度储备量为基础的调控机制，要在去库存的基础上合理控制粮食储备规模。按照国际经验，一个国家的粮食储备在年度总消费量的17%~18%左右即可保障基本安全。即使要确保更高保障水平，也只需保持在30%~40%。但是，中国粮食储备远远高于这一水平，导致过高的财政负担和不必要的损耗浪费。二是建立完善粮食托市收储的市场化机制，进一步放宽粮食加工企业参与托市收储的条件；培育多元粮食收购主体，并根据企业收储和代储的发展，建立和完善储备粮监督和管理体系。三是发展和完善粮食保险、金融与期货工具，丰富粮食生产主体应对市场风险的工具，促进粮食生产的稳定。

在粮食进口方面，要加强粮食贸易风险管理和防范。一是要积极促进进口来源多元化，科学评估大规模进口潜在风险，通过开展粮食贸易市场调研、交易企业资信调查措施来规避和减少贸易风险。二是用农产品金融工具强化价格风险管理。国际粮食价格的持续低迷使国内粮食在市场竞争中处于劣势地位，但这并不意味着国际粮食价格的上涨将是增

强国内粮食安全的"福音"。大豆价格是影响国内饲料与肉蛋奶类食品价格的关键因素，而中国大豆的进口依赖程度相对较高，更容易受到大豆国际价格与进口价格波动的影响。为有效避免大豆等饲料用途粮食进口价格可能出现的快速上涨，应当在加强国际粮食价格监测预警和信息发布的同时，结合用好各类金融工具，强化粮食进口的价格风险管理。一方面，相关进口企业应当积极且合理地参与国际粮食期货交易，增强对冲国际粮食价格波动的能力，将价格上涨的风险尽可能地控制在进口端；另一方面，要注重在国内市场供应端强化价格风险管理，特别是在进口价格快速上涨的情况下，要避免高价的进口粮食直接流向消费市场，进而造成粮食与食品乃至更大范围的价格快速上涨。

（四）统筹利用"两种资源、两个市场"

在农业供给侧结构正在经历重大调整，特别是粮食生产端出现重大变化的背景下，中国要更加关注统筹利用"两种资源、两个市场"的战略作用。目前，中国的谷物进口依赖率远低于亚洲国家和世界平均水平，虽然受国际市场粮食可贸易量所限，过分依靠进口来满足国内粮食需求并不现实，但适度扩大进口并不会从根本上影响中国的粮食安全状况。一方面，考虑中国资源禀赋特点和粮食安全需要，在贸易方面可以更多进口土地密集和水资源密集的资源密集型农产品，适度进口粮食产品。另一方面，继续推进农产品进口多元化，缓解农产品进口地区集中、品种集中的问题。粮食进口来源可以从传统的欧美布局转向"一带一路"沿线区域，相较于传统的粮食进口来源国——欧美国家、"一带一路"沿线国家和地区在与中国的粮食贸易中具有更强的地缘优势与政治互信，且具有较大的粮食产量提升空间。在保证粮食进口规模稳定的同时，中国应当在坚持粮食进口渠道多元化的基础上，积极主动谋划全球粮食进口布局，特别是要将粮食进口渠道的重心逐渐由传统的欧美布局转向"一带一路"沿线区域，巩固与壮大中国与"一带一路"沿线区域已经取得的粮食贸易合作成果。立足于"一带一路"倡议下的农业合作，协助"一带一路"沿线区域完成农业的转型升级，在粮食生产科技与贸易流通等方面加强双边与多边交流。同时，在投资方面，要促进农业生产要素的国际国内双向流动，促进国内农业技术进步，助力海外农业生产发展。

当前耕地保护面临的问题分析及对策研究

孔祥斌

在当前国际形势复杂多变、我国社会主要矛盾发生改变以及人口持续增长的大背景下，2019—2020 年，笔者带领研究团队深入 11 个省份进行了耕地保护专项调研。在此基础上，笔者结合耕地保护有关理论，梳理我国当前耕地保护过程中存在的主要问题，剖析问题成因，研究了改进对策。

一、当前我国耕地保护面临的突出问题

永久基本农田保护面临建设占用和生态退出双重压力。 为切实保护优质耕地资源，国家确定了永久基本农田保护制度，并于 2017 年在全国划定了 15.46 亿亩永久基本农田且全部落实到耕地图斑，包括城镇周边、交通沿线现有易被占用的优质耕地。按规定，永久基本农田经依法划定后任何单位和个人不得擅自占用或者改变其用途，这对保护优质耕地、阻止城市无序蔓延是极其有效的政策。然而，调研发现，各级地方政府对永久基本农田空间布局调整意愿强烈。如：有的地方提出通过本轮的

作者系中国农业大学土地科学与技术学院教授。

国土空间规划编制调整永久基本农田布局，进而优化城市空间结构、增加城市开敞空间；有的地方希望通过建立城市群实现区域经济增长，而待建立的城市群大部分处在永久基本农田保护区内。同时，永久基本农田保护红线和生态保护红线、退耕还林还草区域存在重叠问题。此类问题，在我国西南区域尤为突出，如：重庆市彭水县 42.5% 的区域属于县级自然保护区，保护区内耕地面积占比 47%，永久基本农田面积占比高达 41%，是保护生态还是保护农田，政策上冲突严重。

耕地后备资源稀缺，省内和区域间耕地占补平衡补充耕地难度大。一是区域内部补充耕地难度大。北京、天津、浙江等发达地区区位条件较好且集中连片的耕地后备资源基本都已开发，而以往被认为耕地资源丰富的区域，如东北三省、内蒙古自治区以及西北的甘肃、宁夏、新疆等省区，其耕地后备资源也已接近枯竭，且待开发的耕地后备资源大部分处于生态保护红线内的生态环境脆弱敏感区。二是跨区占补平衡也受到后备资源不足的严重制约。自中共中央、国务院发布《关于加强耕地保护和改进占补平衡的意见》（中发〔2017〕4号）以来，一些省份通过国家交易平台，向其他省份出售了一些补充耕地指标。但是，囿于后备资源紧缺，部分出售耕地指标省份的负责人表示，考虑到地区未来发展的用地需求、耕地后备资源的紧缺性，以及补充耕地监管和审查的严格性，未来不会再进行这种"放血式"的跨区域指标交易。

耕地资源隐性损失严重，影响耕地稳定性和粮食安全。近年来，耕地资源隐性损失现象明显，主要包括耕地景观化、林木化、非食物化、果园化、粗放化、撂荒等多种形式。一是部分地方政府对生态文明建设存在认识误区，认为生态文明就是简单的修建景观、造林、铺草，在耕地甚至是永久基本农田上进行伪生态化建设。二是在城镇化背景下，农户会选择种植经济效益更高的林业作物，如部分地区在永久基本农田上种植桉树和速生杨等林木，"非食物化"现象明显。三是耕地"果园化"趋势加速，如：位于黄土高原的某市高达80%的永久基本农田都种植了果树；西南某省普遍在永久基本农田上种植热带水果。此外，南方水稻田"双改单""水改旱"现象严重，耕地粗放利用明显。四是耕地撂荒问题突出。西南山区耕地撂荒面积10%左右，西北某省永久基本农田撂荒面积高达110万亩。耕地资源隐性损失直接威胁到我国耕地资源的稳定性和国家粮食安全。

微观主体耕地保护行为南北错位，致使耕地粮食生产和生态系统双重风险加剧。调研发现，南方区域耕地利用和种粮意愿下降，导致南方粮食生产风险加剧。如：南方某省在落实耕地占补平衡政策过程中将补充耕地分配给农村集体经济组织后，因种田经济效益低、农户短期耕种后往往会选择撂荒。地方政府为应对指标验收中种植作物的要求，须向农村集体经济组织支付后期管护资金，并给予农户每亩500元的种粮激励补贴，以确保耕地不撂荒。而在北方，农民为了追求耕地高收益，已经放弃了种养结合的轮作、间作的耕作方式，普遍采用大水、大肥、薄膜和农药等方式提高产量、增加收益，导致耕地生态累积风险不断加大，表现为华北平原地下水超采、东北黑土层变薄、西北白色薄膜污染。若此类行为不加以有效管控，"华北平原60年后将不适宜人类居住""东北黑土地50年后将开发殆尽"等极端性预测可能会变为现实。

二、相关成因分析

城市化和工业化非均衡发展，致使我国人、地、粮的空间分化与集聚趋势加剧。全国人口流动大背景下，我国北方、西部的人口向南方经济发达区域迁移、农村人口向周边城镇迁移，这种趋势致使我国城市建设占用耕地依然处在高位运行状态。一是县级层面城市扩张的动力主要来源于农民进城的推动。为了下一代的教育和老年人的医疗保健，很多农民愿意到县城购房。基于国际上常用人口和土地城市化预测方法计算，我国未来约有1.4亿~2.8亿农村人口向城市转移，至少要占用2200万亩~4400万亩的优质耕地资源。二是珠三角、长三角、京津冀以及成渝都市圈对高科技人口吸引力增加，未来东北、西北、华北等区域城市人口将向这些区域集聚，建设用地规模将继续扩张。三是基础设施建设占用耕地趋势依然强劲。在国内发展内循环强化的背景下，国家和省级政府都在不断加大基础设施投入力度。

新旧体制转化仍处在过渡期，耕地保护管理存在矛盾、交叉和空白区域。2018年国务院机构改革后，对部门及相关职责进行了调整，但是在新旧机制转化过程中，相关职能部门在出台生态建设和耕地保护相关政策时存在有效协同问题。由于缺乏有效政策衔接，导致管理模糊区域尚存，对耕地非粮化、非农化、非食物化行为缺乏源头监测和过程控制。同时，对6亿~7亿亩中低产田的质量管理存在空白。从国家职能划分来看，自然资源管理部门重视补充耕地质量的建设，而农业农村部门重视对集中连片、区位条件好的耕地进行高标准农田建设。但是集中分布在我国华中、华南、西南山地和丘陵区的中低产田质量如何提升，还需重点考虑。事实上，耕地"粗放化""非粮化"和撂荒现象主要发生在这些区域的耕地上。

我国耕地保护利益协调机制尚待进一步健全。具体来说，国家层面的利益是耕地资源安全、粮食安全和经济社会稳定，具有全局性、长期性和稳定性特点；地方层面的利益则是推动地方经济快速发展，这是地方各级政府的首要和长期目标,其耕地保护目标则具有届次性、短期性和被动性特点;个体利益是指农民个体在耕地保护与粮食生产中应得到的利益,其耕地保护行为具有趋利性、比较性和短视性特点。三者利益关系上如果协调失衡,长期牺牲个体与局部利益,会损害个体与局部的耕地保护动力。

三、应对策略建议

尊重我国"人、地、粮"空间分异规律,从顶层设计着手,创新国家耕地保护与治理协同政策体系。一是要强化部门协同,避免出现政策矛盾、交叉和空白。对耕地非粮化、非食物化要建立齐抓共管的协同机制。二是建议继续实施最严格的耕地占补平衡政策,倒逼存量建设用地格局优化和集约利用。笔者认为,耕地占补平衡政策是目前抑制城市快速扩张不可替代的政策工具,能够有效抑制地方占用耕地的冲动,保障合理的用地需求。笔者在调研中发现:南方一些省份为了实现占水田补水田的目标,项目建设中水田亩均投入成本10万元,补充水田指标交易价格高达75万元/亩。"占水田补水田"这一政策的实施,倒逼地方政府和企业最大程度盘活存量建设用地,推动了土地节约集约的利用。因此,必须坚持耕地占补平衡政策,倒逼地方政府和企业盘活存量建设用地,优化用地空间布局,提高建设用地效率。三是面对当前严重的耕地"非粮化""设施化""边际化"问题,建议启动新一轮农业种植布局研究工作,充分利用区域资源和劳动力优势以及专业化分工格局,在宏观层面实施大的农业种植布局。比如:可充分利用河西走廊以及新疆的光热资源,形成国家级的菜篮子工程,重点发展绿洲农业、灌溉农业和设施农业，形成中国设施农业发展的高地。在大城市周边区域，应充分利用非耕地资源，发展以非土基为基础的设施农业，保障大城市的蔬菜供应，避免菜篮子与米袋子争地，而在耕地上则应该严格禁止设施农用地的建设。

协同土地资源生态保护和开发的辩证关系，建立国家耕地后备资源保护性开发储备制度。重点是妥善处理耕地后备资源保护与开发的关系，建议借鉴国外资源紧缺型国家的耕地保护战略，建立国家耕地后备资源保护性开发储备制度。如：西北省份可借鉴以色列设施农业和节水技术，发展适水农业和节水农业；盐碱土地资源改造利用，可学习荷兰的盐碱地绿色开发技术，开发盐碱地资源；黄土高原区可通过实施低山缓坡沟域造地工程来拓展耕地空间。

实施中低产田改造和全域土地综合整治，全面提升耕地质量和基础设施条件。加快实施6亿~7亿亩的中低产田质量提升和改造工程，提升我国南部丘陵区、西南区、黄土丘陵区等山区、丘陵区的耕地质量建设投入，改善基础设施条件，提高耕地质量，降低种田成本，提高种田收益，降低"非食物化、非粮化"发生程度。同时，结合浙江省"千村示范、万村整治"试点经验，因地、因时制宜，因村施策，加速推动实施全域土地综合整治。通过实施全域土地综合整治，优化我国南方区域农村用地结构、盘活农村存量建设用地、提高农村土地利用效率，实现耕地资源生态修复与补充耕地质量提升有机结合。

协调国家、地方和农民利益，形成耕地保护合力。一方面，实施跨区域耕地保护补偿机制。依据我国粮食生产的调入区、调出区和平衡区的特点，并结合各地的耕地资源数量、质量和生态特征，分区、分类和分级建立基于发展权和生态产品供给的区域协同的耕地保护机制，发挥经济激励作用；建立国家层面的耕地保护基金，增加国家粮食主产区和耕地资源保护区的耕地保护补偿力度，提升粮食输出区财政收入，鼓励实施保护性耕作技术，增加农民收益，提高耕地保护动力。

进一步明确耕地保护微观主体的责、权、利。一是将农民纳入耕地保护责任主体的范畴。《土地管理法》明确规定，农村集体经济组织和农户是耕地的所有者和承包者，是耕地的直接使用者。按照权、责、利对等原则，应将农村集体经济组织和农户纳入耕地保护的责任主体，承担耕地保护的责任。二是建立耕地保护绩效评价机制，对耕地保护效果较好的农村集体经济组织提供激励性补偿。三是依托农村土地资源和区位优势，建立生态农田、景观农田、文化农田，创新"一、二、三"融合生产模式，发挥耕地的生产、生态和生活复合功能，增加农产品的复合价值，最大限度地提升耕地资源价值，增加农民务农收入。

基金项目：国家社会科学基金重大项目（19ZDA096）。

CHAPTER VII

第七章

强化反垄断和防止资本无序扩张

数字经济反垄断规制变革：理论、实践与反思

——经济与法律向度的分析

陈富良　郭建斌

当下，中国和美国在全球数字经济发展中保持领先，全球数字财富高度集中于两国的商业平台，因而两国数字经济政策的制定在一定程度上影响着全球数字经济发展的态势。现阶段，数字经济反垄断规制面临原有经济理论分析失范与现行法律实践失准的双重挑战。传统反垄断分析框架以一般均衡理论为立论基石，其静态、单向的判断标准难以适用于以动态、跨界为特征的数字经济，规制实践难以摆脱相关市场界定、市场支配地位认定、滥用市场支配地位判定和共谋协议评定等方面的困境。坚持反垄断经济价值标准统合与法律约束标准演化的方向，加速实现数字经济反垄断理论分析范式转型，科学确定数字经济反垄断规制目标，合理设定数字经济反垄断规制限度，推进数字经济反垄断规制模式融合创新，成为数字经济反垄断规制变革的有效路径。

陈富良，江西财经大学经济学院教授，博士研究生导师；郭建斌，南昌社会科学院经济研究所博士研究生，助理研究员。

一、引言

国内外众多研究者高度关注中美两国数字经济竞争政策制定取向及数字经济反垄断规制变革动向，并就政策取向和变革动向正进行着广泛的讨论。曲创和刘重阳认为，原有规范下的市场关系已被打破，传统认定市场份额与市场势力保持对等关系的论断在数字经济时代并不一定成立；吴绪亮和刘雅甜提出，数字经济时代平台间网络外部性能提高有利于降低平台企业实施价格歧视的动力，如何认知网络外部性的作用需要重新思考；吴汉洪和王申提出，转换成本的存在让企业有动力通过事前控制转换成本创新来争夺事后对用户的锁定并强化市场势力，由此以价格工具为可竞争性判定的标准面临挑战；Tim Wu 提出，"竞争过程"标准的应用可以更好地解决创新不足或创新停滞等动态损害问题；Lina Khan 认为，占主导地位的技术平台整合的潜在风险会导致结构性分离的恢复，主张反垄断社会价值回归到追求公平而非持续坚持消费者福利标准；Spencer Weber Waller 同样主张政治民主目标是判定竞争的首要标准，但并未完全摒弃"价格中心论"的分析范式；张穹和王岩认为，竞争政策既是经济学领域的研究客体，也涉及法律的制定和实施，中国现行竞争政策属于典型的外生型实施模式，无法完全契合本土经济实践发展的需求。

总体来看，学者们的讨论主要聚焦于两个方面：一是反垄断规制的经济理论是否能够指导数字经济动态性引起的相关新问题；二是数字经济反垄断法如何回归立法初衷，即优先保障竞争公平。本质而论，数字经济反垄断规制中消费者福利标准的兴废讨论实际上是对反垄断经济价值标准的又一次审定，是对原有反垄断规制经济理论如何缓释数字经济动态性挑战带来震动的诘问，而数字经济时代反垄断法律实践回归立法初衷的呼声则意味着公平与效率的天平更应倾向何方仍未有定论。由此，数字经济反垄断规制变革面临理论与实践层面的双向考量。

在理论层面，传统反垄断分析中对垄断势力和滥用垄断势力的判断标准根植于一般均衡理论和完全竞争模型。一方面，传统反垄断所考察的大部分对象是具有固定生产曲线和消费曲线的静态市场，其所对应产业稳定性很高，且在相关市场界定、市场壁垒分析、市场集中度核算、市场力量评估等方面非常适用，但是面对创新频率高、变革周期短的数字经济却很难适用；另一方面，传统反垄断目标强调的是既定资源的生产效率和分配效率，突出的是静态效率特征，这种分析框架在创新频率低、变革周期长的工业经济时代非常适用，但是对快速创新、市场骤变、追求动态效率的数字经济而言，其局限性和不适用性就会显露出来。

在实践层面，新一代信息技术渗透并非保持统一均等化进程，数字经济发展模式也并不规范，传统的反垄断分析框架难以适用动态、跨界、融合的数字经济。在实际监管中，相关市场界定比较困难，市场支配地位认定难度增大，有损竞争的价格水平难以确定，以定价为基础的等效竞争者基准测试分析识别方法难以奏效，掠夺性定价、纵向限制、垄断跨界传导、数据资产集中、算法共谋等垄断行为层出不穷，对滥用市场支配地位行为的识别越发困难，对识别标准的争议也越来越多，传统反垄断规制判别标准面临新的重构。

在此背景下，如何正确理解数字经济的动态特征，如何准确把握数字经济反垄断规制的困境和难点，如何考量和回应各种现实挑战，从而找寻数字经济时代反垄断规制的科学路径，皆成为数字经济反垄断规制研究亟待解决的现实问题。本文着力分析数字经济发展对传统反垄断规制理论分析范式的冲击，对数字经济反垄断规制实践困境进行梳理，重点判断传统反垄断分析架构在数字经济时代的适用性和改进方向，从经验角度提出数字经济反垄断规制的调适变革路径。

二、理论冲击：数字经济动态性引发的传统反垄断经济理论震动

（一）数字经济动态性突破了"动态竞争"的研究范畴

很多学者从不同角度和着眼点对经济动态性进行过阐述和讨论，其中，熊彼特在1912年提出的"创造性破坏理论"对这一领域的研究产生了重大影响，他认为真正有价值的竞争并非价格竞争，而是由各种创新引起成本或质量方面占有优势的竞争，创新引致的竞争才是超越利润和边际产出的竞争。正是如此，工业经济时代的创新并不像数字经济时代如此快速和频繁，竞争法的完善和变革亦是缓步行进，修法时间间隔较长，经济动态性对竞争法的影响不如数字经济时代这么明显。近年来，类似"动态竞争"角度的研究在互联网等行业得到了实践，但其解释力有限，主要是因为"动态竞争"并不是比较成熟的竞争模型，而仅仅是对现象的描述性分析。与"动态竞争"分析不同，"数字经济动态性"分析更加注重内在原因而不仅仅是现象描述，更加强调时间跨度而不仅仅是结果求证，相比而言，数字经济动态性分析能更深刻地揭示数字经济在竞争法上的典型特征。杨建辉认为，数字经济动态性是快速的技术创新和商业模式创新改变市场生产曲线和消费曲线的整体稳定性，从而打破市场格局的相对稳定性和静止性，

使该市场格局在整体上发生较大改变或根本性改变，在一定时期内呈现不断变动的特征。这种动态性是多维范畴的，从产业广度来看，数字经济逐步向传统产业渗透，其动态特征也逐渐向传统产业传导；从时间跨度来看，创新手段的增强和创新频率的提升促使数字经济蓬勃发展且较长时间延续，其动态特征也随之长期依附；从发展周期来看，由于产业特征差异明显，市场格局变化的周期则并不统一；从发展强度来看，部分产业的动态性表现为"颠覆性创新"引起的根本性变化，但多数产业的动态性并没有出现剧烈的"颠覆性"改变。数字经济这种典型的多维动态性特征表现正悄然引起人们对传统反垄断规制理论的重新思考。

（二）数字经济动态性冲击了均衡理论的静态分析范式

从一般均衡理论来看，在既定的价格体系下，经济组织中的每一个参与者都达到了均衡态，即在资源配置、经济运行效率和社会福利方面都达到了最优状态，然而，现实与理论假设相去甚远，一般均衡理论假设了供需两方都无力作用于价格水平，且市场上买卖双方的交易瞬间完成，交易的时间过程没有被考虑其中，同时假定社会总体的生产曲线和消费曲线给定，技术水平、消费水平、消费偏好都保持不变。只有保证这些"理想化"的前提，经济体达到均衡才有可能。可见，一般均衡理论表述的"最优"是没有涉及频繁技术创新、商业模式创新和消费偏好快速变化的给定资源最优，它所构造的是静态分析范式[①]。局部均衡理论则是一般均衡理论在某一封闭产业部门内的应用和拓展，其分析的静态

---

① 非瓦尔拉斯均衡理论的分析依然采用了均衡理论的分析范式，仍是分析给定资源的最优配置，同样具有静态特征。

特征没有变化。

(三)数字经济动态性形成了对完全竞争理论解释力的挑战

完全竞争模型正是局部均衡理论所注重的"市场机制"具体表达，即完全竞争可以促使产业内部达到均衡状态。它延续了一般均衡理论的外部假设，即生产曲线与消费曲线稳定，不存在技术创新和商业模式创新，消费水平和消费偏好保持不变，同时也强调供求方无力操控价格、产品同质、完全信息、无进出壁垒等内在要求，这种外部假设与内在要求的结合实质上是一般均衡理论具体化的表现。在此条件下，社会生产以最低成本进行，且产品完全满足消费者需求，社会福利与消费者福利可以同时达到最优。基于这种理想化的结果，一般均衡理论下的完全竞争模型被传统产业组织理论视为衡量市场竞争的最基本参照和竞争理论的起点，其自然也成为反垄断规制的立论基点。

在数字经济时代，这种分析范式表现出极大的局限性。一是不能反映竞争的过程性。静态的模型描述了均衡状态，但却未能解释均衡发生的过程，模型中的前提假设如最低成本、产品稀缺度、交易信息等恰恰都需要在竞争过程中发现和得到。正如哈耶克在1979年所认为的"我们可以明确地指出，竞争之所以有价值，完全是因为它是一种发现的过程，而如果我们能够预测或预见到它的结果，那么我们也就不会再需要这种竞争了"。二是不能反映竞争的动态性。完全竞争模型延续了一般均衡的外部假设，关注生产函数和消费函数保持基本稳定条件下的既定资源最优配置问题，当突破既定的前提假设后，这种范式无法分析技术、模式创新频发和消费需求不断升级变化引起的经济动态发展。以上两个方面理论缺陷的存在，造成完全竞争模型在解释创新性强烈的数字经济时具有致命的局限性，进而现行反垄断规制在面对动态性的数字经济时，其经济理论根基受到较大的冲击和挑战。

（四）数字经济动态性加深了产业组织理论的实质局限性

一般均衡理论亦是产业组织理论的立论之本，完全竞争模型也自然成为竞争理论建立和发展的重要参照。在市场绩效和市场结构的关系及应用判定方面，哈佛学派与芝加哥学派的主张相异。前者认定市场绩效受到市场结构的单向影响，认为市场结构应该是政府干预的主要对象；后者则坚持市场结构受市场绩效影响，认为政府应对市场行为进行管制，并反对干预市场结构。两个传统派别虽然在政策方向上完全相反，但其各自立论的理论基础仍然未脱离一般均衡理论。虽然两大传统学派对静态竞争下各种复杂性情形进行了深入详细的探讨，但就其本质而言，其分析仍未突破静态竞争的界限，未能触及动态竞争的实质。由此，传统学派的分析仍是置于完全竞争理论框架之内，仅是对原有框架进行改进，其分析的局限性难以避免。

三、实践困境：数字经济演进促生反垄断法律实践的多重困局

（一）"双边市场"与"跨界竞争"造成相关市场界定标准模糊不清

在反垄断规制实践中，一个关键前提是为对相关市场清晰准确的界定，这也往往被认为是竞争分析的起点。从某种程度上而言，这一重要前提直接决定了反垄断案件的走向和结果，然而，进入以频繁技术创新

和商业模式创新为特征的数字经济时代后,利用传统反垄断分析判断标准来界定数字经济时代相关市场则存在较大的实践障碍,双边市场问题便是最突出的问题之一。双边市场的复杂性不仅在于同时存在两个或多个市场,还在于不同市场间可能存在关联效应和反馈效应。面对多重关联和多向反馈的情形,相关市场的界定极可能陷入宽泛化或狭窄化的两端困境。以往的假定垄断者测试方法虽然也会关注和分析需求弹性、网络效应等关联和反馈信息,但双边市场应用分析的信息需求非常之大,在实践中往往难以满足。双边市场联结了两种或多种不同类别的用户,这些用户之间可能存在明显的交叉网络外部性,数字市场支配势力的认定超出了传统单一市场支配势力认定的标准。在数字经济反垄断实践中,多数案例都涉及将利润来源方的厂商一端纳入相关市场的做法,此方法是否合理仍需商榷,主要是因为对相关市场之间的关联性和反馈性考虑不足,即较少考虑双侧利润获取紧密关联的问题。一些学者对此进行了检验,Evans 和 Noel 曾对 Google 与 Double Click 合并案进行了较为深入的实证研究,并得出仅考虑单侧市场和同时考虑双侧市场的结果具有明显差异性,只有综合评价总体价格水平和服务成本,才能准确认定企业的市场势力。另外一个相关的问题便是跨界竞争,从需求替代和供给替代的角度看,创新所致的消费者偏好快速变化使产品和服务间的替代性更加难以评估,对供给方替代的评估相比传统产业而言更具不确定性,且这种不确定性越大,对其市场进出情况和竞争态势的预判也越难以实现。伴随不稳定的市场边界被新技术持续重塑,能够反映功能替代性的产品或服务集变得更加重要,但如何将其界定为一个独立市场尚未有定论。

（二）网络外部性致使市场支配地位更加难以判定

相关市场的界定是判断市场支配地位的前提，但即使科学合理地界定了相关市场，数字经济中准确判断企业的市场力量也并不容易。市场份额和价格水平是传统用于评估市场支配地位的核心指标，但在创新频繁、高度动态的数字市场中可能并不完全适用。由于数字经济具有显著的网络外部性特征，高市场份额并不保证其市场支配地位，又由于创新频繁，高市场份额的状态也不一定长期维持。如果企业实施非价格竞争战略，比如市场零定价，主要围绕产品或服务的质量展开竞争，其市场份额则难以准确界定。同样，竞争价格水平以外的市场定价对市场支配地位的判定也可能并不准确。由于数字经济中平台企业往往采取"非对称定价"策略，为回填一侧的沉没成本，必须在另一侧实现"赢者通吃"以获取高额利润，此时平台企业的利润可能为零，但并不意味着企业不具备市场力量。数据对市场力量深刻而复杂的影响也是导致企业市场支配地位判定困难的重要因素，这种影响的复杂程度不同，也意味着对市场支配地位判定的难易程度不同，以往采用指标衡量的方法可能失效，很多时候需要通过个案评估的方式来判定。针对特定的数据资源，平台企业对其控制可能造成较高的市场进入壁垒，在网络规模效应的驱动下可能加速其市场支配地位的形成，但针对竞争性和排他性都不显著且获取容易的数据资源，数据的无限复制也不会直接促成市场力量。可见，数据被复制的难易程度以及数据的网络规模效应对于市场支配地位的形成具有重要的影响。针对数字经济中市场支配地位判定不易的情形，OECD 在 2012 年曾提出"经验法则"，即处于领先地位和盈利状态的数字企业在 5 年内都未动摇其市场地位，则可以假定此企业具有市场支配地位，然而，这种经验性的判定并未达成广泛共识。当前，在对双边或多边市场力量评估时，传统方法失效，而新的方法还不成熟，数字经济中市场支配地位的测度和判定仍非常复杂。

（三）非统一定价和纵向限制引起滥用市场支配地位行为不易识别

传统反竞争行为识别多采用以定价为基础的等效竞争者基准测试来分析界定，但数字平台各方定价并不统一，有损竞争的价格水平难以确定，所提供产品和服务的差异性明显，成本结构并不具有可比性。数字平台企业的边际收益可能表现出递增趋势，这与传统企业的边际收益递减完全不同，但其前提是用户的数量必须达到一定量值。此时有两种情形：一种是为吸引足够用户使交叉网络外部性产生的收益最大化，平台企业可能会选择免费提供（甚至补贴）一侧的产品或服务，用另外一侧的高利润来回填免费一侧的成本，这种情况下并不存在反竞争的动机；另一种是平台企业在消费者对商品和服务并不完全知情的情况下对其进行补贴，来达到推广产品或服务的目的，这对消费者来说具有一定"诱导"作用，并在竞争中获得了市场优势，这种做法极易诱发逆向选择的后果。以上两种情形在反垄断实践中不易区分，我国现行竞争法体系中无明确对此界定，因而对执法部门是不小的挑战。同时，"二选一"类别的纵向限制行为认定存在争议。在传统商业模式下，只要市场替代性能够满足，以限制条件为代表的选择性分销被认为是正常的商业策略，并不构成滥用市场支配权的垄断行为，因而享有一定的反垄断豁免权，然而，单边市场中的类似协议并不适用于双边市场，双边市场情况更为复杂，界定不科学既有损竞争和消费者利益，也可能导致企业营销策略选择失偏。近年来，京东、阿里等电商平台间"二选一"问题频发，监管者在明确其反竞争效果方面难题不断，例如，如何准确判定平台经营者市场地位、如何认定是否构成市场进入障碍、如何评估排他性协议造成的竞争损害等，当前的法律量裁手段往往难以准确界定。

（四）数字技术的广泛性导致共谋协定隐蔽难寻

在数字市场中，依靠人工智能算法驱动的共谋行为既是新现象，也是各国反垄断规制的新难题。在以往的实践中，一旦查实竞争者合谋行为对市场竞争有害的证据就可以做定性的判断，但数字市场中对共谋证据的收集并不容易。数字经济中诸如算法共谋可能是各方参与者为共同利益而心照不宣的"无形约定"，并不存在形式上的共谋协定，由此现有的共谋判定标准也受到极大的挑战。当前，数字技术应用日益广泛，利用计算机、人工智能算法来掌控定价已成为多数平台企业的必然选择，甚至不同平台企业委托相同的第三方机构确定算法，进一步加大共谋识别的难度，并导致垄断协议的适用边界愈加模糊。Ariel Ezrachi 较早分析了人工智能算法促成合谋的多种场景，在预测型合谋中平台企业并无相互交流的痕迹，而是共同将相关信息交给定价算法代理人，不同平台算法持续监控市场价格变化并不断根据竞争对手的价格变化及市场数据调整自身定价。在此情形下，平台企业之间并没有签署任何秘密合谋协定，各平台都在单独使用各自的定价算法，监管机构无从判断其垄断行为。

四、对现实挑战的回应：反垄断规制之经济与法律标准再讨论

时代演化决定了经济发展的阶段性特征，并使原有反垄断判定标准

的适用性也随之发生改变。由此，原有反垄断规制理论与实践会不断迎来新的挑战似乎成为一种必然，然而，一个重要的拷问是如何确定新的标准使反垄断规制理论与实践进路能够顺应时代发展潮流，这才是对反垄断规制现实挑战的实质性回应。一直以来，反垄断规制被认为是一门经济和法律交叉的综合性社会学科。经济学理论在反垄断证据收集、审查、判定、执法、监管等方面起到了至关重要的思想指导作用，渐变为反垄断骨架，并决定了反垄断分析方法；法律约束在实践中保证了反垄断的真正效力，构成反垄断肌肉，并决定了反垄断实施准则。经济理论和法律约束融合在一起，在反垄断中分别扮演着各自的角色，并形成了各自的标准。作为事物发展的一般规律，新问题先于应对方法而产生。经济发展阶段不断演进，由此触发的冲击与调整必然先于经济和法律标准的更新与改进，所以新的反垄断规制标准必须顺应时代发展趋势。近年来，伴随着数字经济日益繁荣，反垄断领域新挑战和新思考前所未有，各方关于反垄断经济价值和立法目的判定出现了激烈的争论。处于批判一方的新派（新布兰迪斯学派）否定了传统学派坚持经济效率是反垄断唯一标准的判定。他们认为，数字经济时代反垄断审查应以竞争结构和竞争过程为中心，而不是以市场表现或经济账目底线为中心，社会平等与经济民主是更加重要的反垄断目标。一石激起千层浪，传统反垄断的理论土壤受到前所未有的震动，面对数字经济时代复杂的市场竞争特征和棘手的反垄断现实挑战，对经济与法律目标尺度的重新界定和判定，必然成为回应挑战并找寻变革路径的关键。

（一）经济价值层面的争论与判定

一般意义而言，反垄断实践分析主要依据经济学实证证据，兼顾经济后果，而保护竞争自始至终都是反垄断的核心价值观。无论是传统学派追求的"竞争状态"或"可竞争性"，还是新派所指的"竞争过程"和"竞争结构"，都难以脱离保护竞争这一基本共识。竞争无论作为反垄断中的独立价值还是非独立价值，总需要从经济价值和经济标准中寻找支撑，并且是主要支撑，无论这些经济价值是促进消费者还是社会总福利的提高，抑或是激励创新和促进经济增长。从这一点来看，以竞争状态或可竞争性为价值目标、以竞争过程和竞争结构为价值目标，目的都是为进一步保护竞争，然而，两种价值目标证据要件的找寻和判定却截然不同。2015年前，几乎所有参与评估市场竞争状况的文献，其证据指向都是以竞争状态或可竞争性为中心，以成本加价（利润率）、行业集中度、市场势力为判定要素，且认定三个证据要件指标变化会引起市场竞争状况的变化，如图1所示。

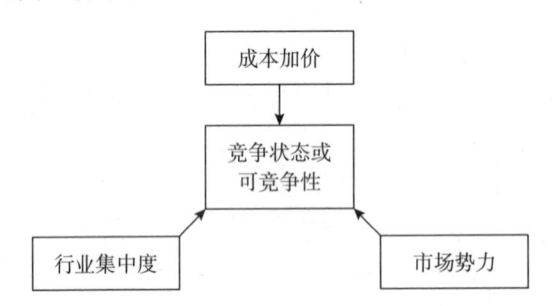

图1 传统经济价值下判定市场竞争状况的证据要件

值得注意的是，部分学者在梳理证据要素和经济目标关系时，将成本加价、行业集中度、市场势力与竞争状态、可竞争性间的关系界定为双向因果关系，认为证据要件指标变化影响竞争状况，且竞争状况隐含性地反向影响证据要件指标的变化。这一表述可能有待商榷，因为尽管有较多的实证经济学文献结论认为市场势力、市场集中度和利润率提高会使得劳动报酬率下降、劳动力参与度和流动性降低、资本回报率降低和产出增速放缓,并最终使得市场竞争状况下降,但也有部分经济学文献否认了成本加价和行业集中度显著提高这一先决条件,进而否定了市场竞争程度下降的证据要素。他们批判了实证经济学文献所使用的数据未能区分相关市场和地域市场,认为实证经济学文献的结论对判定市场竞争程度而言,既非充分条件也非必要条件,进而判定行业集中度、利润率与行业竞争状况并不存在必然的因果关系。由此可见,传统以竞争状态或可竞争性为价值标准所进行的证据找寻并不存在统一的论断,尽管反垄断实践中多以可竞争性为目标,但就其理论依据而言,并非达成了共识。

在数字经济日新月异的今天,新派提出以竞争过程、竞争结构为目标,并与传统学派坚持的价值标准展开了激烈的争论。他们的证据出发点突破了传统学派关于市场整体竞争性的评价,主要是针对新信息技术下的科技巨头进行批判分析,从而将视角转为单个的企业巨头。这种分析范式似乎更切合数字经济时代的垄断特征,并能够增加实际的可操作性。Khan等新派代表人物以谷歌、脸书等巨型科技公司为分析对象,提出科技巨头不但具有天然的市场势力,而且在一定程度上妨碍了民主的政治力量,不但使得资本回报上升,而且使劳动力回报下降,进而使得市场竞争状况下降。他们认为,现行的消费者福利标准过分关注短期价格效应,不足以充分抓住高技术商业形式市场势力组成结构的核心要素,并认为现行反垄断体系主要围绕价格和产量展开分析,这种框架低估了掠夺性定价以及企业多市场经营行为的反竞争效应。关于对市场势力的理解,他们认为,市场机制运作和演化过程中并不存在任何"自然"的力量,任何经济力量和经济组织的出现都是人为的结果。因此,新派对市场竞争状况的判定主要是以竞争过程和竞争结构为中心,以企业规模、行业集中度、经济民主为证据要件来分析的，如图2所示。

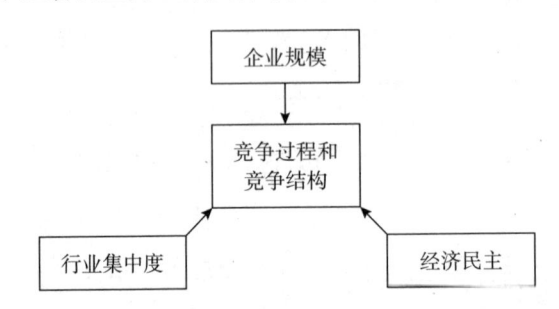

图2 新派经济价值下判定市场竞争状况的证据要件

值得关注的是，新派充分考虑了数字经济时代的产业发展特征，与现实情况契合得更紧，他们强调以动态、长期、演进的视角观察和分析产业发展，突出了过程变量比结果变量更重要的结论。由此可见，新派摒弃了传统学派将经济效率或经济福利作为唯一经济价值标准的观点，认为社会公平和经济民主是更加重要的反垄断目标，这是对反垄断经济价值的有益探索和补充，拓宽了数字经济时代反垄断的理论界限，并对反垄断实践具有一定的指导价值。

一直以来，关于反垄断经济价值的争论并未有定论，也难有定论，主要是因为产业组织理论对判定市场竞争状况这一命题本身是存在争议的，比如，成本加价的衡量标准没有统一、成本加价和市场势力的因果推理存在异议、市场势力与市场竞争状况的因果推理也不一致、数字经济时代企业行为与传统企业行为严重相异等。这些问题和争议既为不同经济价值论断提供了论证的依据，也为反垄断经济价值取向的统合与改进提供了进一步深化的空间。经济价值标准统合的研究并不是要更倾向于某一方，而是要寻求一个平衡点，当下依然难以完全脱离传统的标准取向，但又必须考虑新标准取向，可能一个更优的办法就是以传统经济价值标准为基础进行深度的改进。

（二）法律约束层面的分歧与评判

法律约束既作用于反垄断经济价值的实现，也作用于反垄断多元价值的平衡。其中，反垄断立法和执法的目标多元化既包含所服务的经济价值，也包含其本身的法律价值。传统学派将提升经济效率作为反垄断法的立法初衷，认为提高消费者福利是反垄断立法的最终目的，并将经济目标和经济学分析定格为反垄断法执行和解读中的重要角色，诸如消费者福利、市场价格、产品质量、产品可选择性和创新等都成为反垄断立法的核心参照要素。传统学派的研究尽管在立法目的方面的认知保持了一致，但就其执法目标而言，并未达成高度的共识。坚持对现有反垄断理论体系进行优化改进的研究者认为，现行反垄断制度执法效力不足，纵向维度的审查力度、执法投入过松，横向维度的执法目标过于局限，应充分结合结构性因素对科技巨头类的大企业进行严格审查和监管，并适当调整审查策略。同时他们也认为，反垄断法在不同时代背景下是不断演化的，如果一味盯住反垄断法立法初衷，将忽视当前的产业和社会环境并阻碍反垄断法的进步。可见，传统学派对立法的目的是统一的，坚持了消费者福利标准，但并未就始终坚持这一目标取得共同的认知，时代环境的变换可能引发立法标准的改进。执法目标虽有相异之处，但仍未逃脱保证消费者福利这一衡量标准的限制。

新派关于立法目的和执法目标的观点截然不同，他们认为，《谢尔曼法》确立的初衷是为促进一系列的政治经济目的，包括工人、生产者、企业家和公民利益，反垄断法和竞争政策应该提高市场竞争性而不是所谓"福利"，在现有的反垄断体系中，反垄断法向消费者福利标准的演变背离了反垄断法立法初衷，且与立法初衷渐行渐远。在数字经济时代，经济运行的形态发生了极大改变，如果过分地关注市场价格信号，将使得竞争状况和竞争结构方面的信息被大量掩盖和忽略，会使得反垄断执法陷入困境，从而不利于经济民主等目标的实现。因此，数字经济反垄断立法的目的是要回归保护经济民主，即促进生产活动公平参与、促进收入和再分配公平等。同时，他们认为，在不同时代背景下，人们对反垄断法的要求不同，由此导致了立法初衷的多元性和不确定性，因而反垄断法从诞生之初就是在不确定中追求确定性。面对数字经济时代个人隐私、个人数据频遭侵犯滥用的诸多不确定性情况，新派认为，保护竞争的实质就是为了杜绝公民财产被垄断者侵吞的可能，要实现这一目的就必须以严格的结构主义方法来控制垄断者。应该制定一切有利于民主的立法目标，使得反垄断法不再过多地盯紧经济效率和聚焦市场运作状况的经济指标，而是更多地关注小企业的进入和生存，从而更多地关注竞争结构。

反垄断法律约束方面的分歧与争议集中体现了效率与公平的矛盾冲突，数字经济时代的法律标准应该更倾向于哪一方，即是对立法者关于经济发展阶段特征矛盾的判断与追问。步入数字经济时代以后，传统的经济发展动能优势已被替代，与数字信息技术有关的新动能不断刷新人们的认知，包容审慎的监管倾向被更多的经济体接受。由此，正确判断数字经济发展阶段和发展特征是法律标准界定与选择的根本，反垄断立法初衷应该紧随时代演化而改进。

五、对变革方向的思考：现阶段数字经济反垄断规制的调适路径

面对经济发展形式的剧烈变化，反垄断规制如何转型调适成为当前

学术界讨论的焦点。在进入数字经济时代后，创新引致商业关系不断涌现和演进，市场力量整合方式也被频频打破，然而一个基本的判断是竞争机制仍然有效，反垄断法仍然适用，坚持消费者福利和促进经济发展仍是反垄断必须坚持的目标。从当前数字经济发展的阶段特征判断，选择反垄断经济价值标准统合与法律约束标准演化的方向，似乎是当前反垄断规制改进的最优选择。无论是对反垄断理论的探究和深化，还是对反垄断实践的改进和优化，其根本无外乎是对反垄断经济价值问题与法律约束问题的进一步深挖和探索。具体而言，当前反垄断规制革新亟须对反垄断分析范式、规制目标、规制限度和规制模式等方面作出调适，以有效地增进数字经济市场有序竞争。

（一）加速实现数字经济反垄断理论分析范式修正转型

在反垄断法发展历程中，经济学学科的基本理论、基本观点和基本分析方法对其产生了极其深刻的影响，以一般均衡理论为基石的竞争理论不断发展促使反垄断法不断走向成熟。从完全竞争到不完全竞争再到动态竞争，芝加哥学派对哈佛学派竞争理论进行了批判修正，学习吸收了后者的养分，并将新古典价格理论引入其中，对市场竞争机制进行了深入的经济学分析，其最为重要的结论便是充分竞争促使经济效率提升。故该派提出经济效率为反垄断规制的最终目标，这一理论观点逐渐演变为当前反垄断领域的主流思想，且价格中心主义分析范式顺理成章地成为反垄断规制的基本范式。受此影响，反垄断审查中诸如价格垄断协议、掠夺性定价、垄断高价或低价都以价格为判定依据，同时价格作为反垄断的主要分析工具也被广泛应用于市场竞争评估、市场地位认定和相关市场界定中。进入数字经济时代后，商业模式的改变使得市场竞争方式正由价格竞争转向质量竞争、创新竞争等非价格竞争,创新的频率、产品或服务质量、用户隐私保护水平等逐渐取代价格成为市场经营者竞争的关键因素。在新型商业模式中,多边平台企业对一边商品或服务的定价为零,会使得用户与商品或服务间不存在可精确衡量的市场价格,若继续坚持价格中心主义分析范式,则以价格为基础的分析工具不可适用。因而,数字经济反垄断规制亟须修正转变价格中心主义分析范式,加速建立以质量竞争、创新竞争等非价格竞争评价工具为主的分析范式。以当前的实践来看,质量竞争、创新竞争等竞争程度不易量化,非价格竞争评价难以实行统一的标准,一个较好的思路是将转换成本替代价格作为竞争评价工具,从而达到对原有价格中心主义分析范式的修正。转换成本是消费者理性分析和判断的决策依据,能够比较准确地反映消费者对竞争力量的依赖程度,即越低的转换成本意味着市场竞争更为充分,消费者对竞争的依赖也越紧密。同时,当前大数据技术的日益成熟更是为转换成本的估算提供了较好的技术支撑,以转换成本为依据评估市场的可竞争性得以实现。

(二)科学确定数字经济反垄断规制的目标

垄断与创新的关系问题是数字经济时代反垄断规制的重要命题。从经验的视角来看,传统产业的市场集中度与创新的关系普遍表现为倒 U 形的关系,但数字经济市场集中度的维系必须依靠持续不断的创新作为驱动,市场集中度与创新存在相互依赖和促进的关系,这一关系特征决定了监管机构需要设定有别于传统的反垄断规制目标。在传统分析视角下,无论是"集中度—利润率"的观点假说,还是"利润率—集中度"的认知修正,其理论基础是一致的,即给定资源如何配置,不同之处在于前者认为超额利润不利于给定资源的配置,后者认为超额利润利于资源配置,二者所述的超额利润成因均始于反竞争行为。在动态的数字经济中，超额利润的获取源于创新驱动的市场格局变化，产生超额利润的市场结构有别于任何传统的形式，甚至会短暂出现独占市场的情形，但独占局面又很快会被新一轮的创新打破。此时，超额利润可以看作对创新成本的补偿和对创新本身的激励，由于每一轮创新都可能得到相应的补偿和激励，创新也因此得以不间断的周期性延续。频繁的创新在网络效应的作用下快速散播传递开来，单个企业和社会整体的运作效率几乎同时得以提升，暂时性的市场集中促成了社会总收益超过社会总成本的短期超额利润。由此，数字经济反垄断目标的确定不能延续传统的做法，不能将创新引致的短暂市场集中界定为滥用市场支配地位所形成的集中。创新与滥用市场支配地位都可能抬高市场集中度，但这两种市场集中的性质截然不同，创新引起的短暂市场集中是为下一轮的创新蓄力，而滥用市场支配地位导致的市场集中是为控制市场、攫取利润。因而，数字经济反垄断规制应该明确区分市场集中的动因和形态，并以此为依据设定反垄断规制目标。

（三）合理设定数字经济反垄断规制的限度

只有适度设定反垄断规制的限度，才能最好地发挥反垄断法的约束力度。以北美、欧盟、东亚等经济体对数字经济反垄断规制的实践来看，多数国家并未依照传统实施严格的审查，而是采取了包容的态度，只要在行业安全线以内，均给予适度的"观察期"。虽然这种包容审慎的原则是基于经济发展的角度考虑，但同时也反映出现行反垄断法的规制理念、规制模式、规制方法和规制内容等都落后于数字经济反垄断规制实际需要的现实。在实践中，"观察期"内的审查与评定似乎难以逃离失序窘境，标准模糊使得大量的数据垄断和算法共谋行为难以规制，数字经济时代反垄断规制究竟设置什么样的限度成为当前反复讨论的焦点议题。一个例子是当前反垄断规制采用营业额标准来对经营者集中审查，营业额标准会导致一些具有高价值数据资源和重要市场支配力量的企业被排除在经营者集中审查之外，这完全背离了规制的初衷。因此，对于数字经济市场的竞争行为，反垄断规制限度设定应继续秉持合理规制的理念，既不能因为规制影响新兴行业的发展，也不能过于冒进而损害行业创新。一种可供参考的做法是通过修法在原有营业额标准外增加交易额申报标准，使原有的程序进一步完善、对垄断行为的评估更科学、使其限度设定更合理。这种设定有利于反垄断机构获取更大的自由裁量权，能够为完善和优化数字经济反垄断法条例提供现实依据。

（四）推进数字经济反垄断规制模式的融合创新

在数字经济发展中，关于数据行为引起的相关监管规制问题在数据采集、数据计算和数据服务层面都有出现，尤其是在算法层面出现了"算法合谋"等算法黑箱问题。当前，各国针对算法黑箱问题采取了强制实施算法公开并附带问责、切断算法之间的互动联系和严格管制市场整体环境的措施，但对算法合谋的规制成效依然不高。值得关注的是，当前对算法黑箱等采取的规制模式有过于偏激之虞，规制者的权力之手延伸至市场制度运行各环节，不利于构建和发展自由公平与激励创新的市场竞争生态系统。从数字经济发展的特征来看，当前这种单一化、局限化的规制模式已无法满足数字经济的多元化和多样化发展态势，必须在法律监管规制的同时，建立科学、精准和长效的监管规制机制，杜绝规制者在风险面前不作为或乱作为从而阻碍数字经济发展的可能。在现实中，算法黑箱问题的产生既有监测技术手段跟不上的原因，也有法治体系监管不到位的影响，在以科技之手防治科技滥用的同时，亦要以法律手段规避法律漏洞。可能比较有效的做法是引入协同过滤算法，在利用大数据和人工智能监督算法定向排除不正当竞争目标算法的同时，转变市场监管的整体思路和方式，依据先进数字技术处理得出的结果做好提前预判，全面推进法治监管和科技监管的深度融合，规避单一监管模式的缺陷，修正偏误，以更好地助力数字经济健康发展。

六、结语

数字经济的高速发展对现有传统市场经营行为、商业模式及竞争秩序带来了颠覆性影响，使人类社会步入一个新的奇点时代。无论是在经济理论层面，还是在法律实践层面，数字经济反垄断规制都面临深刻的现实挑战，亟须对理论范式和实践标准进行合理调适。以数字经济阶段特征为分析切入点，坚持反垄断经济价值标准统合与法律约束标准演化，应是较好的突破方向。虽然有人提议，数字经济时代反垄断规制具体路径设计应从技术创新视角出发寻求相应的规制措施，但坚持科技本身作为第一要义在标准没有定型之时有损害社会福利的极大可能，即没有科学的规制标准引向的技术有走向反面的可能。实质而论，标准重构与技术创新并不悖行，当前的客观判定是技术创新有所长而理论与实践标准无定型。由此，经济理论与法律实践的标准界定是现阶段亟须讨论和解决的关键问题，而兼顾技术创新、公平竞争和消费者保护的动态平衡问题应是后期数字经济反垄断规制变革关注和研究的方向。

基金项目：国家社会科学基金重大项目"数据要素参与收入分配的机制与策略研究"（202047）、江西省研究生创新专项资金项目"地方政府竞争、环境规制与区域绿色发展"（YC2019-B081）阶段性成果。

数字经济与数字税

姚 前

疫情防控常态化背景下,数字经济优势不断凸显。习近平总书记在重要文章《国家中长期经济社会发展战略若干重大问题》中指出"我国线上经济全球领先,在这次疫情防控中发挥了积极作用,线上办公、线上购物、线上教育、线上医疗蓬勃发展并同线下经济深度交融。我们要乘势而上,加快数字经济、数字社会、数字政府建设,推动各领域数字化优化升级,积极参与数字货币、数字税等国际规则制定,塑造新的竞争优势"。习近平总书记的重要讲话既深刻阐明了发展数字经济的重要意义,同时又前瞻性地指出了数字货币、数字税等前沿课题。

一、互联网平台企业在数字经济中的主导地位

数字经济的核心是用户流量、生态与数据。网络用户越多,价值越高,越多人愿意接入,最终可能高达几亿人共同连接在同一网络,就像微信。边际成本几乎为0,一张几亿人网络一旦结成,商业价值将极其

作者系中国证监会科技监管局局长。

惊人。马太效应之下，越来越多的市场份额向互联网头部企业集中。谷歌拥有大约 90% 的互联网搜索市场。脸书占据了全球三分之二的社交媒体市场。亚马逊在全球在线零售活动中占近 40% 的份额。中国 App 前十名中，腾讯占四席，阿里系占三席。阿里巴巴拥有中国电子商务市场近 60% 的份额。微信拥有超过 10 亿的活跃用户。微信支付与支付宝占中国移动支付市场 90% 以上。

互联网头部平台企业不仅在细分领域占据不可撼动的市场地位，而且通过收购、战略投资、商业合作，扩展进入互补或关联领域，从上游到下游，从线上到线下，从 C 端到 B 端，从科技到金融，广泛布局。据新财富统计，十年时间，阿里、腾讯已各自铸就 10 万亿市值生态圈。2009 年，全球市值前十大公司主要是石油公司、银行，而 2019 年市值前十家中有七家是互联网平台企业：微软、苹果、亚马逊、谷歌、脸书、腾讯、阿里巴巴。互联网平台企业在数字经济乃至整个国民经济中的影响力可见一斑。

二、跨国互联网企业带来的税收挑战

数字化产品，比如软件、广告、游戏、数字媒体、电子书、云计算等，以及专利权、知识产权、商誉等无形资产，是跨国互联网企业的主要价值形态。这些资产不拘于物理形态，可快速转让、转移和流动，为跨国互联网企业避税提供了便利。比如，跨国互联网企业可在高税率国家设立负责无形资产研发的研发中心，在低税率国家设立负责产品销售的运营中心，两个中心签订成本分摊协议，研发中心承担大部分研发成本，运营中心承担一小部分研发成本，同时获得全部知识产权使用权和相关产品销售权利，由此跨国互联网企业通过无形资产的内部转让定价，将利润从高税负国家转移到低税负国家。例如，许多美国跨国科技企业采用所谓的"双层'爱尔兰－荷兰'三明治"（Double Irish Dutch Sandwich）结构进行避税，即在欧洲税率较低的国家申报企业所得税，比如爱尔兰、卢森堡。2010 年，谷歌被认为通过设在爱尔兰、荷兰、百慕大三地分支公司的关联交易将美国境外收入的纳税率降低到了 2.4%，而谷歌境外运营的大部分国家平均税率都在 20% 以上。

数字经济下的税基侵蚀与利润转移（Base Erosion and Profit Shifting，简称 BEPS）问题已引起各国高度关注。一方面，各国加快税收体制改革，建立与数字经济相适应的税收制度；另一方面，加强国际合作，共同应对 BEPS 问题。2012 年 6 月，二十国集团（G20）财长和央行行长会议同意委托经济合作与发展组织（OECD）开展 BEPS 问题应对研究。2013 年 6 月，OECD 发布《BEPS 行动计划》，并于当年 9 月在 G20 圣彼得堡峰会上通过。随后，OECD 先后发布《关于数字经济面临的税收挑战的报告》（2014 年）、《数字化带来的税收挑战：中期报告》（2018 年）、《应对经济数字化的税收挑战》（2019 年）。OECD 提出的 BEPS 行动计划主要强调税收利益与经济实质之间的相匹配，既不能没有经济实质却发生了税收利益（如前述所言的运营中心），也不能发生了经济实质，税收利益却被转移出去（如前述所言的研发中心）。

目前看，为应对跨国互联网企业的 BEPS 问题，还需要解决一些关键问题，比如内部转让定价的公平交易认定。OECD《跨国企业与税务机关转让定价指南》提出以公平交易原则作为处理转让定价的主要原则，要求跨国企业的每一笔内部交易价格公平合理。税务机关通常采用可比非受控价格法、成本加成法和再销售价格法来估算内部交易的合理价格。但对于以数字产品、无形资产为主要价值形态的跨国互联网企业，这些方法很难适用。互联网企业的无形资产具有独特性和不可复制性，难以在市场上找到相似的可比产品；无形资产研发高度知识密集型，成本估算不那么容易；其产品通过互联网销售，难以采用当地的合理成本利润率加成计算合理的销售价格。

三、数字税的基本原理

"用户创造价值"是平台经济的典型特征。用户生态创造了平台价值，用户越多，平台价值越大。平台价值还来自用户数据。我们正从信息技术时代走向数据时代，联合国《2019年数字经济报告》显示，代表数据流的全球互联网协议（IP）流量从1992年的每天约100千兆字节（GB）增长到2017年的每秒45000千兆字节，再到2022年，全球互联网协议流量预计将达到每秒150700千兆字节。这些数据包含丰富的经济信息，一旦经过挖掘、分析，即可创造出价值。企业可以从大数据分析洞察用户的特征、习惯、需求和偏好，更好感应市场变化，调整竞争策略。第三方平台企业掌握大量用户数据，就像掌握了宝贵的矿产资源。

平台价值来源于用户，所以用户理应享受平台创造的收益。虽然平台企业在发展最初阶段，会向用户发放优惠券和消费红包，但更多是一种营销手段。作为价值创造来源，用户却未能真正享受平台收益。因此基于上述"用户创造价值"理念，作为公众代表，政府有必要像征收自然资源税一样，对平台企业征收数字服务税（以下简称"数字税"）。2020年《OECD/G20关于实现包容性数字税框架的"双支柱"路径的声明》提出的"用户参与"方案认为，用户数据是社交媒体、搜索引擎以及电子商务等数字经济业态价值的创造基础，因此赋予了用户所在国向相关数字平台征税的权利,且无论数字平台是否在本国有实体存在。

同时对跨国平台企业征收数字税,亦有助于维护来源地税收管辖权。例如,假定一家美国搜索公司以日语设计了一个网络界面,主要面向日本的个人用户,在日本界面上投放针对日本用户的广告,广告位的购买者不仅有日本本国公司,还有来自其他国家的公司,比如韩国。韩国公司向美国搜索公司支付了广告费用,美国搜索公司这笔收入来源其实是日本境内,但支付主体和交易均在日本境外,日本难以通过征收进口关税或传统预提税来征收这种税。除了在线广告,在线中介等跨国双边市场模式也存在相似问题。因此,有必要通过数字税,解决因价值创造来源和支付来源之间存在错位而带来的税基侵蚀问题。

四、数字税的国际实践与现实挑战

法国是最早发起和实施数字税的国家。2013年1月,法国财政部发布的《数字经济税收制度专题报告》提出建立可以跟踪用户数据的税收制度,根据企业对用户数据的利用程度制定相应的税率,对收集和使用数据换取的利润征收数字税。2018年3月,欧洲理事会提议征收数字税。2019年6月24日,法国总统马克龙签署了数字税法案,追溯于2019年1月1日对符合条件的企业征收数字税。其征收对象是全球数字服务收入超过7.5亿欧元,且在法国应税收入超过2500万欧元的公司;税率设定为3%;税基是数字企业三个领域的收入:平台的广告收入、中介服务收入和个人数据销售收入等。

法国征收数字税引起了美国的强烈反对。2019年12月,美国贸易谈判代表办公室(USTR)针对法国数字服务税,发布301调查报告,指责法国违反现行国际税收原则。2020年1月，法国同意暂停数字服务税征收直到2020年12月，以换取美国同意暂缓对法国商品征收报复性关税。

截至目前，法国、英国、意大利、奥地利、土耳其等国家已实施数字税。爱尔兰、芬兰等低税率国家则对数字服务税持反对意见。总体来说，世界各国对于是否征收数字服务税方面还存在分歧。批评者认为这是新的贸易保护手段，或成为下一轮全球贸易摩擦的潜在引爆点。也有人批评，这是新冠肺炎疫情下政府为了弥补赤字寻找新税基的手段。若从技术视角看，数字税的落地实施过程还存在以下挑战：

一是税基收入如何认定。目前实施数字税国家的税基范围基本一致，主要是在线广告、中介和用户数据销售。其中关于用户数据销售的应纳税收入，迄今还没有一套基于"用户参与创造价值"理念的科学计算方法，或是最具挑战的工作。另外，确定用户数量和跟踪用户数据，需要追踪用户的IP地址，不仅会产生合规费用，还可能侵犯用户隐私和数据安全。亚马逊表示，计算所欠税款花费数百万美元需要重新编程其系统并跟踪用户数据，以确定法国产生的数字收入；Google则提出用虚拟专用网（VPN）掩盖位置时难以跟踪的问题。二是数字税成本的转嫁问题。法国实施数字税后，亚马逊宣布对其在线平台上的法国中小型企业征收3%的税收。也有研究报告认为，55%的法国数字服务税将转移到消费者身上，40%转移到网上经营的售卖者身上，而大型科技公司仅承担5%。从经济学机理看，数字税的税负分配与产品性质、市场格局、各方主体议价能力、市场控制能力等各类宏微观因素有关。建立科学合理的数字税制度，需要结合市场竞争、税负公平、社会福利等多方面考量，开展更全面、深入的评估与分析。

五、结语

我国是数字经济大国。网络不是"法外之地",线上经济活动同线下一样,也需要建立规范、有序的市场秩序。加强数字税的研究及国际规则建设,是加强数字经济治理的应有之义,更是防范税基流失、维护税收主权的必要之举,同时伴随我国数字经济企业走出去步伐的加快,这还是我国参与国际税收治理、为走出去企业保驾护航的主动战略。下一步,我们应认真贯彻落实习近平总书记关于数字税的指示精神,密切跟踪数字税国际改革进展,加强数字税理论研究和实践探索,积极参与国际税收规则制定,并结合我国数字经济发展实际,建立规范、公平、科学、合理的数字税制度。

VIII

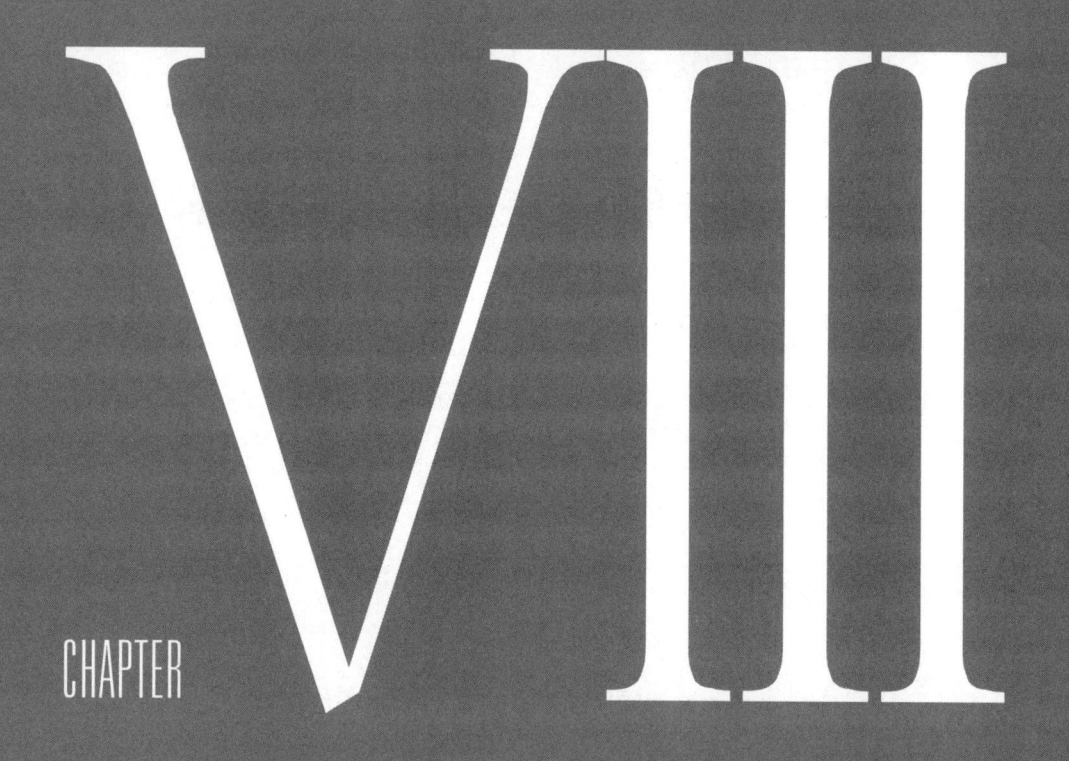

CHAPTER

第八章

解决好大城市住房突出问题

国际大都市租赁住房发展的模式与启示

——基于15个国际大都市的分析

田 莉 夏 菁

一、背景

当前我国正处在经济增速调整、房地产发展阶段转换的关键时期，城市特别是大中城市房地产价格过快上升带来的泡沫效应、金融风险与对社会民生支出的挤出效应日益凸显。近年来，一二线城市房价涨幅超过居民收入增幅，不仅显著加重了居民购房负担，而且金融资源过多投入房地产部门将带来巨大的潜在金融风险，也增大了实体经济发展的难度。2016年底，中央经济工作会议对促进房地产市场平稳健康发展提出了新要求，坚持"房子是用来住的、不是用来炒的"的定位，要求综合运用金融、土地、财税、投资、立法等手段，加快研究建立符合国情、适应市场规律的基础性制度和长效机制。

2017年，十九大报告提出"加快建立多主体供给、多渠道保障、租购并举的住房制度"后，租赁市场的重要性凸显。但总体来看，我国城

田莉，清华大学建筑学院城市规划系教授，副系主任，土地利用与住房政策研究中心主任；夏菁，清华大学建筑学院，博士后。

市租赁住房市场发展滞缓，仍处于"购售一只腿长、租赁一只腿短"阶段。全国第六次人口普查数据显示，我国约有25.8%的城市居民以租赁方式解决住房问题，住房自有率高达89%。由于缺少土地、金融、税收、租赁住房管制等配套的制度和法规政策，特大城市租赁市场存在供应严重不足、租金上涨过快、租客权益缺乏保障、市场管理缺乏规范等问题。同时，这些城市住房租赁市场存在巨大需求。

从国际比较来看，经济较为发达的国家如美国、英国、法国、德国和日本等，其城市住房租赁比例大部分在40%~60%，且城市经济越发达，房价水平越高，租房比例就越高。国际经验还表明，仅由政府提供低端住房保障远远不够，引入社会资本、开展租售并举的供给侧改革对完善我国的住房基础性制度和建立房地产长效调控机制具有重要意义。

为充分了解发达国家/地区城市租赁住房发展与建设的历程、政策设计及其对住房市场的影响，本文选择了国际上具有代表性的15个大都市，包括美国纽约、洛杉矶，英国伦敦，法国巴黎，德国柏林、汉堡、慕尼黑，瑞士苏黎世，日本东京，中国北京、上海、香港、深圳，介绍各城市的租赁住房结构、政策和建设体制等，分析总结政策的实施效果，将其他国际大都市与我国住房问题突出的大都市进行比较，以期对我国大城市租赁住房的发展有所借鉴与启示。

二、研究对象与研究方法

（一）研究对象

为加强可比性，本文选择欧洲、北美和亚洲的15个大都市，包括欧洲 7 个，美国 2 个，亚洲 6 个（含中国 4 个）作为比较案例（表 1）。虽然由于地理状况、发展阶段、国情体制不同，各个城市之间有明显的差异性，但这些城市都是一国首都或经济中心城市，人口密度居于所在国前列，住房价格较高，租赁需求较大，对我国大城市租赁住房市场的发展和政策的制定具有较强的借鉴意义。

表 1 案例城市基本概况

城市	人口/万人	辖区面积/km²	人均 GDP/万元人民币
伦敦（Greater London）	891	1579	48.6
巴黎大区	1098	12011	37.7
巴黎核心区（小巴黎）	214	105	
柏林（全市域）	375	892	18.9
汉堡（全市域）	184	755	27.2
慕尼黑（全市域）	147	311	30.7
阿姆斯特丹市（核心行政区）	86	219	35.0
苏黎世城市圈	380	2103	
苏黎世（市区）	43	92	64.2
大纽约都市圈	2030	11640	
纽约（New York city）	856	784	72.8
洛杉矶县（Los Angeles County）	982	12308	
洛杉矶（City of LA）	398	1215	51.6
东京都	1383	2194	47.7
东京都区部	956	628	
首尔（全市域）	967	605	28.2
北京	2154	16406	14.1
北京城六区	1166	1384	18.3
上海	2424	6341	13.5
上海外环内	1267	1500	16.9
深圳	1303	1998	19.0
香港（全市域）	745	1106	32.3

注：数据采集时间为 2018 年。其中，大纽约都市圈人口为 2017 年数据；洛杉矶县人口为 2010 年数据，GDP 为现价。

（二）研究方法

鉴于 15 个城市在面积、人口密度、租赁住房发展阶段等方面存在的差别较大，本文主要采用聚类分析结合定性分析进行分类。我们主要选择四个维度，分别是（1）人口密度：单位建设用地上的居住人口密度[①]；（2）经济发展阶段：用人均 GDP 作为衡量变量；（3）租房市场维度覆盖 4 个指标：房价收入比、租金收入比、售租比、租房比例；（4）政府干预维度主要选择公共住宅[②]占比和可负担住房的公共财政支出比例。这里的公共住宅指的是政府财政资金提供的面向低收入居民的廉价租赁住房。考虑到不同国家对租赁住房存在"补砖头"和"补人头"的差异，用"可负担住房的公共财政支出比例"这一指标作为"公共住宅占比"的补充指标。四个维度共选择 8 个指标进行聚类分析，为消除不同指标之间数值不统一对聚类结果产生的影响，先对数据进行标准化处理，再基于 SPSS16.0 软件平台进行系统聚类（hierarchical classify）。其中聚类过程中选择的测度方法是欧式距离平方，聚类目标是形成 2 类至 4 类的聚类方案。15 个大都市 8 个指标的具体数值及相关特征值见表 2 和表 3。

[①] 考虑到 15 个城市的面积差异较大，北京、上海和东京采用中心区人口与建设用地比值，即北京的城六区、上海的外环内、东京的东京都区部；其他城市采用市域范围数值。

[②] 各城市的"公共住宅"所指不同：阿姆斯特丹指住房协会提供的面向低收入群体的租赁住房，香港指公营房屋，慕尼黑、汉堡、柏林指联邦/州/市政租赁住房，东京指公营住宅与公团（后改为都市再生机构）公社住宅，苏黎世是公租房与住房合作社提供的非营利性成本型租赁住房。

表 2 15 个大都市相关指标

城市	租房市场维度				政府干预维度		人口维度	经济维度
	指标1	指标2	指标3	指标4	指标5	指标6	指标7	指标8
	房价收入比	租金收入比	售租比	租房比例	公共住宅占比	可负担住房的公共财政支出比例	人口密度	人均GDP
北京	48.1	58.6	73	20.0	1.4	1.8	1.7	18.3
上海	42.8	60.8	59	20.0	1.4	3.2	1.7	16.9
深圳	40.3	45.5	64	21.0	1.5	9.9	1.3	19.0
伦敦	22.2	35.6	25	49.0	4.0	3.8	1.1	48.6
阿姆斯特丹	9.9	30.7	15	70.0	32.5	1.4	1.1	35.0
巴黎	17.7	43.0	14	60.0	21.0	10.0	2.0	37.7
柏林	9.6	23.4	16	82.6	15.0	17.5*	0.4	18.9
汉堡	8.8	14.7	23	76.1	14.6	12.0*	0.2	27.2
慕尼黑	15.0	30.7	17	75.0	10.0	15.9	0.5	30.7
苏黎世	9.9	20.3	22	92.0	21.6	1.6*	0.6	64.2
纽约	12.3	34.7	14	62.9	5.0	0.6	1.9	72.8
洛杉矶	8.4	31.6	17	63.4	10.9*	0.9	1.6*	51.6
东京	13.8	29.0	29	51.1	7.1	3.2	2.6	47.7
首尔	18.1	23.1	54	51.7	4.6	3.2	2.2	28.2
香港	41.1	73.3	40	50.8	30.6	5.7	2.7	32.3

注：（1）表格中标记为"*"的数据缺失，为基于 EM（Expectation-Maximization，期望—最大似然估计法）进行迭代50次建模填补的数据，其中，洛杉矶公共住宅比例较纽约偏高，考虑到纽约的公共住房保障力度在美国较高，故该项数据在聚类结果中需要留意数值"偏高"；洛杉矶人口密度与纽约接近，信度较高；慕尼黑可负担住房的公共财政支出比例为慕尼黑市 2018—2022 年政府用于住房建设的投资总额，柏林和汉堡该项指标较高可能受慕尼黑影响，考虑到这三个德国城市近年来持续处于新增租房需求面临挑战的阶段，地方政府也在不断加大对私人住房转为社会住房以及新增社会住房建设的财政支持力度，故在15个大城市中指标相对偏高也有一定的信度。（2）政府干预维度两项指标为城市完整行政事权边界范围内的数值，非核心区范围内，原因是政府支持的可负担住房选址不确定性，难以用核心区内的数值去衡量城市整体的政府干预力度。（3）房价收入比数据来自 NUMBEO 统计的 2018 年各城市的数值，租金收入比为月租金与月收入比值（月租金采用中档两卧室公寓平均租金，月收入采用税后月收入乘以2），售租比为每平米房价均值与每平米租金均值的比值，租房比例为租赁住宅总量与住宅总量的比值，公共住宅占比为政府提供廉价租赁住房数量与住宅总量的比值，人口密度为常住人口规模与建设用地的比值。

表 3　15 个大都市 8 个指标的相关特征值

指标类型		最小值	最大值	均值	标准差
租房市场维度	指标 1：房价收入比	8.4	48.1	21.2	14.3
	指标 2：租金收入比	14.7	73.3	37.0	16.5
	指标 3：售租比	14.0	73.0	32.1	20.5
	指标 4：租房比例	20.0	92.0	56.4	22.4
政府干预维度	指标 5：公共住宅占比	1.4	32.5	12.1	10.3
	指标 6：可负担住房的公共财政支出比例	0.6	17.5	6.1	5.6
人口维度	指标 7：人口密度	0.2	2.7	1.4	0.8
经济维度	指标 8：人均 GDP	16.9	72.8	36.6	17.2

三、大都市租赁住房发展的类型划分

（一）根据指标聚类的类型划分

对 8 个关键指标的聚类结果表明，15 个大城市的租赁住房模式呈现四类集聚特征（图 1），分别是：

1. 住房负担重、租赁住房发育不足、政府干预弱的高密度大城市，以北京、上海、深圳为代表，其房价收入比和租金收入比高，租金回报率低，公共住宅占比低，人均 GDP 相对较低。买房难、租房难，市场对租房市场缺乏兴趣，同时政府公租房的供给比例较低。

2. 住房负担重、政府干预较强的高密度大都市，以香港为代表。房价收入比、租金收入比高，租金回报率低，但公共住宅占比高。其同样面临买房难和租房难的困局，但政府主要以"补砖头"的形式大幅提升公共住宅比例，缓解住房短缺问题。

3.住房负担较重、租赁市场发达、政府放松干预的较高密度大城市，以东京、首尔、巴黎、洛杉矶、伦敦、纽约、阿姆斯特丹、苏黎世为代表。这些城市的房价及租金收入比虽然较高，但与第一、第二类城市相比偏低，人口密度较高，租赁住房市场发达。政府主要通过市场化的手段解决住房问题。以纽约、洛杉矶为代表的通过租房券等"补人头"方式放松政府对市场的直接干预；以阿姆斯特丹、苏黎世为代表的通过非营利组织提供大量社会住宅，以缓解可负担住房供应不足问题。

4.住房负担略重、租赁市场发达、政府干预力度较高的较低密度大城市，以柏林、汉堡、慕尼黑为代表。这些城市的人口密度在15个大都市中处于低位。房价收入比虽然高于国际平均水平的4~6倍，但与前三类相比较低，政府投资的公共住宅比例以及政府对可负担住房的财政支持均较高，租赁住房市场发达。

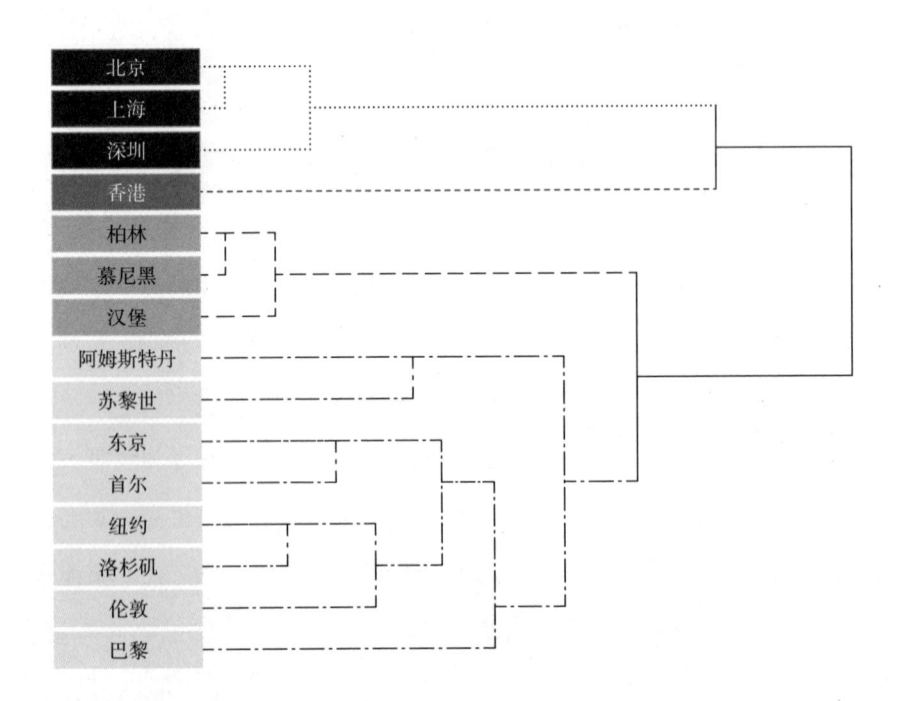

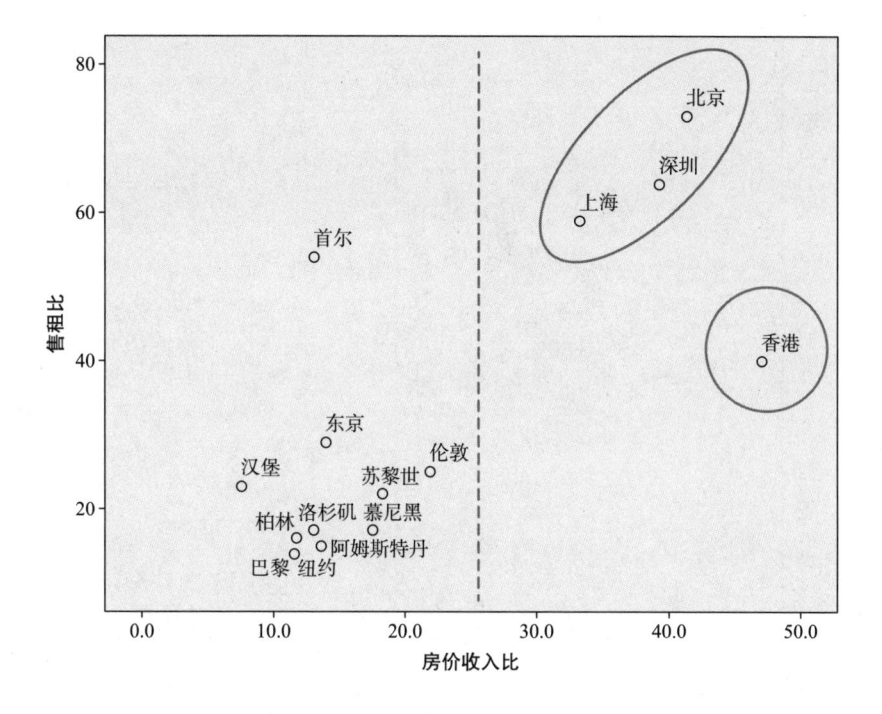

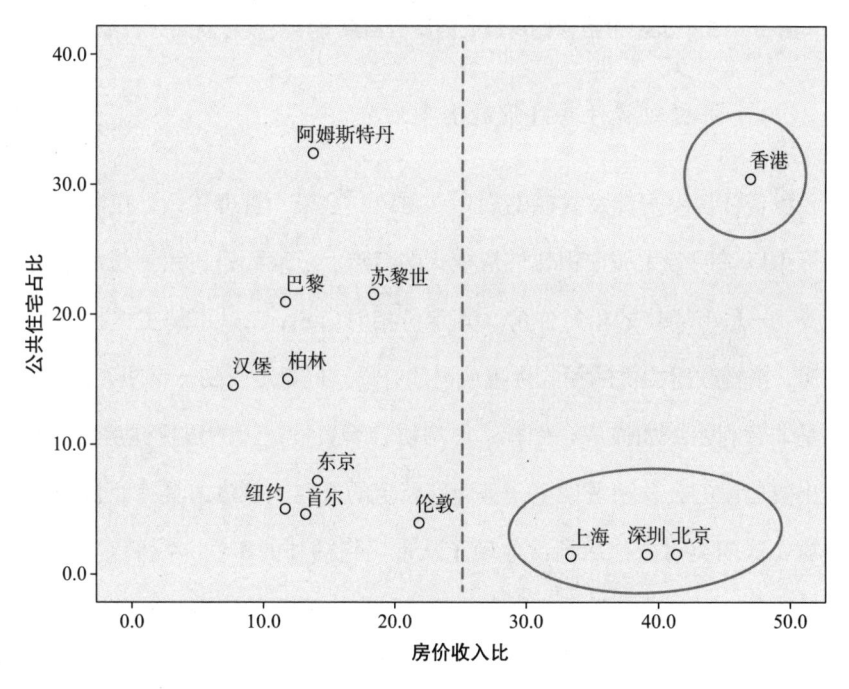

第八章　解决好大城市住房突出问题

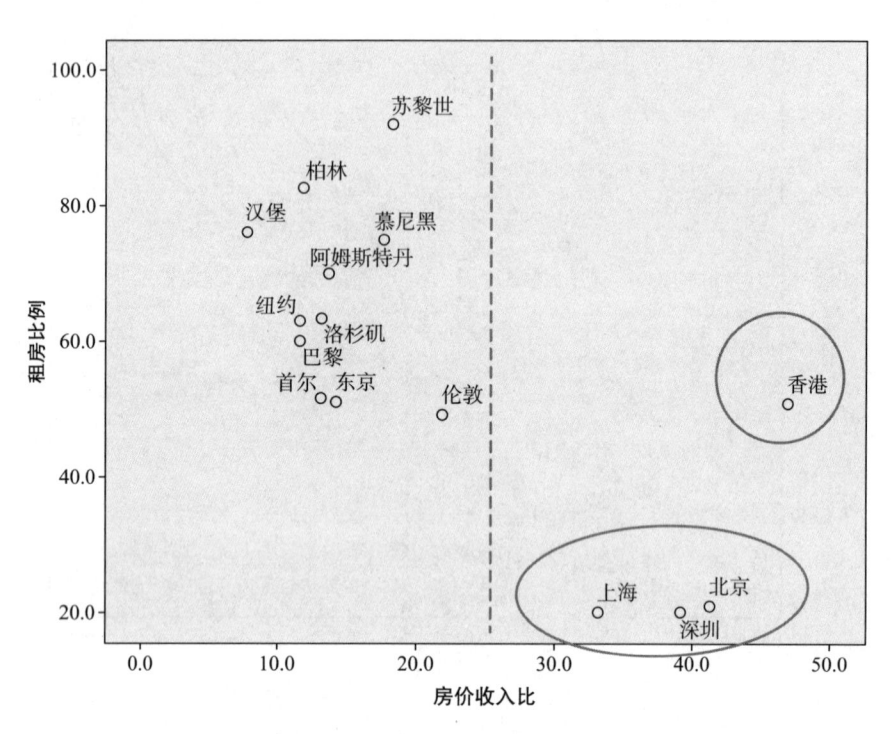

图 1　15 个大都市租赁住房模式的聚类结果与相关指标交叉分析散点图

（二）根据租赁住房政策的类型划分

租赁住房发展涉及复杂的规划、财政、金融、管理体系，仅靠简单的指标难以说明各大城市租赁住房模式的特点。一般而言，租赁住房主要分四类：一是市场化的租赁住房，其定价相对自由；二是市场主体提供租赁住房，接受政府提供的税收优惠或财政补助，但租金受到一定限度的管制；三是非营利组织如住房合作社、住房协会等负责建设的租赁住房；四是政府出资建设的公共租赁住宅，其面向特定的低收入群体，具有明显的福利性质。这四类租赁住房渐次体现了从市场到福利的特性。我们对 15 个特大城市从 1940 年代至今（主要是二战以来）租赁住房政策的演变，现阶段政府对公共租赁住房、社会租赁住房和市场化租赁住房的政策进行了总结（表4），将本文研究的15个案例城市分为以下三种模式。

1."二元化"体制下的政府主导供应租赁住房模式

"二元化"体制的特点是，一方面市场提供的商品化租赁住房房价较高，另一方面政府直接建设公共租赁住宅，以中国大城市为代表。例如，在香港，高昂的房价收入比与政府提供的大量公屋并存，后者占比达到40%以上。在北京、上海和深圳，采用的也是典型的"二元化"模式，而且政府建设的公租房主要对有户籍人口的本市居民开放，绝大多数非本市户籍人口没有租赁资格。

2.市场主导供应租赁住房模式

市场主导的租赁住房供应与"二元化"体制的差别在于，前者更多依靠市场化方式而不是靠政府大规模建设公共住房来解决问题。这种模式又可以分为两类：一是以东京和首尔为代表的放松规划管控模式。在东京，由于政府放松土地与规划管制，释放了更多土地进入住房市场，充分释放市场发展租赁住房的活力，房价收入比和租金收入比都较低，依靠市场能解决大部分人的住房需求，政府只针对收入非常低的群体提供公共租赁住房。首尔的房价收入比和租金收入较高，近年来希望通过放松市场管制大量增加供应。东京与首尔的售租比差异明显（东京29，首尔54），主要因为东京房价虽高，但居民收入也不低。以NUMBEO平台2020年4月更新的数据为例，首尔市中心单室套租金比东京低38%，公寓每平方米房价均价较东京高出42%，而首尔的税后月收入均值比东京低23%。第二类是以伦敦、纽约、洛杉矶等为代表的需方补贴模式。这类城市房价较高，政府大幅度减少公共租赁住房的供应，多采用补需方的政策，发放租房券给低收入群体。同时，政府积极通过财政、税收等优惠手段鼓励市场主体建设租赁住房，如伦敦的建后出租房（BTR：

built to rent）和纽约的租金稳定型住房，其租金在特定条件下接受监控。

3. 非营利组织主导的租赁住房供应模式

以瑞士和德国城市为代表。政府从鼓励多元建设主体、多种建设模式等方面着手，以增加租赁住房房源，并稳定住房的自有率。例如，柏林、苏黎世、慕尼黑、汉堡等地的住房市场呈现低自持率、高租赁比例、低房价收入比的特点，正是其坚持"单一制"租赁住房体系以维持住房市场健康发展的重要体现。这种模式成功的关键是非营利市场与营利市场的整合性，其为成本型租赁住宅的供给提供了市场吸引力，也为租房的供给端应对各类需求变化预留了弹性。

表4 各城市租赁住房政策的变迁及政策特点

国家和城市	租赁住房政策的主要变迁	政府对公共/社会租赁的政策	政府对市场化租赁住房的政策
美国纽约、洛杉矶	"大萧条"与二战后，政府全面干预，兴建公共租赁住房；1970年代后，租房券等货币化补贴替代福利住房供给	以租房券为代表的货币化补贴政策逐渐成为美国住房福利政策的主流；对供方进行税收、金融等支持	自由租赁市场，主张"市场优先"；需求补贴+特定条件下的租金管制；采取税收优惠、容积率奖励等方式刺激市场对可负担住房的供应
英国伦敦	二战后，英国政府大量建设公共住房；1980年代后，取消租金管制，公共住房从"福利化"转向"市场化"	向低收入家庭发放住房补贴；公共住房可对外出租	鼓励机构提供建后出租房；住房协会可以合理盈利；住房政策转向市场化租赁与提高住房自有率并重
法国巴黎	二战后政府直接参与公共住房建设；1970年代，中央政府放松管制，鼓励多元主体参与社会住房建设并鼓励居民购买住房；1997年房价飞涨，2005年郊区爆发骚乱，社会住宅再次回归公共政策重心	公共租赁住房建设从郊区集中式建设转向分散化建设；社会住宅占比相对稳定，但集中建设带来住房隔离问题；鼓励市场介入公共租赁房	私人租赁住房市场活力不足

续表

国家和城市	租赁住房政策的主要变迁	政府对公共/社会租赁的政策	政府对市场化租赁住房的政策
荷兰阿姆斯特丹	二战后,大量补贴社会住宅建设,同时强化对住房机构的控制,社会住宅成为解决住房短缺的主要途径;20世纪末,停止对住房机构的资金支持,住房机构部分进入市场	非营利住房机构提供社会住宅给低收入群体;社会住宅在住房总量中的占比达50%以上,范围很广,形成"普惠模式"	荷兰租赁住房由个人持有的商业租赁、机构持有的商业租赁以及社会租赁构成;社会住宅建设机构可以发展面向中等收入群体的租赁和售卖市场部分盈利;开始市场化运营
德国柏林、慕尼黑、汉堡	二战后政府资助公共租赁住房建设,并通过无/低息贷款鼓励私人机构增加住房供应;1990年代,东西德统一后,政府不再从事住房建设和管理,而是鼓励住房合作社、私人开发商和私人等建造租赁住房	国有市政企业对公共租赁发挥压舱石作用;公共住房公司和市镇住房公司都有"公共性";对低收入家庭提供房租补贴;公共租赁住房房租与工资收入结合,采取浮动房租方式	法律明确租赁住房市场的社会责任,采取租赁管制政策;保留房租指导价制度,从"比较租金"转为"习惯性当地参考租金";住房合作社属于准福利性质的"廉租房",但按市场规律竞争运行
瑞士苏黎世	1970年前,联邦政府直接投资建设廉租房;1970年后以低息贷款方式间接支持企业建设面向低收入家庭出租的社会保障房,并对低收入家庭发放租金补贴	公益性组织建设面向中低收入群体的租赁住房,对低收入者发放租金补贴;非营利性住房主要是政府与住房合作社、基金会和协会等通过公私合作提供的低租金租赁住房	以低息贷款、循环的住房基金等优惠政策鼓励市场主体提供可支付租赁住房;通过居住条件审查、各类房产税设置稳定自由租赁市场
日本东京	二战后,以政府主导的公营住宅为主,结合对自有住宅的政策支持,快速缓解了住房短缺问题;住房供需矛盾缓和后,放松租金、地价管制,鼓励民营租赁发展	政府放松管制下,公共租赁与市场租赁并行发展;承担社会责任的企业和机构推进面向中低收入群体的租房保障	通过土地与容积率放松管制、金融与税收激励等政策刺激市场发展租赁住房

续表

国家和城市	租赁住房政策的主要变迁	政府对公共/社会租赁的政策	政府对市场化租赁住房的政策
韩国首尔	住房短缺矛盾尖锐时，政府大力增加公租房供应；1997年金融危机后，推出针对低收入承租人的租房押金贷款以减轻租房负担；近来推进政府主导的公租房以及私人部门开发的"雇员租房"等多种供应主体的租房	通过租金补贴、低息贷款、减免税收等方式向低收入家庭提供支持；2015年开始推行社会租赁，鼓励承担社会责任的机构或组织参与可支付的租赁住房建设；尝试用"先租后售"的公共租赁供应体系	促进公共租赁与市场出售、市场租赁等并行发展；放松容积率管制，鼓励市场增加租赁住房；推行全租房、月租房、担保月租房等多种租赁类型的住房
中国香港	1960年代前，自由市场住房问题突出；1960年代开始，推进公屋与自持住房；21世纪初，私人机构开始以居屋售卖支撑公屋维护，政府大量减少公屋市场占比	政府主导的公屋制度，以"补砖头"方式为主	香港的私人租赁市场较为宽松自由，机构化租赁也极少；1970年代香港实施租金管制，亚洲金融危机后废止；减少公屋，发展自持型房地产市场
中国北京、上海、深圳	改革开放40年来城镇住房制度改革经历了福利化—商品化—资产化—金融化的历程；1998年确立保障房制度，同步推进以低收入家庭租赁为主的廉租房；2010年，廉租房供应政策向公租房转变	以面向低收入城镇家庭的公租房制度为主；面向特定人群的人才房等作为补充	商品房住房市场主导；非正规租赁住房占据较大份额；近年来逐步引进"竞自持"等手段鼓励市场提供租赁住房

四、大都市租赁住房政策变迁特征解读

15个案例大都市的租赁政策变迁，在时间上可大致划分为三个阶段：二战后供给严重不足阶段，1980年代左右供需缓和及新自由主义思潮影响下住房自有率逐步提升阶段，以及21世纪以来的金融危机与住房品质

提升阶段。

(一)适应不同阶段的租赁住房发展策略转型

欧美发达国家和日本城市租赁住房政策的变迁表明,二战期间住房大量被毁,战后普遍大规模建设公共住宅以应对住房短缺问题。住房供需缓和后,政府不再直接大规模建设住房。同时,公共租赁住宅的建设和维护成本日增,一些城市开始公共租赁的私有化改革,公共租赁政策普遍呈现从"补砖头"向"补人头"的政策转变。与此同时,政府积极拓宽面向中低收入群体住房保障的融资渠道,建构适合的租赁住房建设标准和管控体系。首尔和香港建设公共租赁住房起步稍晚一些,首尔是在经济发展到一定程度后,住房问题十分严峻时,才开始建设公共租赁住房;香港在放任自由市场调节,爆发低收入群体住房问题后,开始实施政府干预的租赁住房政策。与首尔类似,香港在建设公共租赁住房的同时,也强调住房自有率,这体现在香港采取公屋(租赁型)和居屋(购买型)两类保障房并行供给中。

二战后对各国租赁住房政策普遍产生影响的事件是金融危机。在1997年亚洲金融风暴和2008年全球金融危机后,各国的租赁住房政策都有所调整。多数城市政府通过土地、税收、金融等政策刺激市场,增加租赁住房供应,同时以货币化形式补贴需方以减轻其租房负担,而非如二战后的直接投资建设公共住房。

住房供需数量矛盾得到缓和后,欧美发达国家大城市多面临集中建设公共租赁住房带来的贫困集聚、居住隔离等社会问题,为此,多采取分散开发、混合开发等方式进行干预。其中,以法国为代表的居住隔离问题,在市中心城市更新过程中采取分散公共租赁开发模式时,就受到邻居的抵制。与法国不同，德国对公共租赁与市场租赁采取同等的管制措施和政策优惠，在应对金融危机和居住隔离问题上显示了较强的应对性。

21世纪以来，国外大都市在实施多元化、有活力的城市发展战略过程中，本国年轻人、专业技术人员等不断涌入，加之现代交通体系、开放政策、创新环境等对国际移民的吸引力增加，租赁住房需求不断提升。与此同时，由于整体生活水平的改善，租客也对住房品质提出了更高的要求。在此过程中，德国大城市主要通过购买私人业主房源，加大新增可负担住房建设力度，冻结租金等方式维持住房的可支付性。如柏林在2019年以10亿欧元的总价从私人业主方购置了6000套公寓作为可负担住房，并计划在2023年之前新建2000套公寓，同时试图采取冻结租金等方式减轻租客租房负担；2018年慕尼黑市投资2.63亿欧元用于促进住房建设，慕尼黑市在2018—2022年实施的一项投资建设计划中，住房建设的投资总额达12.1亿欧元。创新建设模式、提升居住质量也是各国近20年来应对变化的租赁住房需求采取的应对策略。如东京大力发展公共建设项目全程信息化和装配式住宅，以更高效地增加住房供应量；洛杉矶以模块化方式为无家可归者建造住房，以及为解决低收入群体入住保障性住房轮候时间过长的问题，采取长期性租赁住房与临时性荫蔽所结合的方式，争取在最短时间内最大规模地提供住房保障。

（二）新自由主义与社会市场经济模式下的住房策略

与英美占主流思想的"自由市场经济模式"不同，在德国、瑞士、荷兰等国，受"弗莱堡学派"经济发展理论的影响，主张建立一种既非资本主义又非社会主义的"经济人道主义"制度，即社会市场经济，其本质是私有财产的社会责任界定。相对自由市场经济下的营利性住房而言，在社会市场经济模式下，多元主体的竞争形成了成本型租赁市场，既保证了充足的租赁房源，又维持了其价格的稳定，因此形成长期较为稳定的租赁市场。当然，社会市场经济住房模式的成功，有赖于住房合作社等机构长期以来的发育和完善。

在东亚国家，包括日本、韩国和中国，其住房市场发展的思路更接近自由市场经济模式，但国家之间又有所不同。东京通过放松土地与规划管控，以及建造租赁住宅等方面的税收优惠，鼓励个人地主参与租赁市场，大大促进了租赁住宅的供给量，较好地解决了租赁住房供应不足的问题，目前已开始住房从"量"到"质"的提升。相比之下，首尔和香港的房价收入比较高，租金也偏高，租赁住房市场问题较多。而北京、上海和深圳问题更为尖锐，除了高租金的商品租赁住房和针对户籍人口的公租房外，非正规租赁住房市场发挥了重要作用。

五、发达国家大都市租赁住房发展对我国的启示

1970年代末以来，以"里根—撒切尔"新政为代表的新自由主义理论席卷全球。受其影响，通过自由住房市场发展解决住房问题，政府救济型的公共住房建设规模逐步最小化，成为补充市场住房的社会安全网的认识，逐步成为一种主流思想。应该说，中国住房政策的制订也在一定程度上受到这种思想的影响。地方政府对"土地财政"的严重依赖和住房市场的"金融化"导致房价飞涨，住房问题日益尖锐。借鉴其他发达经济体的经验和教训，对我国租赁住房的发展有如下启示。

（一）从"二元化体制"向多元化体制转型

发达国家住房福利政策的演变表明，住房政策应与住房市场供需状况相适应。在住房短缺时代，政府扮演的多是"公共住房的供应者"的角色，而住房短缺缓解之后，则更多扮演"市场化供给的环境营造者"角色，从"补砖头"到"补人头"是住房福利政策演进的必然趋势。政府应更多地考虑如何完善住房供给体系，通过金融税收优惠和补贴等政策，鼓励市场主体积极兴建租赁住房。市场化租赁住房的建设和供应，首先可以缓解政府的公共财政压力；其次，可以通过市场化的手段增加供应，有利于租金的稳定，解决目前外来流动人口和夹心层可支付的租赁住房不足的矛盾；最后，市场对租客的需求更了解，在产品的提供上更能满足其需求，可以较好地避免供需错配的问题。

（二）培育专业租赁机构，增加租赁住房供应

在发达国家中，第三方专业租赁机构普遍存在，而且在保障房体系中扮演着不可或缺的角色，例如伦敦、阿姆斯特丹等城市的住房协会，苏黎世等北欧国家城市的住房合作社以及房屋委员会等。多国政府均选择在解决住房短缺问题后将房屋交由这些第三方专业租赁机构运作供应，各国交由的权限和管理方式不尽相同。培育专业租赁机构对于解决中低收入群体住房短缺问题后减轻政府财政负担、防止房地产企业垄断具有重要意义。我国专业租赁机构的培育明显不足，极大地制约了我国住房租赁市场的发展。未来需要研究鼓励相关机构积极参与租赁住房的管理和运营。当然，这些专业机构可以分为营利性机构和非营利性机构，各自承担不同的职能。

(三) 完善租赁市场的立法与管理制度, 保护租住群体权益

发达经济体十分重视租赁市场的立法规范、市场监管以及租赁双方的权益保障。通常这些立法遍布于住房体系建立和维护的每个阶段。例如德国颁布了《住房建设法》《住房租赁法》《租金水平法》和《私人住房补助金法》, 对租金水平及政府对低收入家庭的补贴额度进行控制；法国通过"低租金住房制度"和《城市更新与社会团结法》规定每个城市应建设20%保障性住房；英国通过《住房法》和《住宅与建房控制法》对保障房的建设和租金进行管控；美国颁布《租金管制法》和《公寓法》来控制补贴, 稳定租金；日本的《公营住宅建造标准》对租赁双方的义务和权利进行了严格控制。这些立法规范有效地保证了租赁市场的稳定和租赁双方的权益, 而目前我国的租赁市场上尚无一部相关的法律, 这也是造成租客权益得不到有效保障, 因而仍然倾向于购房的主要原因之一。

1998年住房制度改革以来, 我国的房地产市场迈入了快速发展轨道。伴随着20多年来房价飞涨, 租赁住房的发展却始终处于自发阶段。"租购并举"的住房体系既是中央政府解决我国住房问题的战略, 也是住房矛盾尖锐下不得已的选择。虽然在国情和社会经济发展阶段上有诸多不同, 回顾和借鉴国际大都市在不同阶段下租赁住房发展战略和政策的经验与教训, 仍对我国租赁住房的发展与政策制定具有重要意义, 这需要广泛和深入的持续性研究。

基金项目: 北京卓越青年科学家计划 (JJWZYJH01201910003010)。

中国住房租赁市场发展困境与政策突破

邵 挺

租和购是城镇家庭住房消费的两种基本方式。新中国成立后,我国实行福利住房制度,国家和单位负责住房建设、分配给职工家庭租住,家庭住房消费以租赁为主。1998年实行城镇住房制度市场化改革,原租给职工的公有住房低价出售给职工家庭,家庭住房消费从以租赁为主逐步转向以购买为主。自此以后,我国房地产市场以买卖为主,住房销售市场法律法规体系齐全、发展迅猛,但住房租赁市场处在自发性发展状态,租赁立法滞后,金融、土地、税收等政策体系不健全,发展滞缓,成为住房制度体系中的最大短板。住房制度和供给体系失衡,突出表现在"租赁市场一只腿短、购售市场一只腿长"的局面长期存在。

十九大报告提出,加快发展和培育住房租赁市场、构建租购并举住房制度。2019年中央经济工作会议也提到,要大力发展住房租赁市场。推进租赁住房建设、培育和发展住房租赁市场,是贯彻落实"房子是用来住的、不是用来炒的"这一定位的重要举措,是解决新市民住房问题、加快推进新型城镇化的重要方式。近年来,我国住房租赁市场发展进入

作者系国务院发展研究中心市场经济研究所房地产研究室,主任,研究员。

快车道，以长租公寓为代表的租赁新业态、新模式的发展势头良好，但一段时期内也出现了"租金贷"盛行甚至"高进低出""短进长出"，一些长租公寓运营机构破产、跑路，严重损害了租客和房东利益，破坏了租赁市场秩序。造成前述现象的重要原因之一，是相关法规政策体系的不健全，既没有出台国家层面的租赁市场发展条例，金融、土地、税收等政策体系也不健全。本文提出，要推动我国住房租赁市场健康平稳发展，需要认清当前租赁市场发展的主要矛盾和矛盾的主要方面，破解制约发展的诸多政策障碍，统筹构建政策支持体系，从增加有效供应、完善法律和政策体系、"租购同权"等方面形成制度和政策合力。

一、住房租赁市场的现状

2016 年 5 月 17 日，国务院办公厅《关于加快培育和发展住房租赁市场的若干意见》（国办发〔2016〕39 号）出台，明确指出要加快培育市场供应主体、鼓励住房租赁消费、完善公共租赁住房、支持租赁住房建设和加大政策支持力度。为贯彻落实文件精神，相关部门也陆续出台了相关政策文件，相继开展了培育住房租赁市场、利用集体建设用地建设租赁住房、中央财政支持住房租赁市场发展三项试点。指导地方政府通过新增用地建设租赁住房，新建商品住房项目中配建租赁住房，将闲置和低效利用的工业厂房、商业办公用房改为租赁住房等多种方式，增加租赁住房供应。

（一）租赁市场化程度提升，大城市租赁比例较高

在 1998 年停止福利分房、推行城镇住房制度改革以后，随着廉租住

房和公共租赁住房制度的陆续建立，住房租赁市场演变为由保障性租赁住房和市场化出租住房所组成的二元体系。2000年，全国有6.11%的家庭户租用公有住房，租赁其他住房（主要是市场化商品住房）的家庭户占比为2.7%，到2015年前者的比例降至1.35%。2010年后者的比例升至10.5%。目前我国大概有1.6亿人在城镇租房居住，占城镇常住人口的21%。根据住建部2018年的调查，这些租房居住的流动人口，通过市场租赁住房占80%，就业单位配租占10%，租住亲戚朋友住房占7%，租住公共租赁住房占3%。通过住房租赁市场租赁流动人口约为1.33亿人，加上城镇居民的住房租赁需求，目前我国城镇租赁住房群体约1.8亿人，超过德国和英国两国人口数量的总和。

最近几年，我国人口向大中城市，尤其向长三角、珠三角、长江中游、京津冀、成渝五个城市群集聚趋势日益明显。由于这五个城市群的中心城市和周边城市房价高，大部分流动人口买不起房，只能选择租房。另一方面，这些城市建成区面积大，城镇居民为解决工作调动、子女入学产生的租赁需求也在增加。上述两种因素互相叠加，导致住房租赁需求相对集中，主要分布在上述五个城市群中心城市及周边城市。

相对而言，大城市的租赁比例更高。在2010年第六次全国人口普查中，北京、上海和天津租赁其他住房的家庭户占比分别是全国平均水平的3.1倍、3.6倍和1.9倍。这与大城市的人口结构和住房消费方式密切相关。北京为36%、上海为40%，最高的深圳为63.5%，其他城市多在30%以内。从发达经济体看，日本、英国和美国租房比例均在30%以上，最高的德国达60%；东京、纽约、洛杉矶、旧金山租房比例均超过60%，且城市经济越发达，房价水平越高，租房比例就越高。

(二)租赁群体学历偏低,以从事服务业为主

从租赁群体看,外出农民工和新毕业大学生等"新市民"是我国租房两大群体。据国家统计局数据,2015年有44.6%的外出农民工居住在集体宿舍或工地工棚,有37%的人自行租赁住房(选择合租的占一半左右)。另外,我国每年近800万的新增大学毕业生,成为除农民工外最大的城市租房群体,在房价高企的大中城市,也多数选择合租方式。

根据2015年全国1%人口抽样调查的数据,在租赁保障性住房和市场化商品住房的人群中,初中学历的占比都是最高的,比例分别为43.53%和46.66%。在租赁保障性住房的人群中,初中及以下学历的人群占比高达64.61%,比2005年增加了5.2个百分点。在租赁市场化商品住房的人群中,初中及以下学历的人群占比为63.65%,比2005年降低了8.85个百分点。

职业分布方面,在租赁保障性住房和市场化商品住房的人群中,服务业从业人员的占比都是最高的,比例分别为40.99%和47.03%;其次为制造业从业人员,比例分别为32.01%和35.05%。相比2005年,在租赁保障性住房的人群中,服务业从业人员的占比增加了10.96个百分点,而专业技术人员占比下降了6.33个百分点。在租赁市场化商品住房的人群中,服务业从业人员占比增加了7.42个百分点,制造业从业人员占比下降了7.77个百分点。

(三)租赁需求的多元化特征明显

我国住房租赁人口规模大,不同群体对租赁住房的需求有所不同。从需求看,主要有以下三类群体。

1. 第一类是进城务工人员的住房租赁需求。2018年我国农民工总量2.88亿人，其中进城农民工1.35亿人。进城务工人员希望住宿地点距离上班地点近、租金价格低。目前不少城市在进城务工人员相对集中就业的工业园区或工作地附近配套建设蓝领公寓，提供床位，并配备卫生间、浴室、厨房、洗衣房等，保证居住环境安全整洁，满足其基本居住需求。

2. 第二类是新就业大学生的住房租赁需求。2010—2018年全国普通高校毕业生6526万人，2019年达834万人。新就业大学生对居住面积要求较低、对价格较为敏感，对交通、餐饮、购物等配套要求较高，兼有融入职场等社交需求。目前不少长租公寓、白领公寓针对新就业大学生设计相应户型和公共空间，对存量房源进行合理改造，将整套出租的老破旧房源打造为设施齐全的精装合租公寓，并提供相应的配套服务。

3. 第三类是年轻家庭的住房租赁需求。为年轻家庭解决租赁需求问题。受房价高企、晚婚及单身观念影响，大城市年轻人购买首套房和初婚的年龄均呈推后趋势。目前，大城市平均初婚年龄在30岁之后，首次购房平均年龄在30岁左右。有一定支付能力的白领单身家庭、年轻夫妻对小户型租赁住房需求增加。

我国的这三类租房群体跟发达国家比较接近。后者也主要是以下三类租房群体：一是新就业的年轻人，收入较低，多数不具备购房能力，住房消费以租房为主。英国16~24岁群体租房比例高达89%。美国35岁以下群体租房比例超过65%。二是单身家庭，对居住稳定性要求较低，租房居住比例较高。德国2014年单身家庭租房比例高达72%。三是工作不稳定群体，由于收入不稳定、工作地点变动较大，也多选择租房居住。近年来，随着房价上涨，一些中高收入家庭也进入租房群体。

（四）多样化、多层次租赁房源供应体系

1998年以来，我国房地产市场快速发展，居民家庭住房自有率大幅提升，一些拥有多套住房的家庭，为获取租金收入，把富余住房出租出去。按住房来源区分，市场化出租住房主要包括三大类：一是城镇居民家庭出租的私有住房，二是部分企业持有并出租的住房，三是城中村和城乡结合部用于出租的农民住房。家庭散户出租住房成为租赁住房的主要来源，占住房租赁市场总量95%以上。2016年以来，住房租赁企业发展较快，但市场占比仍然较低。根据住建部的摸底调查，2018年，30个大城市住房租赁企业出租的住房约为116万套，占这些城市市场租赁住房总量不到5%。

长租公寓近年来发展较快。据全国最大的长租公寓运营方——自如集团统计，截至2018年底，全国长租公寓达375.25万套，其中集中式公寓和分散式公寓分别达2400520套和1352000套，主要集中在长三角、京津冀、珠三角片区，合计占比70.4%，10大热点城市合计占比81.7%。在集中式公寓领域，长租公寓运营方——魔方公司管理房源率先达到10万间，成为集中式公寓的龙头。也存在头部企业占据大部分市场份额的情况。

跟我国相比，发达国家租赁住房的供应主体更加多元化（包括市场、非营利组织和政府）。随着租赁住房短缺矛盾缓解，市场和非营利组织发挥的作用越来越重要，政府主要通过税收、金融等优惠政策促进租赁住房供应。发达国家的租赁住房主要由个人房东和私营机构提供，如美国和德国均占80%左右，非营利组织是重要的补充，如美国政府与社会资本合作建设、享受税收抵免政策的占7%，德国住房合作社等非营利组织

提供的占10%。

（五）租金水平近年上升较快，但总体可承受

住房租赁市场主要由出租方和承租方构成，出租方和承租方通过房屋中介公司或者双方直接商定租赁期限和租金水平。租期和租金完全由市场决定。近年来北京等大中城市房屋租金呈现出较快增长态势，特别是2016年租金同比上涨11.6%，超过当年城镇居民人均可支配收入8.4%的同比增速。2018年上半年租金上涨明显加快，同比涨幅达13.0%，高于同期城镇居民人均可支配收入8.8%的增速。2019年上半年租金上涨有所放缓，但同比涨幅仍接近10%。

从租金收入比看，2019年上半年国内重点城市的租金收入比均在25%以内，最高的是深圳（23.1%），最低的是青岛（12.1%）。从国际比较看，国内城市的租金收入比属于居民可承受范围内。如果考虑到居民收入差异性，目前大城市租金水平上升较快，主要对城市低收入群体和从事中低端行业的流动人口有较大影响。调研数据显示，北京租客平均月租金为2300元/月，基本相当于2017年北京城镇居民20%低收入户的全部月收入。低收入人群难以承受正规市场的租金压力，被迫选择价格低廉的群租房。

二、住房租赁市场发展的六个困境

长期以来，我国房地产市场以买卖为主，住房租赁市场处在自发性发展状态，租赁立法滞后，金融、土地、税收等政策体系不健全。当前人口净流入的大中城市住房租赁市场需求旺盛、发展潜力大，但专业化、规模化租赁机构不足、租赁品质不高、相关法律和政策支持体系不完善，"二房东""黑中介"等扰乱市场秩序问题突出，租赁住房解决城镇居民特别是新市民住房问题的作用没有充分发挥。

（一）热点城市租赁房源供给短缺尚未解决

目前，一二线城市和部分三线城市房价、地价很高，租售比不合理，将土地资源用于租赁住房建设在经济上不具有合理性，城市政府也不愿把宝贵的土地资源用于租赁住房建设。因规划、消防、安全等配套政策适用范围和标准规范尚不明确，改造商业用房用于租赁住房进展缓慢，难以有效增加租赁住房供应规模。在租赁住房需求持续增加的情况下，租赁住房供给和需求出现缺口，供需矛盾突出。

以北京为例，当前北京全市租赁房源供应约 207 万套，租赁人口约 825 万，按照套均租住 3 人估算，则 825 万的租赁人口需要 275 万套租赁房源，则目前的租赁缺口近 70 万套。若按照一人一间的标准测算，目前北京的租赁缺口达到 390 万间。租赁缺口导致居住面积较小，北京人均居住面积为 15.65 平方米，远低于纽约、东京等城市。

根据上面计算，目前北京租赁房源的缺口近 70 万套。不仅总量短缺，在结构上也存在错配。从户型上看，北京的单平方米租金水平比较高，为降低租金成本，年轻白领阶层一般采取合租甚至群租的方式降低居住面积，使得大量的正规住房非正规化。合租为主的租赁形态也显示北京小户型单间的租赁供给严重不足。近年来，一居室房源的租金上涨幅度在所有居室里最高，三居室以上的房子由于总价高，需要找人合租，出租使用效率偏低。从位置上看，北京的就业岗位主要分布在城市中心区域，而为了降低租金成本，租房者不断向外部转移，目前五环至六环是租赁人群的聚集地，这就加大了北京的通勤压力。

（二）住房品质较差，难以符合居住改善需求

在住房研究中，对于租赁与购买的选择，一般将两者所提供的住房服务完全可替代作为重要前提。但是，如果市场运行中两者所提供的住房服务具有很大差异，租赁与购买的选择就不具可比性。根据2015年全国1%人口抽样调查的数据，保障性租赁住房中同时拥有厨房和厕所的家庭户占比为74.88%，而租赁市场化住房的占比为66.23%。这意味着租赁市场化住房的家庭户中有近1/3的家庭面临厨房和厕所不全的条件。目前，家庭出租住房主要有房改房、拆迁安置房和农民自建房三类，还有地下室等非正规住房。房改房建成年代较久，拆迁安置房市政配套设施不完善，小产权房建筑质量不高，普遍存在失修失养失管问题，居住环境恶劣，难以满足基本居住需求。

与购买二手房不同，租房者对租赁房源的要求比较高，期望在最低的成本约束下，不仅要获得良好的居住空间和公共配套设施，还需要有高品质的租住服务。从市场供给的租赁产品看，目前北京租赁房源中有近30%的房源是已购公房、二类经适房等，这些房源普遍存在房龄较大、品质较差的问题。

根据租房者调研，有31%的租客认为自己租住房源存在安全隐患。从租赁服务品质来看，由于出租房多为个人出租，房源分散、稳定性差，出租方难以提供优质服务，难以让租房者形成居住安定感，也难以满足人们对宜居的居住需求。调研数据显示，有35.6%的租客认为租住房源的维修责任无人承担等，33.7%的租客曾被克扣过租金。老旧的租赁居住空间以及租赁服务显然难以满足90后租房者的需求。

除此之外，租房者对平等享受城市公共权利的诉求越来越高。制约租房意愿的重要因素在于租房难以享受到与购房同等的公共权利。在过去以购为主的时代，很多的公共服务，如户籍、教育、医疗等都与住房所有权相关，而租赁则被视为不稳定的形态，无法享受到平等的公共权利。如果这一权利差距得不到改善，租赁不可能被当作一种居住方式。

（三）机构化比重不高，发展面临较多制约

专业化住房租赁企业开始起步，但总体规模不大，专业化、规模化的租赁机构占比不高，持有房源数量不多。贝壳找房统计数据显示，美国房屋租赁行业主体中，机构出租方占比达30.4%，其中机构自持并运营的比例为8.0%，机构托管或包租的比例为22.4%，其余为个人房源。2013年，日本有35.8%的租赁住房由专业机构管理。但我国目前大城市机构化占比普遍在10%左右，北京是15%。在现行政策模式下，住房租赁企业投入大、成本高、回报率低，导致机构化、规模化住房租赁企业发展举步维艰。

1. 土地成本过高。北京、上海等地租售比仅为1.5%左右。企业如将销售住宅用地用于租赁，将出现巨额亏损。另外土地出让金与租赁住房租金收取方式期限错配。政府一次性收取70年租金的土地出让制度，与租赁住房租金按月或按年收取的制度惯例，在资金上形成了期限错配，极大地增加了租赁住房建设成本。北京在现行土地价格下，租赁住房资金回笼周期高达86年。

2. 税负过重。当前我国住房租赁机构要缴纳6%或11%的增值税、25%的企业所得税和0.1%的印花税，税负压力本就较大。而且，由于筹集房屋时无法收到发票抵扣，住房租赁企业只能按全部租金收入缴纳

增值税，税负较高。租赁企业需要缴纳的主要税种包括房产税、增值税、企业所得税等，合计占租金比重超过20%。

3. 缺乏长期融资渠道。与商品住房开发销售模式不同，租赁住房投资建设需要长期大量占压资金，资金流动性差、变现困难，而现有长期融资渠道也不健全，民间资本难以大量长期投资租赁住房。相对购房，我国租赁市场的金融产品和服务的支持力度远远不足，到2017年10月后才有部分国有银行进军租赁市场。资产证券化进展也比较滞后，2017年魔方公寓发行首单公寓行业资产证券化产品，自如发行首单租房市场分期类ABS，新派公寓发行首单长租公寓资产类REITs，保利发行首单央企租赁住房REITs，仍处于起步阶段。

4. 顶层政策明确但实施细则缺失，导致项目难以落地。以商改租为例，目前北京政策允许商改租，但是在实际办理报批报建手续时，各个部门并未收到办理流程和细则，因此不予办理报批手续，导致项目落地困难，后期除了顶层政策支持外，也需要落地细则和审批手续。

5. 住房租赁建设标准缺失，目前要求设计规范参照住宅有失合理性。租赁住房与销售型物业有根本的差别，用户的收入水平和生活状态差异巨大，因此租赁产品按照商品住宅来建设会带来一系列的问题，如：车位配套指标过高、商业配套指标过低及日照标准严苛等问题。

（四）租赁群体需求分化与供应结构不匹配

目前，租赁群体主要是进城务工人员，新就业大学生和举家迁徙的外来人口。这三类群体对租赁住房的需求差别很大。在租赁领域，租赁成套住房的大体上是外来人口中的精英群体，即其中的企业负责人和专业技术人员。新移民工人，大多数只能选择租住城中村的农民住宅、地下室、工棚以及群租房等非正规住房。外来务工人员收入水平较低,主要需求是"一张床";新就业大学生收入水平略高,注重社交和私密空间,主要需求是"一间房";举家迁徙外来人口需要"一套房"来满足家庭基本居住需求。而家庭出租的住房要么是成套住房,要么是非成套住房。前者面积较大,难以满足"一张床""一间房"需求;后者房屋设施不完善,无法满足租户基本居住需求。

(五)租赁市场乱象特别是租赁金融乱象较多

目前我国租赁市场个人对个人的占比很高,专业化、机构化租赁企业数量不多、占比很低,租赁市场结构不合理是造成租赁市场混乱的重要根源,租客合法权益保障不力,租赁不稳定、租金随意上涨等问题突出。其中一个重要原因是,在租赁需求旺盛的城市,住房租赁市场是典型的卖方市场,出租方居于强势地位,承租方多为外来务工人员和新就业大学生,人生地不熟,收入水平也较低,属于租赁市场弱势群体。另一重要原因是"二房东""黑中介"在租赁市场中占有一定比例,由于监管不到位,"二房东""黑中介"随意缩短租期,任意涨租金,甚至发生驱赶租户的问题较为突出有关。

近期,我国住房租赁市场乱象特别是租赁金融乱象较多。一些经营机构利用信息优势,发布虚假房源信息,违规收取租金差价。2018年7月份以来,北京、深圳、杭州等热点城市出现房租较快上涨、"租金贷"规模快速扩大等现象,社会反响较大。部分长租公寓运营方"租金贷"业务扩张较快,一些住房租赁企业通过"租金贷",长收短付,建立资金池,损害租户利益,在目前对"租金贷"资金缺乏有效监管的情况下,存在较大金融风险。

（六）住房租赁立法滞缓，监管体系不健全

住房租赁市场规模较大，为维护市场秩序，需要通过法律法规规范租赁双方权利义务。目前为止，我国尚未制定专门针对住房租赁的法律。迄今为止，只有住建部 2010 年印发的《商品房屋租赁管理办法》，只是部门规章，法律层次低，约束力弱，法规建设滞后使市场监管无法可依。虽然《商品房屋租赁管理办法》规定房屋租赁实行登记备案制度，但出租方为逃避登记备案而产生的纳税义务和治安责任，普遍拒绝登记备案，致使住房租赁市场长期脱离政府监管，成为不受约束的地下黑市，从而滋生各种乱象。

据不完全统计，各大中城市租赁市场中大约有 30%—40% 的房源集中在职业"二房东"手里，但职业"二房东"难以被辨别，违法成本低，监管难度大，容易出现私自转租、欺骗租房者、抬高租金吃差价等扰乱市场秩序的行为，租房者权益难以得到保护。租赁备案实施情况较差。正规中介或专业运营机构租房会有正式的登记备案，但由于租赁市场机构化率依然较低，租赁登记备案制度没有得到落实，房地产管理部门无法掌握房屋租赁市场的交易情况，监管工作存在较大的困难。

综合地看，存在上述问题背后的根源是多方面、深层次的。第一是住房发展目标和模式的错位。1998 年的住房制度改革取得巨大成就，但客观上形成了"购售一只腿长、租赁一只腿短"的租售失衡状态，制度和政策体系都是片面鼓励通过"居者有其屋"来实现"住有所居"，对租赁这一解决住房需求的重要渠道重视不够，2009 年以来建了大量公租房满足住房保障需求，但对培育壮大市场化的租赁市场，直到 2016 年前都处在政策空白期，租赁市场长期处在自发性发展状态。第二是在房价上

涨预期下租赁市场发展缺乏吸引力。2009年以来，我国房价总体呈现上涨态势，个别年份上涨很快。尽管2016年10月以来采取了各类政策措施抑制房价过快上涨，但社会各方对大中城市特别是大城市房价上涨的预期依然存在。这就导致房地产开发企业缺乏新建、改建和配建租赁住房的动力。另一方面城镇居民把租赁作为临时性、短期性过渡手段，买房愿望非常强烈。租赁市场供需两端都缺少长期稳定因素，加上地方政府对发展租赁市场基本没有兴趣（没有土地出让收入，还要投入大量配套资金），租赁市场发展就缺乏动力。第三是住房权和公共服务权获取上的可能冲突。2016年以来，无论是国家出台的文件还是地方出台的实施意见，都把"租房者在基本公共服务方面与买房者享有同等待遇"作为重要政策举措。但从现状看，户籍制度、社会保障制度、学区制度等在客观上限制了城市租房者的公共服务权益获取。深层次的原因是义务教育阶段的均等化任务没有完成，如果在供给侧上公立教育机构没有实现均等化，仍然存在"三六九等"的等级制，那么在需求侧提"租购同权"是没有意义的，即使真实现了"租购同权"，可能会出现人们增加通过投机性租赁对优质教育资源的争夺途径，进而刺激房租暴涨。

三、配套制度改革和政策突破

培育和发展住房租赁市场是个全局性任务，需要在借鉴发达经济体租赁市场发展经验的基础上，加快出台金融、税收、土地、监管等配套政策，加大热点城市租赁住房供应，更重要的是推进租房者和购房者同等享受基本公共服务（"租购同权"）、租客和房东的合法权益得到同等保护。

（一）以盘活存量为主增加租赁住房数量

针对当前热点城市租赁住房有效供应不足的突出矛盾，当务之急是增加租赁住房供应。考虑到我国城镇户均住房套数已超过1，加上大量闲置商业办公用房可以用作租赁住房，建议要以盘活存量房源为主来增加供应，不宜大规模集中式新建租赁住房。

1. 积极盘活存量房屋用于租赁。鼓励住房租赁国有企业将闲置和低效利用的国有厂房、商业办公用房等，按规定改建为租赁住房；改建后的租赁住房，水电气执行民用价格，并应具备消防安全条件。大幅降低租赁税负，充分调动持有多套住房家庭积极性，鼓励家庭把多余存量住房投入住房租赁市场。建议明确符合条件的客厅可改造为独立房间用于出租。借鉴上海做法，在全国政策中明确单套住房内使用面积12平方米以上的客厅（起居室），可以作为一间房间单独出租使用，或明确允许"N+1"模式，各地可根据实际情况自行制定相应的标准。客厅单独出租使用的，客厅（分隔后）和与之相连的餐厅等均应当具备直接采光和自然通风条件，室内及套内的入口过道应当符合国家住宅设计规范的要求，不得破坏房屋承重结构。

2. 探索将部分保障性住房租赁房源、人才公寓等交由住房租赁经营机构运作。规模化住房租赁机构在运营管理上有自己的一套体系，通过将保障性住房租赁房源、人才公寓交给其进行运营管理能极大地减轻政府管理压力。政府可通过一些扶持政策来吸引机构参与，如对认可的住房租赁经营机构给予房租补贴，同时要求其相应降低房租，租赁给符合条件的困难家庭。

3. 在以盘活存量为主的前提下，各地因地制宜新增建设租赁住房，主要利用集体建设用地、工业园区和单位自有闲置土地。发挥这些土地价格低、邻近就业单位的区位优势，建设小户型和低价位租赁住房。在总结13个超大城市、特大城市开展利用集体建设用地建设租赁住房试点工作经验的基础上，进一步向其他人口净流入的大中城市推广。

（二）完善金融、税收、监管等方面配套政策

制约我国住房租赁市场发展的重要因素是住房租赁经营成本较高、投资回报较慢，特别是税收、金融等方面的优惠和支持政策不够。因此，培育我国住房租赁市场，必须加大政策扶持力度。

1.实施税收优惠政策。较高的名义税率导致大量租赁住房处于"地下交易"状态，征税困难，同时也影响了业主将闲置房源投入租赁市场的积极性。建议对家庭出租住房的相关税收实行简易征收，对个人出租住房实施综合税率，按租金额的一定比例简易征收，具体税率由城市政府确定。专业住房租赁经营机构规模化经营租赁住房，对营业税、房地产税、所得税适当减免征收；或将营业税、房地产税、城镇土地使用税、所得税等多项税种合并征收，实行综合优惠税率。对于长期租赁社会房源经改造后统一出租的专业住房租赁经营机构，按照实际收入（租金收入扣除支付给个人房东的租金的差额或按租金一定比例收取的管理费而不是代收的租金）征税。个人将住房交给专业住房租赁经营机构出租的，免征出租住房的房产税和个人房租收入所得税。

2.加大金融支持力度。允许住房租赁企业以租金收入为质押，向持牌金融机构申请流动资金贷款。鼓励发行基于租金净收益的ABS产品。支持以物业所有权为底层资产发行REITs产品，明确"税收中性"原则，在设立环节，因资产剥离、重组而导致土地、房屋权属转移的，免征土

地增值税和企业所得税等税种，不因REITs运作额外增加税负；尽快推出公募REITs，引入中小投资者，降低投资门槛，建立集中竞价交易平台增加流动性，充分发挥资本市场价值发现功能。鼓励住房租赁企业参与新建、改建租赁住房，包括蓝领宿舍、白领公寓、人才公寓等，向符合条件的项目发放低息贷款，贴息资金由中央财政资金提供。

3. 积极盘活存量土地。鼓励机关和企事业单位利用闲置低效土地建设租赁住房，在不改变土地性质的情况下，所建住房只用于租赁、不允许出售。推进农村集体建设用地建设租赁住房，结合农村经营性集体用地入市，鼓励农村集体经济组织以土地使用权作价入股，与国有企业及社会资本合作，调动村集体参与建设租赁住房的积极性。国有企业在资产端和市场租赁机构在运营端进行试点合作，充分利用闲置各类土地，鼓励社会资本以参股、联营、转让等方式盘活废旧工厂厂房、仓库等低效用地用于长租房建设。

4. 拓宽规模化住房租赁经营的长期资金渠道。加大对住房租赁企业的金融支持力度，拓宽直接融资渠道，支持发行企业债券、公司债券、非金融企业债务融资工具等公司信用类债券及资产支持证券，专门用于发展住房租赁业务。鼓励地方政府出台优惠政策，积极支持并推动发展房地产投资信托基金（REITs）。

5. 明确消防报验相关制度规定。消防报验在集中式公寓经营中出现的情况比较多。建议在不改变物业证载用途的前提下，消防部门出台明确消防验收相关标准和规定，做到有据可循、有法可依。目前可以先明确公寓参照已有相近行业的标准进行验收，待行业成熟后再研究发布更有针对性的政策法规与标准。消防部门对"工改租""商改租"等改建和扩建项目，要在规定时间内进行审核验收，超过时限就视同无意见。

（三）完善相关法律法规，保障双方合法权益

1. 出台住房租赁法规。我国住房租赁市场还没有专门的法律法规，相关部门规章只有2011年颁布的《商品房屋租赁管理办法》，已不适应当前住房租赁市场形势，尤其对承租人合法权益保护不够。建议抓紧出台《住房租赁条例》，加强承租人合法权益保护，允许在租金价格上涨过快的地区设立住房租赁指导价格。

2. 建立管理服务平台。各直辖市、省会城市、计划单列城市和人口流入量大的地级城市建立住房租赁管理服务平台，住房租赁企业和中介机构通过这个平台向社会发布房源信息，推行租赁企业备案制度和租赁合同网签备案制度，备案信息同步上传至平台，从源头上防范虚假房源信息。探索推行租赁备案与公共服务挂钩管理机制，共享房产、人口、征信等信息，实现租赁房源发布、核验、交易等功能。

3. 整顿规范市场秩序。整治住房租赁中介乱象，公开曝光典型案例，形成震慑。加强住房租赁信用管理，将住房租赁企业、中介机构及互联网住房租赁信息发布平台均纳入信用管理体系，对失信主体实施联合惩戒。规范住房租赁金融产品，严格控制租金贷规模，设置缓冲期，降低租金贷比例直至完全退出。

（四）着力落实"租购同权"的机制建设与配套措施

推进基本公共服务均等化，减少租赁者与产权持有者在享受公共服务方面的差异。城市管理中的不同部门需要配合落实，让租房群体能够享受到与购房群体同等质量的公共服务，如子女的基础教育，居住证和社保的办理等，切实有效地转变城市居民"必须买房，租房只是临时过

渡"的观念，分流住房需求，有效缓和供需矛盾。通过立法明确租赁当事人权利义务，逐步使租房居民在基本公共服务方面与买方居民享有同等待遇，经登记备案连续租住一定年限的租户可享受子女义务教育同等入学资格，实现"租购同权"。

四、结语

在未来我国城镇化率还有较大提升空间的前提下，那些人口净流入的城市"新市民"住房问题，始终是今后住房制度和体系设计要解决的首要问题。租房可以解决"新市民"临时性、过渡性住房需求，还能够解决长期、稳定住房需求，有利于更好推进新型城镇化。同时，发展住房租赁市场，从以购房为单一的开发建设模式，转向以居住为核心的租购并举模式，倒逼房地产开发企业转变"高杠杆、高周转、高负债"模式，防范住房金融风险。面对潜力巨大的住房租赁需求，目前租赁住房有效供应不足，土地、金融、税收等配套政策体系不健全，对租赁住房发展缺乏总体设计和整体框架。本文从住房租赁市场供给侧结构性改革的角度出发，分析了制约市场发展的六个困境，并提出了适应住房租赁需求加快调整供给体系、完善相关供给侧政策的四点建议，希望有助于推动我国住房租赁市场健康平稳发展、构建"租购并举"住房制度，实现全体居民"住有所居"目标。

基金项目：北京卓越青年科学家计划（JJWZYJH01201910003010），清华大学全球可持续发展院新经济发展分中心资助。

CHAPTER IX

第九章

做好碳达峰、碳中和工作

国际碳中和的进展、趋势及启示

田慧芳

2015年12月《巴黎气候协定》正式签署,其核心目标是将全球气温上升控制在远低于工业革命前水平的2℃以内,并努力控制在1.5℃以内。要实现这一目标,全球温室气体排放需要在2030年之前减少一半,在2050年左右达到净零排放,即碳中和。为此,很多国家、城市和国际大企业做出了碳中和承诺并展开行动,全球应对气候变化取得积极进展。

一、疫情前国际气候行动的主要进展

第一,煤炭产能和投资下滑。在履行"巴黎协定"要求和推进能源转型的双重背景下,各国增加了天然气和可再生能源在发电结构中的占比,全球煤炭产量自2014年开始加速下降,煤炭投资也持续收缩。目前80个国家和地方政府和企业已经加入"燃煤发电联盟",承诺逐步淘汰燃煤发电。金融市场上,目前已有30多家全球性银行和保险机构宣布

作者系中国社会科学院世界经济与政治研究所世界能源研究室副主任、副研究员。

将停止为煤电项目提供融资和保险服务。近1000家资产超过6万亿美元的机构投资者也承诺将从化石燃料领域撤资。

第二，可再生能源投资持续提升，海上风电投资创历史新高。截至2019年底，可再生能源占全球装机容量的34.7%，高于2018年的33.3%。2019年可再生能源在全球净发电量增量中所占的份额为72%，90%来自太阳能和风能。全球能源消费已经开始由石油为主要能源向多能源结构的过渡转换。

第三，全球电动汽车年销量呈指数级增长。根据国际能源署（IEA）的最新报告，2019年电动汽车的全球销量突破210万辆，占全球汽车销量的2.6%，同比增长40%。66个国家、71个城市或地区、48家企业已经宣布了逐步淘汰内燃机、改用零排放汽车的目标。中国和挪威等国都发出强烈政策信号，要大幅提高电动汽车的比重。

第四，绿色及可持续金融市场发展迅速。全球绿色债券规模在2019年跃升至2500亿美元，约占发行总债券的3.5%，而五年前还不到1.0%。中国贴标绿色债券发行总量居全球第一。作为国际公共气候资金的主要提供者，多边开发银行的气候融资规模不断上升，2019年达到616亿美元，占到其总运营的30%以上，其中76%用于气候减缓，近70%流入中低收入经济体。亚投行的气候融资规模在2019年占到其银行总运营的39%。全球的金融监管机构也意识到气候风险正对金融体系构成威胁，联合国的负责任投资原则（PRI）强制要求签署成员自2020年起披露其气候风险和治理指标。

第五，实行碳定价政策的辖区数量翻了一番。碳定价已成为抑制和减轻全球温室气体排放并推动投资向更清洁、更高效替代品转移的关键政策机制。截至2019年底，已有40多个国家和25个地区政府通过排放交易系统和税收为碳排放进行定价，覆盖了全球超过22%的温室气体排放，各国政府从碳定价中筹集了约450多亿美元。

二、疫情对国际气候行动的影响

2020年新冠病毒的流行导致了全球经济衰退，大规模封锁造成的经济中断对区域供应链、就业和投资造成了严重影响，挑战了许多国家的经济基础，也对全球气候行动产生深远影响。

一方面，疫情导致政府诸多优先事项发生变化，应对疫情冲击也给大多数政府带来巨大财政压力，挤压了各国应对气候变化的财政空间。截至2020年7月，各国政府宣布的财政刺激方案总额已经近12万亿美元，是2008年金融危机刺激支出的三倍多。各国的刺激规模从260亿美元到3万亿美元不等。美国为3万亿美元，是所有国家中最多的，但美国的计划基本没有涉及环境和气候领域，相反特朗普政府还明确提出要为化石燃料行业提供支持。此外受疫情影响，全球气候谈判进程受阻，COP26以及全球生物多样性大会均被推迟到明年，许多关键议题谈判被搁浅。

另一方面，疫情危机也转化为许多国家加速低碳转型的动力。欧盟在2019年12月就通过一项新的可持续增长战略——"欧洲绿色投资和公正过渡机制"，计划动员至少一万亿欧元使欧洲在2050年成为第一个碳中和大陆。疫情期间，欧洲理事会发布了"下一代欧盟"经济复苏方案，将应对疫情危机与之前的可持续增长战略相连接，将7500亿欧元中的30%用于"绿色"支出，包括减少对化石燃料的依赖、提高能源效率、加大对环境和生态的保护等。欧盟刺激计划预计在未来10年增加1%

的 GDP，创造 100 万个就业岗位，同时通过投资循环经济，增加 70 万个就业岗位。几个欧洲国家也表示将以可持续的方式进行疫情后的重建。德国将 1300 亿欧元刺激资金中的三分之一用于公共交通和绿色氢开发等领域。法国为其航空公司提供了 110 亿美元的紧急援助，以帮助其在 2024 年实现减排 24%。丹麦拨款 40 多亿美元用于 72000 个社会住房的改造，以增加绿色就业岗位。英国启动了 440 亿美元的清洁增长基金，用于绿色技术的研发。

2020 年 9 月，中国在联合国大会上作出到 2060 年左右实现碳中和的政策宣誓，并出台了一系列"绿色"措施，包括提升新能源车的比重、启动绿色发展基金、促进绿色金融发展、加强上市公司和发债企业环境信息强制披露等。日本和韩国也继中国之后宣布要在 2050 年实现碳中和。韩国的"数字和绿色新政"计划投入 73.4 万亿韩元支持节能住宅和公共建筑、电动汽车和可再生能源发电。日本致力于加强在太阳能、氢能和碳循环等重点技术领域的研发与投资。

中欧日韩等的碳中和承诺和绿色刺激方案不仅有利于促进疫情后的经济复苏，还将推动全球经济迈向更具可持续、包容性、韧性的新阶段。

三、未来加快碳中和部署的关键事项

目前全球 224 个国家和地区中，已经有 28 个国家和地区确立了本世纪中叶前后达成碳中和目标。从主要欧洲国家的碳中和战略部署看，有几项共同的关键事项：

第一，加快成熟的零碳解决方案的部署，包括施行煤炭淘汰计划，逐步降低天然气供热，建造大量零碳发电装机，推动发电低碳化，提升行业能效。能源的"可获得性、可支付性和环境友好性"已经成为欧洲国家和跨国石油公司转型的主要驱动力。2020年7月,在IEA清洁能源转型峰会上,代表全球能源消耗和碳排放量80%的40个发达经济体和新兴经济体部长强调要让清洁能源技术成为推动经济复苏的重要组成部分。IEA预计,到2035年可再生能源发电(包括水电)占全球发电量增长的一半。能源效率的提高则将主要集中在交通、建筑和制造业领域,这为智能家居、智能建筑的技术创新提供了机会。

第二,推广零碳技术,包括引导公共和私营部门加大在关键技术的研发力度,诸如储能、可持续燃料、氢能和碳捕获、利用或吸收等。近年来清洁能源行业经历了显著的技术变革,已经处于与化石燃料行业竞争的有利位置。一些大型科技公司不断加大对可再生能源、储能和燃料电池等领域的投资。未来十年,锂离子电池可能主导电动汽车市场。而2030年后,更多潜在技术将超越锂离子电池技术所施加的性能极限。此外,包括先进核反应堆和电动飞机等在内的广泛前沿技术也吸引了风险投资者的目光。氢能发展也将提速。日本早在2017年就发布了氢能源基本战略。2020年6月德国发布国家氢能战略,确认了"绿氢"的优先地位。随后欧盟公布酝酿已久的《欧盟氢能战略》,在未来十年内将向氢能产业投入5750亿欧元。加拿大、中国等也在设计氢能发展蓝图。

第三,全面激发对绿色产品和服务的需求,包括提供税收优惠鼓励民众淘汰旧的汽油车,建设绿色社区,实施零排放车辆战略,加大植树造林力度,对垃圾进行分类回收和再循环利用,加大对屋顶太阳能的补贴或取消相关电力税费等。

第四,创造有利的政策与投资环境,包括取消化石燃料补贴,进行气候立法,制定碳定价政策,引入新的清洁燃料标准,投资清洁技术,加大绿色采购力度等；还要在价格驱动力不足的情况下，为脱碳提供额外激励，并鼓励金融机构的负责任投资等。

四、对中国的启示

中国的气候目标是在2030年实现碳排放达峰，到2060年左右实现碳中和，这意味着中国必须用30年的时间完成发达经济体60年完成的任务，可以预见中国碳中和之路将是艰巨而迅速的。从技术路线图上看，这个过程不会是线性，而是一个逐步加速的过程。中国需要充分借鉴国际经验，在未来5~10年，优先推动重点排放行业和经济基础较好的地区率先达峰并进入下行区间，并加大对关键清洁技术的支持力度，同时加强碳排放核查、立法规范等制度性建设，为中国在2030年后快速深度脱碳打好基础。具体可以从以下几方面入手：

第一，优化能源结构，加速"去煤化"进程。能源电力行业承载着最先实现碳中和的期望。未来须合理控制燃煤电厂的总规模，尽快推进燃煤电厂的峰值发电，通过稳步推进传统小火电的淘汰退出和高效火电技术的替代，以及加强电网建设、解决可再生能源消纳等措施，使得清洁电力在总发电量中占比可大幅提升。天然气需要在达峰阶段发挥"过渡性燃料"角色。因此中短期内，中国须优化天然气的供给结构，同时大力推动CCUS技术的商业化应用，降低燃煤和天然气的碳排放强度。

第二，推动交通电气化。要实现交通领域的碳中和，需要优化交通运输结构、提高交通运输工具效率和提升低碳能源的利用水平。为此，需要加大对交通电气化的投资，大力推广智慧交通，提升新能源车的比重，同时积极推动航空和海洋领域生物燃料、氢燃料、电气化等技术的创新和应用。目前中国针对新能源汽车和氢燃料电池汽车的部署已经开始。根据国务院的最新文件，到2025年，新能源车新车销量要占到汽车新车销售总量的20%左右，到2035年，公共领域用车将全面实现电动化，纯电动汽车成为消费主流。还规定自2021年起，生态文明试验区、重点污染防治区域的公共领域新增车辆中新能源车比例不得低于80%。可以想见未来10年中国可持续交通包括电动汽车、电动汽车充电基础设施和公共交通建设将大大加速，新能源汽车与能源、交通、信息通信全面深度融合也将全面展开。

第三，加快建筑绿色和智能化。建筑部门应围绕提升能效、加大清洁能源利用、强化绿色标准等方面展开。要加大照明、制冷等节能技术产品的应用，对既有建筑进行节能低碳改造，提高新建筑的绿色标准，鼓励建筑领域清洁、低碳电力和天然气的使用等。

第四，促进消费低碳化。从需求端降低对高耗能产品的消费需求是实现碳中和的重要举措。需要加强节约型消费、绿色低碳消费等理念的宣传，出台激励措施完善引导和鼓励居民购买节能低碳产品和使用智能化技术。还要加强对企业排放的监督，建立气候环境信息自愿披露规范，引导企业生产低碳产品和采用低碳技术，并通过回购旧家电、鼓励节能家电消费等方式促进新的绿色产业的发展。

第五，加快金融绿色化布局。推动气候投融资将与绿色金融协同发展，扩大绿色金融试点范围，引导金融机构提前布局净零碳经济，并激发资本市场对低碳转型的支持力度，加强气候投融资的国际合作，并通过国家绿色发展基金、绿色债券等引导社会资本流向低碳行业，将是破解中国低碳融资缺口的重要手段。

第六，完善碳定价机制，推动碳金融产品的创新。目前碳交易市场即将在电力行业开始全面实施，首批纳入的发电/供热行业企业约1700余家，排放量超过30亿吨，占中国总排放量的46%。石化、化工、建材、钢铁、有色、造纸、电力、航空八大行业的碳排放报告与核查及排放监测计划制定工作按计划已经于2019年5月31日前完成核查、复核与报送工作，预计也将逐步纳入碳市场。但从目前7大碳市场试点运行情况看，中国的碳价水平还比较低，且试点区域的价格差异显著。未来需要逐步完善碳定价机制，扩大碳市场交易主体覆盖范围，并探索以碳期货为代表的碳金融衍生品交易和创新，加强中国碳市场的国际合作。

总的来看，疫情危机为全球提供加快向能源友好型未来过渡的契机。中国在疫情期间，做出碳中和的承诺，有力地提振了全球应对气候变化的信心与决心，同时也对中国未来5~10年的减排行动提出了更高要求。要实现碳中和，需要中国当前的经济结构和能源体系发生重大而迅速的转变，需要中国政府进行良好的顶层政策设计，部署未来五年、十年甚至更长时期的气候行动路线图，包括转变能源电力结构、完善碳市场、大力发展清洁技术、构建完备的绿色金融体系等。还需要政府充分考虑各行业、各地区的发展现状，制订差异化的达峰路线图，并辅以充分的激励和监管政策，激发地方政府和其他非政府行为体的减排潜力。

本文系2020年度中国社会科学院亚洲研究中心资助项目的阶段性成果。

我国碳达峰、碳中和目标的实现路径

陈 迎 巢清尘

2020年中央经济工作会议提出八项重点任务,其中一项是做好碳达峰、碳中和工作。会议强调,"我国二氧化碳排放力争2030年前达到峰值,力争2060年前实现碳中和。要抓紧制定2030年前碳排放达峰行动方案,支持有条件的地方率先达峰。要加快调整优化产业结构、能源结构,推动煤炭消费尽早达峰,大力发展新能源,加快建设全国用能权、碳排放权交易市场,完善能源消费双控制度。要继续打好污染防治攻坚战,实现减污降碳协同效应。要开展大规模国土绿化行动,提升生态系统碳汇能力。"

一、全球气候变化的严峻挑战

全球气候变化形势日益严峻,给人类社会可持续发展带来直接威胁。2020年3月10日,世界气象组织发布的《2019年全球气候状况临时声明》指出,2019年是有记录以来温度第二高的年份(温度最高年份为

陈迎,中国社会科学院生态文明研究所,研究员;巢清尘,国家气候中心副主任,研究员。

2016年），全球平均温度比工业化前高出1.1℃，2015—2019年是有记录以来最热的五年，而2010—2019年是有记录以来最热的十年。

为了应对气候变化，政府间谈判于1992年达成《联合国气候变化框架公约》，开启了艰难坎坷的国际气候进程。2009年哥本哈根气候大会提出要控制全球温升与工业革命前相比不超过2℃的目标。虽然《哥本哈根协议》没有得到《公约》缔约方的一致认可，但从2010年坎昆气候变化大会形成《坎昆协议》后，2℃温升目标已成为一个全球性的政治共识。2015年巴黎气候大会通过的《巴黎协定》提出了温控2℃和力争实现1.5℃的目标，各国根据自身国情提出了国家自主贡献（NDC）目标。2018年政府间气候变化专门委员会（IPCC）发布了《全球1.5℃增暖》特别报告，明确提出"碳中和""净零排放"等概念。所谓"碳中和"指当特定组织（如国家、地区、行业、部门）在特定时间内（如一年内）二氧化碳（CO_2）排放量与通过林业碳汇、碳捕获和封存（CCS）技术等去除CO_2的吸收量达到平衡，实现二氧化碳净零排放，使气候系统的变化在长期内保持近乎恒定。报告指出，控制全球温升不超过1.5℃，需要到2030年比2010年减排45%，二氧化碳排放在2050年左右达到净零排放。控制全球温升在2℃以下，则需要到2030年比2010年减排20%，到2075年左右达到净零排放。

2020年全球遭受新冠疫情的影响，世界经济受到严重冲击。疫情防控措施暂时减少了碳排放量，国际能源机构预计2020年全球二氧化碳排放将减少7%左右，人类正在经历有记录以来全球最大的碳排放量下降，其下降幅度超过第二次世界大战及2008年金融危机时期。但由于大气中温室气体长寿命的特性，短期减排对大气温室气体浓度的影响微乎其微。2020年9月，世界气象组织发表《2020团结在科学之中》报告，预计2016—2020年全球平均气温是有记录以来最暖的五年，全球平均气温比工业化前高约1.1℃，比2011—2015年高约0.24℃。温室气体浓度达到了创纪录的水平并仍呈上升趋势。《巴黎协定》制定的控制全球升温低于2℃或1.5℃的目标有脱轨的风险。受疫情影响，原定在英国格拉斯哥召开的气候变化公约缔约方大会推迟到2021年举行。虽然全球气候治理进程放缓，但全球应对气候变化的行动没有停滞。

二、全球开启迈向碳中和目标的国际进程

从全球视角看，2020年可谓是"碳中和元年"，各国在更新国家自主贡献目标的同时纷纷提出碳中和目标，全球开启了迈向碳中和目标的国际进程。截至2020年11月8日，已有126个国家和集团承诺实现与"中和"有关的目标。其中苏里南、不丹2个国家已经实现了碳中和目标。22个国家以立法、政策文件等形式确立了碳中和目标，包括欧盟、瑞典、英国等欧洲国家，日本、韩国、新加坡等亚洲国家，哥斯达黎加、智利等发展中国家，以及斐济、马绍尔群岛等气候脆弱性国家。瑞典和英国等均立法或通过法案承诺在2050年或之前实现碳中和目标。芬兰、奥地利和德国在官方文件中分别提出了2035、2040、2050年实现碳中和目标。

2019年11月，欧盟制定《欧洲绿色协议》，提出2050年实现净零排放目标，并公布一整套涵盖7个重点领域关键政策与核心技术的详细计划。2020年3月4日，欧盟委员会发布《欧洲气候法》提案，从法律层面确保欧洲到2050年成为首个"气候中性"大陆。2020年7月21日，欧洲国家元首和政府首脑就2021—2027年的欧盟新预算以及用于缓解

新冠疫情打击的复苏基金达成一致,其中名为"下一代欧盟"的7500亿欧元复苏基金将用于支持欧盟向更绿色和数字化社会转型。9月3日,法国公布"法国重启"计划,两年内总额达1000亿欧元,约占法国GDP的9.5%;德国绿色复苏计划总额高达1300亿欧元,占该国GDP的6.9%。以德国、匈牙利、法国、英国为代表的欧洲国家在1990年开启国际气候谈判前已实现碳达峰,西班牙、意大利等稍晚在2007年左右也实现了碳达峰,这些国家在碳排放达峰后开始绝对减排,实现碳排放与经济增长的脱钩。

美国在2007年实现碳达峰。2017年特朗普政府上台后宣布退出《巴黎协定》,对气候变化持消极态度。民主党和共和党在气候变化议题上存在较大分歧。美国众议院于2020年公布了《解决气候危机:国会为建立清洁能源经济和一个健康、有弹性、公正的美国而制定的行动计划》,报告对气候目标的实现手段、技术储备等做出了详细规划,虽未立法确定碳中和目标,但相关行动法案呼之欲出。2021年1月20日,美国新当选总统拜登将宣誓就职。他承诺上任第一天就重新加入《巴黎协定》,上任的头百天召开一次气候世界峰会,上任的第一年通过立法在2050年之前实现全美国经济范围内的碳中和。拜登团队还提出雄心勃勃的"清洁能源革命和环境计划",承诺10年内投资4000亿美元用于清洁能源和创新,加快清洁技术在美国经济中的应用,在2035年前实现100%无碳发电;在4年内为气候友好型基础设施投入2万亿美元,作为更广泛的经济复苏计划的一部分。美国何时重返《巴黎协定》,何时提出碳中和目标并付诸实践,令国际社会期待。

三、中国提出碳达峰、碳中和目标的意义

中国在哥本哈根会议前夕提出到 2020 年单位 GDP 二氧化碳排放比 2005 年下降 40%-45%。巴黎会议前夕，中国提出 2030 年国家自主贡献目标，承诺二氧化碳排放 2030 年左右达到峰值并争取尽早达峰；单位国内生产总值二氧化碳排放比 2005 年下降 60%-65%，非化石能源占一次能源消费比重达到 20% 左右，森林蓄积量比 2005 年增加 45 亿立方米左右。党的十八大以来，中国生态文明建设提到了前所未有的高度，政策和行动的力度也是空前的，在应对气候变化领域付出了巨大的努力，取得的成绩也是有目共睹。2019 年相比 2005 年碳排放强度下降 48.1%，非化石能源占能源消费比重达 15.3%，实现了经济发展与碳排放相对脱钩，不仅提前完成我国对外承诺的到 2020 年目标，也为落实到 2030 年的国家自主贡献奠定了坚实基础。

2020 年 9 月 22 日，习近平主席在联合国峰会上宣布"中国将提高国家自主贡献力度，采取更加有力的政策和措施，力争 2030 年前二氧化碳排放达到峰值，努力争取 2060 年前实现碳中和"。12 月 12 日，习近平主席在全球气候雄心峰会上进一步宣布中国自主贡献新举措，"到 2030 年，中国单位国内生产总值二氧化碳排放将比 2005 年下降 65% 以上，非化石能源占一次能源消费比重将达到 25% 左右，森林蓄积量将比 2005 年增加 60 亿立方米，风电、太阳能发电总装机容量将达到 12 亿千瓦以上。"

碳达峰、碳中和是一个目标的两个阶段。第一阶段 2030 年前碳排放达峰，与 2035 年中国现代化建设第一阶段目标（基本实现现代化、生态

环境根本好转、美丽中国建设目标基本实现）相吻合，是中国 2035 年基本实现现代化的一个重要标志。第二阶段 2060 年前实现碳中和目标与《巴黎协定》提出的全球平均温升控制在工业革命前的 2℃ 以内，并努力控制在 1.5℃ 以内的目标相一致，与中国在 21 世纪中叶建成社会主义现代化强国和美丽中国的目标相契合，实现碳中和是建成现代化强国的一个重要内容。

在《巴黎协定》生效五周年的特殊时刻，在人类社会遭受新冠疫情严重冲击的危难时刻，习近平总书记在不足百天之内再次宣布积极应对气候变化的新目标，不仅坚定了中国走绿色低碳发展道路的决心，描绘了中国未来实现绿色低碳高质量发展的蓝图，也在国际社会展现了大国担当，为落实《巴黎协定》、推进全球气候治理进程和疫情后绿色复苏注入了强大政治推动力。据国际货币基金组织（IMF）的预测，中国将是 2020 年全球唯一实现正增长的主要经济体，中国已成为后疫情时代全球经济绿色复苏的倡导者、实践者和引领者。

气候变化攸关人类生存和可持续发展，联合国秘书长古特雷斯在气候雄心峰会上，强烈呼吁各国宣布进入气候紧急状态，直到达到碳中和为止。中国要在 2060 年前实现碳中和目标，相比发达国家，时间紧，任务重，需要付出艰苦卓绝的努力。从排放总量看，我国碳排放总量约为美国的 2 倍多、欧盟的 3 倍多，实现碳中和所需的碳排放减量远高于其他经济体；从发展阶段看，欧美各国已实现经济发展与碳排放的脱钩，而我国尚处于经济上升期、排放达峰期，需兼顾能源低碳转型和经济结构转型，统筹考虑控制碳排放和发展社会经济的矛盾；从碳排放发展趋势看，德国、匈牙利、法国、英国等国家在 1990 年前就已碳达峰，美国、加拿大、西班牙、意大利等国家在 2007 年左右实现碳达峰，这些国家从碳达峰到实现碳中和的窗口期有43-60年甚至更长,而我国仅有30年左右,显著短于欧美等国。我国为实现碳中和目标所要付出的努力要远远大于欧美国家。

然而,"千里之行,始于足下",中国更新面向2030年的国家自主贡献目标,不仅提升了雄心和力度,更是从总体目标到具体领域的细化和落实,向碳中和目标迈出的重要一步。正如习近平总书记所言,应对气候变化已经"不是别人要我们做,而是我们自己要做",我国绿色低碳发展已驶入"快车道"。"十四五"是中国经济"三期叠加"的关键时期。需要统筹绿色低碳与高质量发展,协调国际国内两个大局,研究制定更详细的提前达峰行动方案,并动员全社会力量将美好蓝图化为美丽现实。

四、我国碳达峰、碳中和目标的情景分析和实现路径

如果延续当前政策、投资方向和碳减排目标,基于现有低碳/脱碳技术则无法实现碳中和目标。碳中和目标倒逼达峰水平和排放路径,对我国低碳/脱碳科技创新提出了新要求。

根据国内主要研究机构的模型预测,如果保持我国当前政策、标准和投资以及现有国家自主贡献减排目标不变,尽管我国仍然可以依靠现有低碳/脱碳技术在2030年左右实现碳达峰,但2060年能源活动排放量将高达70亿-80亿吨,非二氧化碳温室气体和工业过程的排放将高达45亿吨左右,无法实现2060年碳中和目标。碳中和目标实现要求2030年前达峰的峰值不超130亿吨,电力和工业部门必须率先达峰。此外,为确保2060年碳中和目标实现,应在2030年前实现能源活动二氧化碳达峰且峰值水平控制在105亿吨以内,并且电力部门和工业部门

应在2025年左右率先达峰；非二氧化碳温室气体和工业过程排放应在2025年左右达峰，考虑碳汇后的峰值水平控制在25亿吨以内。

碳中和排放路径的不确定性主要在2025—2035年之间，期间碳强度的大幅下降亟需低碳/脱碳技术支撑。研究表明，2035年前所做的减排努力越多，后期的减排压力相对越小、转型所需的时间就越短。2060年碳中和排放路径的不确定性主要在2025—2035年之间能源活动碳排放的发展轨迹。根据多个模型组测算，2035年能源活动碳排放需要控制在70亿-90亿吨。若"十四五"碳强度下降18%，则"十五五"和"十六五"期间的碳强度下降幅度需高达约25%-35%。碳中和目标要求中国在2035年后实现深度减排，需要提前做好低碳/脱碳新技术储备。研究显示，要实现碳中和目标，2050年电力部门应实现负排放，建筑部门和交通部门均实现近零排放。2060年，能源活动排放量要控制在5亿吨以内，仅为2005年排放水平的8%，在现有路径基础上减排93%，非二氧化碳温室气体和工业过程排放要控制在10亿吨左右，为2005年排放水平的60%左右，在现有路径基础上减排78%，通过碳汇和碳移除等技术实现负排放15亿吨左右。

煤炭一直是中国的主要能源，目前煤炭在一次能源结构中的占比大约为58%，煤电占比大约为72%。要用30年时间颠覆性地改造能源系统，将碳排放归零，是多么巨大的挑战！虽然模型模拟给出了转型路径，但碳中和目标下的深刻社会经济转型不会自动地发生。促进转型首先科学研究要先行。要从政策需求出发，从现实国情出发，更细致地考虑政策措施的可操作性，才能解决实际问题。其次，需要提高决策者和公众对碳达峰、碳中和目标的认知水平，坚定信心和决心，调动全社会力量采取自觉行动。最后，要靠技术和政策的配合，政府主导之外还要依靠经济利益和市场利益的推动，充分发动企业的主动性，让企业有利可图，主动投入研发新技术。总之，需要凝聚所有的意愿和力量，形成合力，同时还要考虑最大限度地降低转型的成本，促进公正转型，减少社会问题。

五、做好碳达峰、碳中和工作的着力点

2020年中央经济工作会议围绕在2030年前达到峰值2060年前实现碳中和的目标，部署从四个方面着力推进，向全社会释放了积极的信号。

首先，做好顶层设计，抓紧制定2030年前碳排放达峰行动方案，把降碳作为促进经济社会全面绿色转型的总抓手，同时实施试点示范，支持有条件的地方率先达峰，以便总结推广经验，起到示范带头作用。

其次，以推动煤炭消费尽早达峰作为能源转型的先行目标。目前，我国能源仍以煤炭为主，煤炭在一次能源消费中的占比约为58%，电力结构中煤电占比约72%，煤炭是碳排放的主要来源。加快调整优化产业结构、能源结构，大力发展新能源，使煤炭消费率先达峰，是碳排放达峰的前提条件。为此，需要行之有效的政策工具，重点是加快建设全国用能权、碳排放权交易市场，完善能源消费双控制度，更好地将行政手段与市场机制相结合。

再次，发挥减污降碳协同效应。截至2019年年底，"十三五"规划纲要确定的9项约束性指标和污染防治攻坚战阶段性目标任务超额圆满完成，蓝天、碧水、净土三大保卫战取得重要成效，2020年1—11月，全国337个地级及以上城市空气质量平均优良天数比例为87.9%，同比上升5.4个百分点；PM2.5浓度为31微克/立方米，同比下降8.8%。"十四五"时期，我国将进入新发展阶段。深入打好污染防治攻坚战，意

味着触及矛盾和问题的层次更深、领域更宽、要求更高。由于化石能源燃烧不仅排放温室气体还排放大量空气污染物，减少化石能源燃烧可以同时减污降碳，还可以避免化石能源开采和储运过程对生态环境的破坏，起到事半功倍的效果。

最后，减排和增汇并重。碳中和是要达到人为碳排放与碳汇相平衡的状态，人类活动不能增加大气中的二氧化碳浓度。在大力减少碳排放的同时，通过大规模国土绿化行动，提升生态系统碳汇能力也至关重要。

我国在新发展阶段、新发展格局下追求高质量发展，碳达峰、碳中和工作体现了新的发展理念，具有全局性、战略性的重要意义。必须放眼全球，着眼长远，同时立足实际，明确重点，持续推进。

六、做好碳达峰、碳中和工作的政策措施

碳达峰、碳中和工作是一项长期任务，要分阶段、分领域、分地区，科学决策，精准施策，持续推进。

"十四五"期间要构建以碳排放总量为核心的低碳发展指标体系及相应制度。指标设定上，建立分区域、短期和长期结合的混合政策目标并逐步转向碳总量控制目标；具体实施上，结合国家总体减排目标和重点企业、行业的实际排放水平；政策手段上，综合使用行政考核手段和经济调控手段。

对于碳生产力较高的省份和地区实施碳排放的增量总量控制，对于碳生产力较低的地区实施碳排放的减量总量控制。分时期逐步实施碳总量控制和管理，对于未来的两个五年规划内，实施非等量递减的排放总量控制策略，在"十四五"期间的总量控制目标大于同等水平（GDP）

下的"十五五"期间的总量控制目标。此外，五年计划内每年设置依次递减的总量控制方案。大力发展新动能产业，给予重点新动能产业政策刺激，例如医药制品业，专用设备制造业，运输设备制造业等，深度挖掘这些行业的高能碳生产力特征，促进经济新动能与碳排放脱钩，实现中长期的深度减排计划。做好碳排放目标和污染物目标的系统规划，中长期的碳排放目标和污染物排放目标更利于促进协同产生的经济效益，因此做好中长期的污染物排放目标，更有利于促进中长期碳排放目标的实现。

对于碳排放总量控制制度的具体实施，可考虑"自上而下"分解国家碳总量控制目标，通过优化能源结构和对高耗能产业进行有针对性的去产能、去库存与结构优化，实现GDP的碳排放强度下降，这是碳排放达峰的关键。高质量发展背景下，绿色低碳发展是衡量发展成效的重要标尺，碳排放总量控制制度是促进发展的有效手段。紧跟国际国内形势，关注未来气候治理新变化，调整碳排放控制方式。综合考虑经济发展、节能减排政策和技术水平以及其他相关因素，从国家层面确定碳排放总量控制目标，并将这一目标自上而下分解，落实到行业目标。根据经济情况，分区域和行业实施"碳排放增量总量控制"和"碳排放减量总量控制"。对落后地区、发达地区，落后产业、战略新兴产业区别对待，坚持控制增量，削减存量的方针，建立面向区域和产业的总量控制体系。

根据行业碳排放存在的差异，可"自下而上"确定碳排放需求。低碳情景下，中国电力和热力供应部门、建筑部门和交通部门的CO_2排放分别在2021年、2025年和2034年达到峰值。根据区域碳排放特征不一确定碳排放限额。经济发达地区的碳排放增长已经不明显；重化工业特征突出的地区，排放总量仍可能继续增长。碳总量控制制度的倒逼作用会激发效率变革，促进绿色低碳转型，实现高质量发展。对重点区域、行业和企业进行数据摸底，掌握实际排放水平，合理划定覆盖范围和边界，再进一步确定碳排放控制总量。注重提升企业技术水平，不仅能降低污染和能耗，也能增强企业供给有效性和市场竞争力，利于经济绿色低碳转型。鼓励绿色技术创新，为低碳产业发展提供新动能；加强行业竞争，实现高效生产要素对低效生产要素的替代，全面提高经济系统的投入产出效率，实现经济高质量发展。

加强碳排放总量控制制度的政策手段，充分考虑碳排放总量控制目标考核和现有污染减排考核体系相结合。采取行政考核措施，依托已有的碳排放强度、大气污染物总量控制考核体系，加强排放基础数据统计监测、报告和核查制度。加强公平的执法监管，严格执行各类节能减排法律法规和标准。统筹相关法律法规的制修订，碳总量等相关约束性指标制度的制定与实施、产业产品等低碳标准体系、管理体制与治理机制的协调完善。充分考虑碳排放总量控制目标与全国碳市场配额总量的有机结合。将碳排放总量指标纳入国家五年规划，可以为碳市场有效发挥作用提供法律基础。应当在全国碳排放总量约束下分配发电行业碳配额，并将可再生电力能源加入，促进电力结构低碳化发展；并配合相关碳价政策。加强支撑政策，保障财政资金在应对气候变化领域的稳定增长，创新和促进气候投融资发展。强化地方气候变化能力建设。加强定期评估，根据结果对碳总量指标适当调整。

此外，科技创新是做好碳达峰、碳中和工作的关键和重要支撑。一是要启动制定碳中和目标下的科技创新规划和实施方案。统筹考虑短期经济复苏、中期结构调整、长期低碳转型，布局低碳/脱碳技术，提升未来绿色产业竞争力。面向2060年碳中和目标，将碳约束指标纳入

"十四五"科技创新发展规划进行部署；围绕重点领域，启动《中长期应对气候变化领域科技专项规划》并开展相应配套研究，为碳中和目标提供必要技术支撑。

二是要加快建设高比例非化石电力生产体系，支持全面提高各行业电气化率。高比例非化石电力生产及利用体系是保证碳中和目标的重要途径。加速可再生能源发电技术推广并保证其发电成本在2030年前尽快实现经济有效，加快核能模块化、小型化、差异化的新型技术研发与应用，加强储能和智能电网等技术研发力度和示范规模并保证其最晚在2040年实现大规模配套应用，最终实现非化石电力占总发电量比例提高到2060年的90%以上。在此基础上，全面提高各行业的电气化率，实现2060年工业电气化率50%以上、城镇全面电气化、农村以电力与生物质为主、铁路基本全面电气化、电动车占乘用车比例提高到90%以上。

三是要走以氢能、生物燃料等作为燃料或原料的革命性工艺路线，并提前储备负排放技术。对于难以电气化的领域要突破固有思路，采用革命性工艺。工业部门研发氢气炼钢、生物基塑料等革命性工艺，2060年氢能使用率实现15%左右；交通部门研发以生物燃料和氢气为原料的航空航海交通技术，使其不晚于2050年得到规模化应用。同时，为抵消工业过程等难以减排的温室气体排放，需要提前储备多种负排放技术。积极发展碳捕集利用与封存（CCUS）技术，构建CCUS与能源/工业深度耦合的路线图，保证煤电CCUS和工业CCUS技术在2035年前后能够推广应用，生物质发电耦合CCUS不晚于2045年得到规模化应用；加快直接空气捕获（DAC）技术、太阳辐射管理和海洋脱碳工程等地球工程技术研发与可行性研究。

四是要加强推动技术研发与创新的保障体系建设。制定重点低碳技术和革命性技术研发路线图和投资计划，调动行业和市场力量，大规模部署推广低碳／脱碳技术研发和示范，打造全新的创新驱动体系；瞄准前瞻性、颠覆性技术，设立国家重点实验室，重点突破革命性核心技术，拓展未来新的经济增长点；依托国家可持续发展议程创新示范区设立碳中和示范区，开展低碳／脱碳技术大规模集成示范，"以点带面"推动各省市整体低碳转型；积极拓展国际合作，重视"一带一路"、"南南合作"平台以及中欧气候合作，深化各国低碳／脱碳技术转移与交流。

总之，做好碳达峰、碳中和工作是当前中国经济的一个重点任务，不仅为了应对全球气候变化的严峻挑战，更是中国自身现代化建设可持续发展的要求，是通往"美丽中国"的必经之路。要实现碳达峰、碳中和目标，不仅需要能源系统的转型，更意味着中国社会经济发展全面的、深刻的转型，关系到中国经济高质量发展的未来方向和长远布局，必须从战略高度加以重视，并为此付出不懈的努力。

文章索引

《双循环新发展格局下的中国科技创新战略》，陈劲、阳镇、尹西明，《当代经济科学》2021 年第 1 期。

《坚持创新在现代化建设全局中的核心地位》，冯鹏志，《中国党政干部论坛》2020 年第 12 期。

《全方位构建后疫情时期我国供应链安全保障体系》，顾学明、林梦，《国际经济合作》2020 年第 3 期。

《提升产业链供应链现代化水平 推动经济体系优化升级》，黄群慧，《马克思主义与现实》2020 年第 6 期。

《我国扩大内需的政策演进、战略价值与改革突破口》，张杰、金岳，《改革》2020 年第 9 期。

《以强大国内市场促进国内大循环的思路与举措》，王微、刘涛，《改革》2020 年第 9 期。

《要素配置市场化与双循环新发展格局——打破区域壁垒和行业壁垒的体制创新》，王曙光、郭凯，《西部论坛》2021年第1期。

《当前耕地保护面临的问题分析及对策研究》，孔祥斌，《中国土地》2020年第12期。

《数字经济反垄断规制变革：理论、实践与反思——经济与法律向度的分析》，陈富良、郭建斌，《理论探讨》2020年第6期。

《数字经济与数字税》，姚前，《清华金融评论》2020年第12期。

《国际大都市租赁住房发展的模式与启示——基于15个国际大都市的分析》，田莉、夏菁，《国际城市规划》2020年第6期。

《中国住房租赁市场发展困境与政策突破》，邵挺，《国际城市规划》2020年第6期。

《国际碳中和的进展、趋势及启示》，田慧芳，《中国发展观察》2020年第23期。